Informatik aktuell

Herausgeber: W. Brauer
im Auftrag der Gesellschaft für Informatik (GI)

P. Liggesmeyer H. M. Sneed
A. Spillner (Hrsg.)

Testen, Analysieren und Verifizieren von Software

Arbeitskreis *Testen, Analysieren und Verifizieren von Software* der Fachgruppe Software-Engineering der GI
Proceedings der Treffen in Benthe und Bochum
Juni 1991 und Februar 1992

Springer-Verlag Berlin Heidelberg GmbH

Herausgeber

Peter Liggesmeyer
Lehrstuhl für Software-Technik
Fakultät für Elektrotechnik, Ruhr-Universität Bochum
Postfach 102 148, W-4630 Bochum 1

Harry M. Sneed
SES-Software-Engineering Service GmbH
Rosenheimer Landstraße 37, W-8012 Ottobrunn

Andreas Spillner
Fachbereich Mathematik/Informatik, Universität Bremen
Postfach 330 440, W-2800 Bremen 33

CR Subject Classification (1992): D.2.4, D.2.5

ISBN 978-3-540-55860-6 ISBN 978-3-642-77747-9 (eBook)
DOI 10.1007/978-3-642-77747-9

Vorwort

Rechenanlagen kommen inzwischen in nahezu allen Bereichen des täglichen Lebens zum Einsatz. Die Abhängigkeiten vom zuverlässigen Betrieb der Anlagen haben im entsprechenden Umfang zugenommen. Ganze Industriezweige sind ohne Rechnerunterstützung nicht mehr arbeitsfähig. Vor diesem Hintergrund gewinnt neben anderen Qualitätssicherungsmaßnahmen die Test- und Prüfphase bei der Entwicklung von Softwaresystemen zunehmend an Bedeutung.

Angeregt durch den Besuch von Tagungen in England und den USA, die sich ausschließlich mit dem Test von Softwaresystemen beschäftigten, habe ich die Organisation eines Arbeitstreffens übernommen, an dem Testinteressierte aus Deutschland teilnahmen. In anderen Ländern gibt es bereits Gruppen, die mehrmals im Jahr zusammenkommen und Probleme des Softwaretests bearbeiten.

Auf einem ersten Treffen von Testinteressierten im Juni 1991 ist beschlossen worden, regelmäßige Treffen zu organisieren und den Arbeitskreis *Testen, Analysieren und Verifizieren von Software* in der Fachgruppe *Software-Engineering* in der Gesellschaft für Informatik zu gründen. Der vorliegende Band enthält ausgewählte Beiträge vom ersten und zweiten Treffen des Arbeitskreises und gibt so einen guten Überblick über die gegenwärtigen Aktivitäten zum Thema Testen von Programmen im deutschsprachigen Raum.

Im Arbeitskreis sind derzeit 50 Personen aktiv tätig, wobei etwa zwei Drittel aus der Industrie und ein Drittel von Forschungsinstituten und Universitäten kommen. Dieses Verhältnis zeigt auch die zunehmende Bedeutung der Softwareprüfung in der industriellen Entwicklung.

Neben dem Testen von Softwaresystemen gehört auch deren Analyse zu den Qualitätssicherungsmaßnahmen. Sie ist sogar oft unabdingbare Voraussetzung, um überhaupt einen Test durchführen zu können. Analyseverfahren decken bereits Mängel in der Software auf und führen so zur Beseitigung von fehlerhaften Programmstellen. Die Verifikation von Software ist in den Titel des Arbeitskreises aufgenommen worden, um die Bedeutung von formalen Prüfverfahren hervorzuheben. Der überwiegende Teil der Arbeiten, wie sie auch in diesem Band zusammengestellt sind, beschäftigt sich mit praktischen, einsetzbaren Verfahren und Werkzeugen zur Unterstützung der Test- und Analysephase während der Entwicklung von Softwaresystemen. Formale Überlegungen hierzu werden im Arbeitskreis berücksichtigt.

Bei den bisherigen Treffen hat sich deutlich eine Kluft zwischen Praxis und Forschung gezeigt, wie sie auch in anderen Bereichen der Informatik noch existiert. Forschungsüberlegungen liegen eher im formalen Bereich der Analyse und Verifikation von Software. In der Praxis wird ein methodisches Vorgehen in der Testphase nur selten angewendet. Die Testdaten werden intuitiv ermittelt. Eine Werkzeugunterstützung fehlt oft. Weitere Probleme liegen im Bereich des Testmanagements sowie der Abschätzung von Aufwand und Kosten.

Auch in diesem Tagungsband spiegelt sich diese Kluft zwischen Theorie und Praxis wider. Die Beiträge von Mitarbeiterinnen und Mitarbeitern aus den Industriebetrieben stellen Lösungen für Probleme des Test-Alltags vor. Die Beiträge aus den Forschungsbereichen behandeln eher theoretische und konzeptionelle Überlegungen. Die Hoffnung besteht, daß sich durch die Arbeit im Arbeitskreis beide Standpunkte nähern und es viele gegenseitige Anregungen gibt. Dies war bei den ersten beiden Treffen bereits der Fall.

Bei den Industriebeiträgen gibt es ein zusätzliches Problem. Die in den Firmen durchgeführten Verfahren können nur grob beschrieben werden, um keine Firmeninterna preiszugeben und mögliche Vorteile gegenüber Konkurrenten nicht zu verlieren. Die Beiträge geben aber einen guten Einblick in den gegenwärtigen Stand der Überprüfung von Softwaresystemen im industriellen Entwicklungsbereich.

Leider ist die Zahl der auf dem Testgebiet in der Forschung tätigen Personen im Vergleich zur praktischen Relevanz relativ gering. Eine Ausbildung in Testtechniken an den Universitäten ist eher die Ausnahme. Eine Änderung in diesen Punkten wäre sicherlich sehr wünschenswert.

Folgende Themenkomplexe werden in dem Tagungsband neben einer einführenden Übersicht von Peter Liggesmeyer behandelt:

- Kategorisierungen der unterschiedlichen Prüfverfahren,
- Werkzeugeinsatz in der Test- und Wartungsphase,
- universitäre Ausbildung im Testbereich,
- Testen von umfangreichen Softwaresystemen,
- formale Methoden zum Prüfen von Spezifikationen und zum Testen von verteilten Systemen,
- Verifikation und Validation durch symbolische Ausführung,
- Testen von objektorientierten Systemen.

Kurzfassungen der Beiträge der beiden Arbeitskreistreffen sind in den Softwaretechnik-Trends (Band 11 Heft 2 und Band 12 Heft 1) abgedruckt. Folgende Referate sind nicht in diesem Band enthalten, sondern an anderer Stelle veröffentlicht:

- Dietmar Gschwender: SFTE - Ein Tool zur automatischen Qualitätssicherung. German UNIX Users Group - Tagung, 24.-26.9.1991, NETWORK GmbH (Hrsg.)
- Monika Müllerburg: Ein Ansatz zur systematischen Auswahl von Software-Testmethoden. Gedenkband Reinhold Franck, Informatik-Fachbericht Nr. 302, Springer Verlag, 1992
- Eike Hagen Riedemann: Testen von sicherheitsrelevanten Software-Systemen mit Hilfe von Mutationsanalyse und symbolische Ausführung. In H.-J. Scheibl (Hrsg.): Software-Entwicklungs-Systeme und -Werkzeuge, 4. Kolloquium der Technische Akademie Esslingen, 1991

Anhand der Themenvielfalt wird die große Breite der Probleme im Testbereich deutlich. Dieser Band dient als erster Überblick über die gegenwärtigen Aktivitäten. Die weiteren Treffen des Arbeitskreises werden zu einzelnen Themen stattfinden. Dazu gehören beispielsweise:

- der Test von graphischen Bedienoberflächen,
- die Standardisierung im Testbereich,
- die Automatisierung der Testphase,
- die Überprüfung von verteilten und Realzeit-Systemen,
- Testverfahren für *neue* Sprachentwicklungen.

Danken möchte ich an dieser Stelle den Mitherausgebern Peter Liggesmeyer und Harry Sneed für die gute und erfolgreiche Zusammenarbeit sowie dem Springer Verlag für seine Unterstützung bei der Erstellung des Bandes.

Bremen, im Mai 1992 Andreas Spillner

INHALTSVERZEICHNIS

Überblick und Klassifikation

Peter Liggesmeyer
Testen, Analysieren und Verifizieren von Software - eine klassifizierende Übersicht der Verfahren 1

Jens Herrmann, Klaus Grimm
Klassifikation von Software-Testmethoden 26

Monika Müllerburg
Zur Formalisierung von Testkonzepten 35

Werkzeuge

Harry M. Sneed
The MicroTest Integrated Test Environment 45

Peter Schless
Methoden und Werkzeuge zur Automatisierung des Software-Tests 57

Ute Pelkmann
TESTSCOPE - ein Werkzeug für den Modul- und Integrationstest 70

Ralf Haselhorst
Der Software-Analyse-Baukasten - Ein Bericht aus der universitären Ausbildung 81

Prüfen umfangreicher Softwaresysteme

Andreas Spillner
Testmethoden und Testdatengewinnung für den Integrationstest modularer Softwaresysteme 91

Klaus Hauptmann
Abnahmetest großer Systeme - Methoden, Organisation und Werkzeuge 102

Hans-Jürgen Löx
Testen in der Wartungsphase - Erfahrungen im Bereich des Regressionstests 111

Lutz Eichler
Testen paralleler Betriebssysteme 119

Formale Ansätze zur Softwareprüfung

Hans-Jörg Kreowski
Ein Vorschlag zum Testen strukturierter algebraischer Spezifikationen 130

Hans-Werner Pohl
Ein stochastisches Fehlermodell zur Kommunikation 143

Ralf Kneuper
Validation und Verifikation von Software durch symbolische Ausführung 155

Prüfen objektorientierter Softwaresysteme

Jan Overbeck
Test Activities for Object-Oriented Software Development 168

Peter Liggesmeyer, Andreas Dregger, Helmut Balzert
Ein experimentelles Testsystem für die Sprache HyperTalk 177

Testen, Analysieren und Verifizieren von Software – eine klassifizierende Übersicht der Verfahren

Peter Liggesmeyer
Lehrstuhl für Software-Technik
Ruhr-Universität Bochum
Universitätsstr. 150
4630 Bochum 1

1 Einleitung und Motivation

Der Einsatz von Computern und Programmen dringt in immer weitere Bereiche ein, die steigende Anforderungen an die Zuverlässigkeit und Korrektheit der Computerlösung stellen. Ein Ausfall von Systemen in medizinischen Anwendungsbereichen oder in der Steuerung von Industrieanlagen stellt eine Gefahr für Leben und Gesundheit dar. Häufig ist mit dem Versagen ein finanzieller Verlust, immer jedoch Aufwand zur Wiederherstellung des Betriebs verbunden.

Entscheidend für das korrekte Arbeiten eines Computersystems ist die fehlerfreie Funktion der Hardware ***und*** der Software. Für die Erstellung von Software existieren ebenso wie für die Hardwarekonstruktion Techniken zur konstruktiven, fehlervermeidenden und zur analytischen, fehlererkennenden Qualitätssicherung. Die analytischen Qualitätssicherungsverfahren bestehen aus Verfahren zur Überprüfung einzelner Moduln und zur Überprüfung des korrekten Zusammenwirkens der Moduln. Im ersten Fall wird häufig der etwas grobe Begriff **Modultest** verwendet. Im zweiten Fall spricht man von **Integrationstest**. Ziel des Modultests ist die Demonstration des korrekten Funktionierens eines einzelnen Software-Moduls gemessen an seiner Spezifikation.

Die Anwendung systematischer analytischer Qualitätssicherungstechniken zur Softwareerstellung erfährt in der Praxis nur wenig Akzeptanz. Jahrelangen Forschungsaktivitäten in diesem Bereich steht vielfach das unsystematische und nicht ingenieurmäßige Arbeiten in der Praxis gegenüber.

1.1 Zur industriellen Situation

Die Situation in der industriellen Software-Produktion ist gekennzeichnet durch

- wachsende Größe und Komplexität der Software,
- zunehmenden Einsatz in Bereichen, in denen ein Versagen von Software katastrophale Folgen hat,
- sehr hohe finanzielle und personelle Aufwendungen für die Wartung, als Folge unzureichender Softwarequalität,
- Fehlen eines operationalisierten Endekriteriums des Tests,
- fehlende Reproduzierbarkeit von Testläufen,
- unsystematische Arbeitsweise im Qualitätssicherungsbereich, so daß die Qualität der Prüfung allein von der Qualifikation, der Motivation und dem Engagement der prüfenden Person abhängt,
- Schwierigkeiten im Management der Qualitätssicherung, da Kontrollmöglichkeiten kaum vorhanden sind,
- Verwendung neuer Sprachen und Konzepte (z. B. objektorientierte Programmiersprachen), die spezielle Anforderungen an Prüfverfahren stellen [28, 35].

Der Einsatz systematischer analytischer Qualitätssicherungstechniken ist leider nur unzureichend entwickelt. Studien wie z. B. die in Abb. 1 angegebene Untersuchung von Gelperin und Hetzel [10] bestätigen dies.

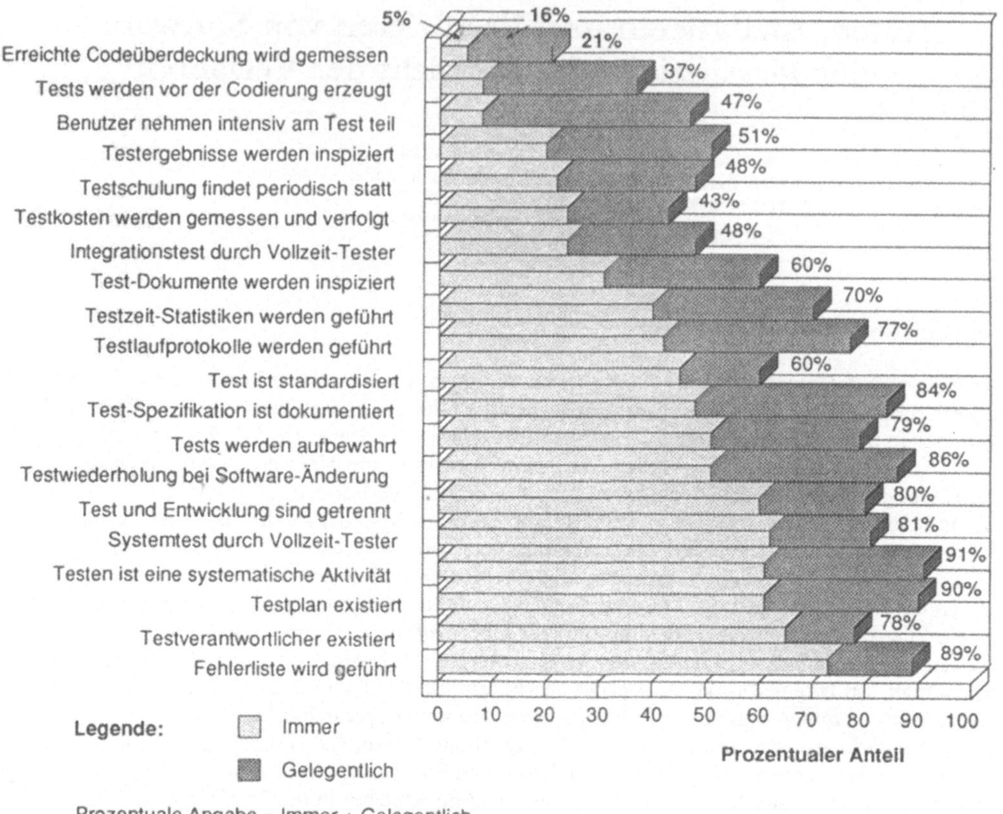

Abb. 1: Empirische Untersuchung zur Testpraxis

1.2 Zur Situation in der Forschung

Die Forschung im Bereich der analytischen Qualitätssicherung auf der Modulebene stellt sich folgendermaßen dar:

- Es sind mehrere unterschiedliche Techniken bekannt. Neben dem dynamischen Test, der statischen Analyse, dem symbolischen Test und der Verifikation sind hier auch manuelle Prüfungen z. B. in Form von Reviews zu nennen.
- Speziell zum dynamischen Test ist eine Vielzahl unterschiedlicher Verfahren publiziert.

Die Bildung einer Prüfstrategie auf der Basis dieser Verfahren ist aus folgenden Gründen schwierig:

- Empirische Untersuchungen zur Leistungsfähigkeit der Verfahren sind nur in geringer Anzahl veröffentlicht und schwierig zu bewerten [9, 11, 19]. Die Vergleichbarkeit unterschiedlicher Untersuchungen und die Übertragbarkeit der Ergebnisse auf die eigene Prüfsituation setzt voraus, daß die Art und die spezifischen Merkmale der untersuchten Software und die Besonderheiten der Prüfsituation dargestellt werden. Dies ist in der Regel nur unzureichend erfüllt.
- Es sind nur unzureichende Aussagen zu finden, die darstellen, was ein spezielles Prüfverfahren von anderen Verfahren unterscheidet, welche Stärken und welche Schwächen es besitzt, welche Voraussetzungen für den Einsatz erfüllt sein müssen und wie adäquat es in einer bestimmten Prüfsituation ist.

- In der Literatur finden sich nur wenige Angaben zu den minimalen Anforderungen, die an Prüfverfahren gestellt werden müssen. Die Kenntnis der Minimalkriterien von Prüfverfahren ist aber eine unverzichtbare Orientierungshilfe für die Auswahl von Prüfverfahren.

1.3 Analyse und Folgerungen

Die analytische Qualitätssicherung besitzt – in einfacher, unsystematischer Form – eine weite Verbreitung. Andererseits existiert eine weitgehende Unkenntnis ihrer Systematik, ihrer Leistungsfähigkeit und der unterschiedlichen Verfahren. Das Ziel jedes ingenieurmäßigen Vorgehens muß die Erzeugung reproduzierbarer Ergebnisse unter Zugrundelegung einer klar definierten Systematik sein. Diese Forderung ist häufig für die in der Praxis verwendeten Prüfstrategien nicht erfüllt.

Eine Voraussetzung für eine aussagefähige, reproduzierbare Prüfung ist die Verwendung eines unterstützenden Prüfwerkzeugs [27, 36, 38, 40]. Eine der Ursachen für die geringe Akzeptanz systematischer Prüfungen ist oft das Fehlen geeigneter Werkzeuge, denn mit dem Fortschreiten der Entwicklung einer Software entstehen zunehmend Einschränkungen für die Wahl der verwendbaren Techniken und Werkzeuge. Kann zu Beginn der Software-Entwicklung, z. B. während der Anforderungsdefinition *(Requirements Engineering)* die Methodik und der verwendete Computer noch vergleichsweise frei gewählt werden, so ist das in der Implementierungsphase oft nicht der Fall. Ein Werkzeug muß sich in die Umgebung aus existierenden Vorgaben einpassen. Es muß für die bereits festgelegte Programmiersprache geeignet sein. Es muß auf dem Entwicklungs- bzw. Zielrechner mit der entsprechenden Systemsoftware lauffähig sein. Außerdem erwartet man eine Verbesserung der Softwarequalität, deren Eintritt u. a. vom Einsatz – und damit der Auswahl – eines geeigneten Prüfverfahrens abhängig ist.

In der Regel werden Testverfahren als universell einsetzbare Techniken zur Qualitätsüberprüfung gesehen. Viele der in jüngerer Zeit entstandenen Testverfahren besitzen jedoch eine deutliche Eignung für ganz bestimmte Fehlertypen. Man nennt derartige Testverfahren **fehlerorientiert**. Eine genaue Analyse der Prüfverfahren führt zu der Erkenntnis, daß die Mehrzahl keinen ***general purpose***-Charakter besitzt. Ihre Einsetzbarkeit und ihre Adäquanz sind vielmehr von Eigenschaften der zu prüfenden Implementation und den Umgebungsbedingungen abhängig. Eine der Voraussetzungen für die Auswahl und den erfolgreichen Einsatz von Prüfverfahren ist demnach die Kenntnis ihrer Eigenschaften. Eine geeignete Klassifikation dient zur Steigerung der Transparenz und Übersichtlichkeit und zur Strukturierung der Verfahren im Test-, Analyse- und Verifikationsbereich. Im einzelnen sind folgende Punkte von Bedeutung:

- Darstellung der speziellen Einsatzgebiete und Voraussetzungen der Prüfverfahren.
- Herausarbeiten von Stärken und Schwächen.
- Formulierung notwendiger Kriterien (Minimalanforderungen an Prüfungen).
- Klassifikation der Verfahren um Zusammenhänge, Gemeinsamkeiten und Unterschiede zu erkennen.

2 Abgrenzung und Klassifikation

2.1 Analytische Qualitätssicherung auf der Modulebene – Prüfen im Kleinen

Üblicherweise bestehen Programme heute aus einer Anzahl von **Modulen**, die weitgehend entkoppelt voneinander sind. Der Modulbegriff dient hier im wesentlichen zur Unterscheidung des dargestellten Prüfens im Kleinen von jenen Verfahren, die bei der Zusammenfassung der Module zum vollständigen Programm verwendet werden und von dem sogenannten Abnahmetest, der die korrekte Funktion eines Programms bezogen auf die Anforderungsdefinition prüft.

Die Integration der Module wird ebenfalls von Qualitätssicherungsmaßnahmen begleitet. Man spricht von **Integrationstest**. Die Modularisierung eines Programms wirkt sich günstig auf die Änderbarkeit aus, erleichtert die Verständlichkeit, unterstützt die Lokalität und gestattet letztlich erst eine arbeitsteilige Realisierung von Programmen. Sie hat ebenfalls Konsequenzen für die Qualitätsüberprüfung. Die definierte Abhängigkeit der Module voneinander ermöglicht die getrennte Prüfung jedes einzelnen Moduls.

Dieser Artikel klassifiziert Verfahren für die Überprüfung von einzelnen Modulen oder kleineren Programmen. Der Integrationstest und der Abnahmetest werden nicht weiter behandelt (siehe hierzu [43, 15]).

2.2 Klassifikation

Eine eindeutige Klassifikation der Verfahren zur analytischen Qualitätssicherung auf der Modulebene ist kaum sinnvoll. In Abhängigkeit des angestrebten Verwendungszwecks bieten sich unterschiedliche Klassifikationsschemata an. Man wird jene Verfahren zusammen gruppieren, die Gemeinsamkeiten in bezug auf die aktuell wichtigen Eigenschaften besitzen. Insbesondere für den im folgenden dargestellten dynamischen Test ergeben sich zahlreiche unterschiedliche Möglichkeiten zur Klassifikation. Einige der wichtigsten Klassifikationsschemata werden dargestellt.
Die Prüfverfahren für Software-Moduln können in

- dynamisch testende Verfahren,
- statische Analysen,
- symbolisch testende Verfahren und
- Verifikationsverfahren

unterteilt werden (Abb. 2).

Das klassische Testverfahren ist der **dynamische Test**, der leider aufgrund seines Stichprobencharakters nur zu unvollständigen Aussagen bezüglich der Korrektheit eines Programms führt. Dijkstra hat diesen Sachverhalt in der Aussage zusammengefaßt, daß Testen die Anwesenheit von Fehlern demonstrieren könne, nicht jedoch deren Abwesenheit. Aufgrund seiner universellen Anwendbarkeit besitzt der dynamische Test allerdings eine enorme praktische Bedeutung. Der Wunsch mit einem Stichprobenverfahren möglichst intensiv zu prüfen, das heißt fehlersensitive Testfälle zu erzeugen, hat zur Entwicklung einer Vielzahl von dynamischen Testverfahren geführt. Sie wählen zum Teil recht unterschiedliche Ansätze. Die Beziehungen zwischen den unterschiedlichen dynamischen Testverfahren und die Beziehungen zu statischen Analysen und Verifikationsverfahren sind wenig transparent.

Einen Ansatz zur Beseitigung des Stichprobencharakters des dynamischen Tests stellt der **symbolische Test** dar. Zu den testenden Verfahren kann er – als Erweiterung des dynamischen Tests – aufgrund seiner allgemeineren Form der Programmausführung mit symbolischen Werten gezählt

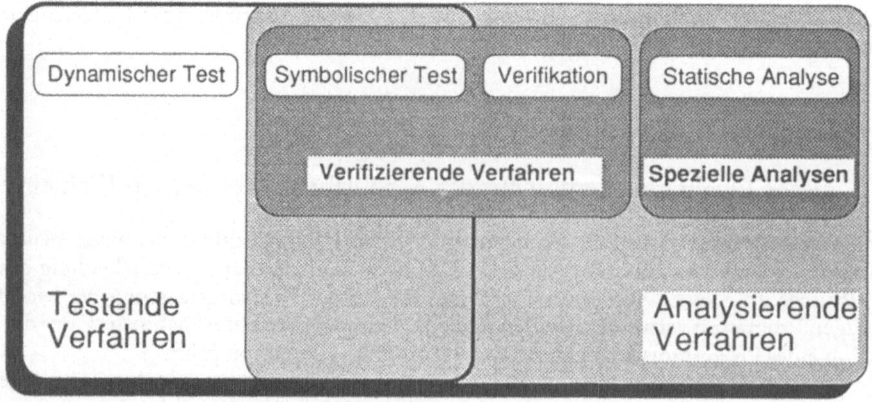

Abb. 2: Test-, Analyse- und Verifikationsverfahren

werden. Andererseits kann er ebenso als analytisches Verfahren und Bindeglied zwischen dem dynamischen Test und der Verifikation gesehen werden, da die Korrektheit bestimmter Programme durch symbolischen Test gezeigt werden kann.

Die **Verifikation** ist ein analytisches Verfahren, das mit mathematischen Mitteln die Korrektheit eines Programms beweist.

Der Begriff **statische Analyse** umfaßt eine Vielzahl von analytischen Maßnahmen, die Informationen unterschiedlichster Art in bezug auf ein Programm bereitstellen. Beispiele für statische Analysen sind die Berechnung von **Metriken**, die Erzeugung von **Tabellen** und **Graphiken** zu unterschiedlichen Eigenschaften von Software und der Bereich der **statischen Fehleranalyse**. Ein Beispiel für die statische Fehleranalyse ist die Ermittlung von **Datenflußanomalien**.

2.3 Dynamischer Test

Der dynamische Test ist die elementarste und sicherlich die am häufigsten eingesetzte Form des Softwaretests. Die einfachste Form des dynamischen Tests ist die Ausführung des Prüflings mit Eingaben, die die testende Person unmittelbar und üblicherweise nicht reproduzierbar erzeugt. Dies ist ein *Ad hoc*-Verfahren, das im Gegensatz zu den im folgenden dargestellten Verfahren keine konkrete Systematik besitzt.

Aufgrund der Selbstverständlichkeit des dynamischen Tests als ursprüngliche Teststrategie und seiner – in der Regel – unkomplizierten Durchführbarkeit, die durch Werkzeuge unterstützt werden sollte, kommt ihm sicherlich auch noch in den nächsten Jahren eine wachsende praktische Bedeutung zu. Dies wird auch durch zum Teil sicher berechtigte Zweifel an der Leistungsfähigkeit mancher Testverfahren nicht in Frage gestellt werden.

Der dynamische Test umfaßt eine Vielzahl von Testverfahren. Alle dynamischen Testverfahren besitzen folgende gemeinsame Merkmale:

- Das übersetzte, ausführbare Programm wird auf einem Computer ausgeführt.
- Es werden konkrete Eingabewerte gewählt.
- Das Programm wird i. allg. in der realen Umgebung getestet.
- Sie sind Stichprobenverfahren.
- Sie können die Korrektheit des getesteten Programms nicht beweisen.

Anhand dieser Merkmale können die dynamischen Testverfahren von den übrigen Verfahren zur analytischen Qualitätssicherung unterschieden werden. Allein die dynamischen Testverfahren verlangen die Ausführung eines Programms mit konkreten Werten.

Im Modultest sind für die Erzeugung eines ausführbaren Programms in der Regel Treiber *(driver)* und Stellvertreter *(dummies, stubs)* erforderlich. Treiber gestatten den Aufruf der zu testenden Dienste – Prozeduren oder Funktionen. *Dummies* ersetzen unterlagerte Funktionen. Der Test eines Moduls getrennt vom Rest der zu einem Programm gehörenden Moduln vereinfacht die Erzeugung von Testfällen und die Lokalisierung von Fehlerursachen.

Die Vielzahl der existierenden Testverfahren resultiert aus dem Stichprobencharakter des dynamischen Tests. Verbindet man mit ihm doch den Wunsch, mit wenigen Testläufen eine möglichst umfassende Prüfung des Testobjekts zu erreichen. Der Stichprobencharakter des dynamischen Tests wird durch die Wahl konkreter **Testdaten** verursacht.

Da die dynamischen Testverfahren die Ausführung des übersetzten Programms mit konkreten Testdaten fordern, ist eine Aussage über die korrekte oder unkorrekte Funktion des Programms ausschließlich für die gewählten Testdaten sicher möglich. Die korrekte Funktion des Programms für alle Eingaben kann nur durch Test aller möglichen Eingaben sichergestellt werden. Dieser vollständige Test aller Eingaben wird als **erschöpfend** bezeichnet. Die Durchführung eines erschöpfenden Tests ist für reale Programme in der Regel nicht möglich, da oft unendlich viele unterschiedliche Eingaben existieren. Ist die Menge der möglichen Eingaben endlich, so scheidet der erschöpfende Test i. allg. aus ökonomischen Gründen aus.

Das Ziel der dynamischen Testverfahren ist demzufolge die Erzeugung einer Stichprobe der Eingaben, die

- repräsentativ,
- fehlersensitiv,
- redundanzarm und
- ökonomisch ist.

Die erzeugten Testdaten sollen geeignete Stellvertreter der möglichen Eingaben sein. Da der dynamische Test nicht auf den Nachweis der Korrektheit, sondern auf die Entdeckung von Fehlern zielt, sollen die Testdaten geeignet sein, potentielle Fehler zu erkennen. Schließlich ist eine möglichst geringe Redundanz der Testdaten und eine hohe Wirtschaftlichkeit anzustreben. Entscheidend für den Erfolg des Tests – die Entdeckung von Fehlern – ist die Wahl von fehlersensitiven Testdaten und die Möglichkeit zur Beurteilung des Verhaltens des Prüflings bei der Testdurchführung.

Eine Größe zur Quantifizierung der **Testvollständigkeit**, die gleichzeitig als Endekriterium benutzt werden kann, sollte vorhanden sein. Da das Stichprobenverfahren ***dynamischer Test*** kein natürliches, implizites Endekriterien besitzt, sollte das Testverfahren selbst die Definition eines Endekriteriums gestatten.

Die Unterschiede der dynamischen Testverfahren bestehen in der Bildung und Beurteilung der Testdaten als Stichprobe der möglichen Eingaben und der Bewertung des Tests. Testverfahren können nach unterschiedlichen Kriterien klassifiziert, beurteilt und miteinander verglichen werden [12, 16, 30, 39, 44].

Ein weit verbreitetes Klassifikationsschema bildet die zwei Kategorien ***White Box*-Test** und ***Black Box*-Test** anhand der benötigten Information bezüglich der Struktur des Prüflings. *White Box*-Tests

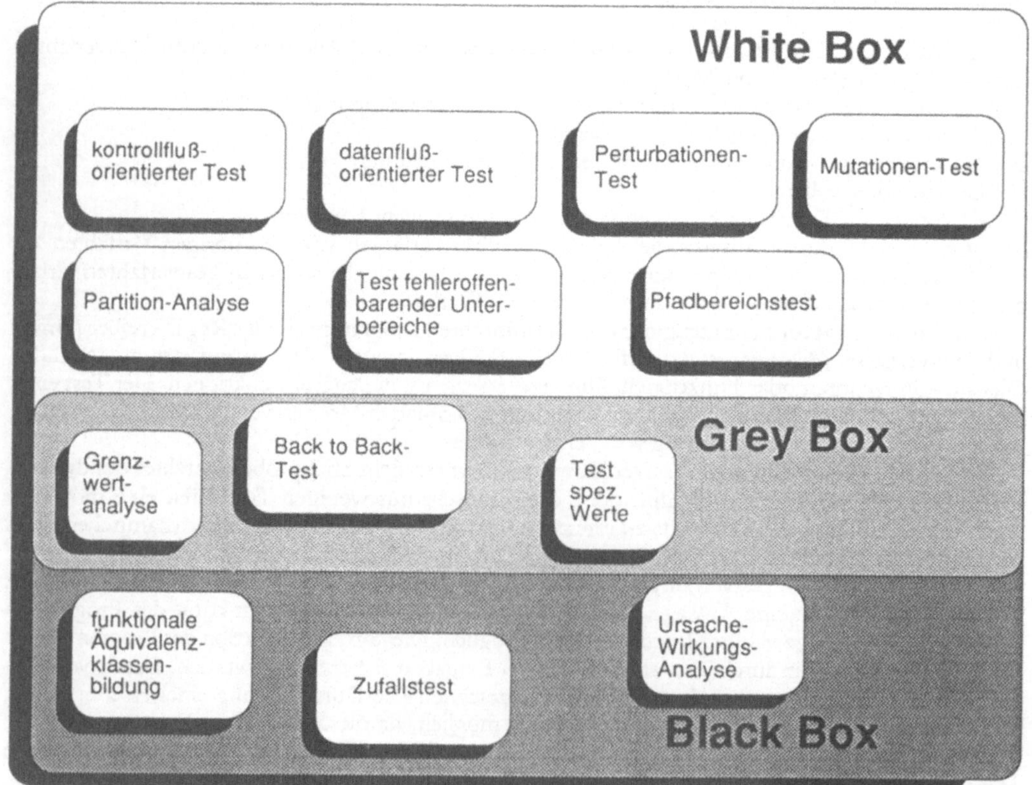

Abb. 3: Klassifikation nach benötigter Strukturinformation

basieren auf der Modul-Implementation, die aus diesem Grund bekannt sein muß. Ist die Struktur der Implementation für den Test unerheblich, so spricht man von einem *Black Box*-Verfahren.

Einige Testverfahren können in dieser Klassifikation nicht eindeutig zugeordnet werden. Die Ursache ist die Existenz unterschiedlicher Ausprägungen der Testverfahren, die zum Teil *White Box*-Charakter und zum Teil *Black Box*-Charakter besitzen. Diese Testverfahren werden der Kategorie ***Grey Box*** zugeordnet. Abb. 3 zeigt die Klassifikation nach dem beschriebenen Schema.

Eine weitere Klassifikationsmöglichkeit ist die Betrachtung der Testreferenz. Hier werden jene Testverfahren einer Klasse zugeordnet, die identische Referenzen zur Beurteilung der Testvollständigkeit und zur Erzeugung von Testfällen benutzen. Ein Testverfahren testet den Prüfling ***gegen*** die Testreferenz (Abb. 4). Einige Verfahren (z. B. der Zufallstest) können nach diesem Kriterium nicht zugeordnet werden.

Die Klasse der **strukturorientierten Testverfahren** benutzt die Implementation des Prüflings als Referenz. Alle strukturorientierten Testverfahren sind folglich *White Box*-Tests.

Folgende Verfahren sind strukturorientiert:

- **Die kontrollflußorientierten Testverfahren**
  Sie definieren Tests auf der Basis der Kontrollstruktur (z. B. Zweige oder Pfade). Der im Abschnitt 2.4 dargestellte Zweigüberdeckungstest ist ein kontrollflußorientiertes Testverfahren.

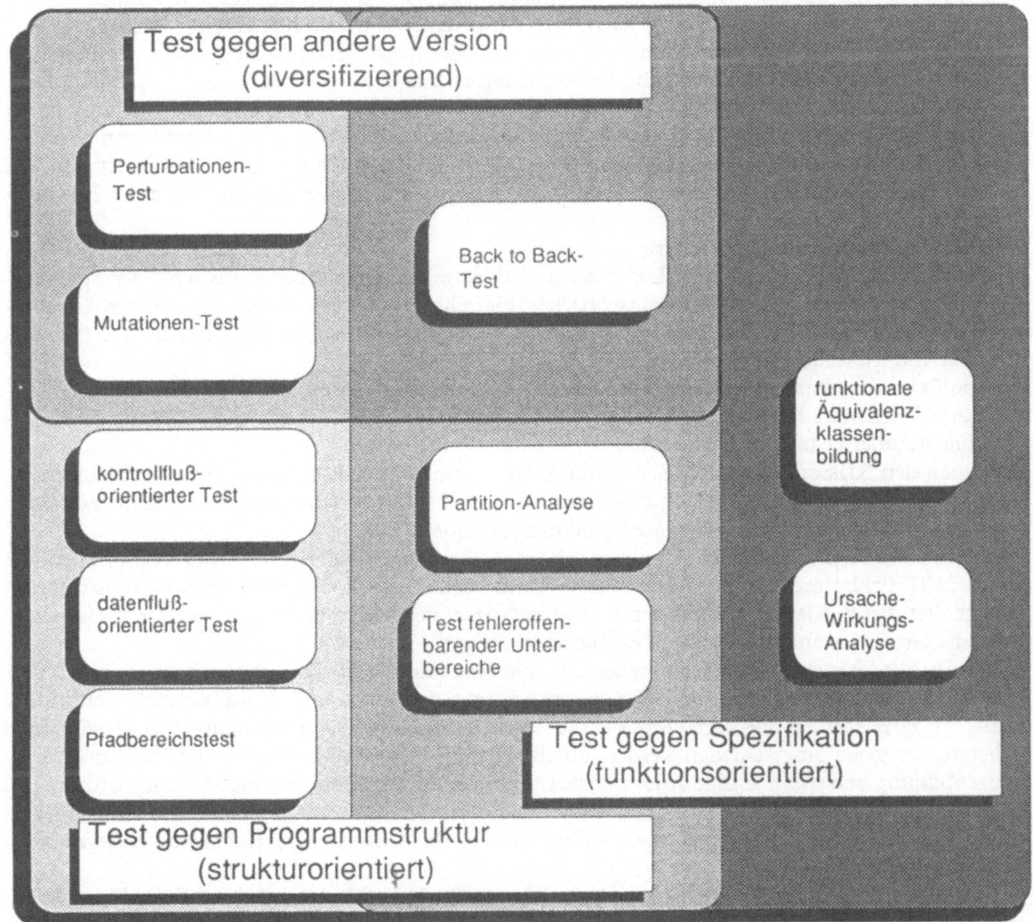

Abb. 4: Klassifikation nach Testreferenz

- **Die datenflußorientierten Testverfahren**
  Sie definieren Tests auf der Basis der Variablenzugriffe bzw. der sich daraus ergebenden Datenflüsse. Ein Beispiel für ein datenflußorientiertes Testverfahren ist der in Abschnitt 2.4 beschriebene *all defs*-Test.
- **Der Pfadbereichstest**
  Er teilt den Eingabebereich entsprechend der ausgeführten Programmpfade in Teilbereiche und wählt nach einem festgelegten Schema Testdaten von den Grenzen dieser Teilbereiche.

Die **diversifizierenden Testverfahren** testen mehrere Versionen eines Prüflings gegeneinander. Folgende Verfahren sind diversifizierend:

- **Die Mutationen-Tests**
  Diese Verfahren testen durch gezieltes Einfügen von Fehlern entstandene modifizierte Versionen eines Programms gegen das Original. Da die Fehlererzeugung die Kenntnis der Implementation voraussetzt, sind diese Verfahren ebenfalls strukturorientiert. Ein Beispiel ist in Abschnitt 2.4 angegeben.
- Der **Perturbationen-Test** arbeitet analog zum Mutationen-Test. Er erzeugt die modifizierten Versionen des Programms durch Anwendung von Fehlerfunktionen auf Anweisungen.
- Der ***Back to Back*-Test** testet Implementationen gegeneinander, die durch Mehrfach-Realisierung basierend auf *einer* Spezifikation entstanden sind. Die konkreten Testfälle können sowohl nach strukturorientierten als auch nach funktionsorientierten Kriterien erzeugt werden.

Der **funktionsorientierte Test** – auch **Funktionstest** oder **funktionaler Test** genannt – testet gegen die funktionale Spezifikation. Folgende Testverfahren erzeugen Testfälle anhand der Spezifikation:

- **Die funktionale Äquivalenzklassenbildung**
  Der Eingabebereich eines Programms wird in Teilbereiche – die Äquivalenzklassen – unterteilt. Werte aus *einer* Äquivalenzklasse verursachen ein identisches funktionales Verhalten. Sie testen eine identische spezifizierte Programmfunktion. Ein Beispiel ist in Abschnitt 2.4 angegeben.
- **Die Ursache-Wirkungs-Analyse**
  Der Zusammenhang zwischen Ursachen und Wirkungen eines Programms wird der Spezifikation entnommen und als kombinatorisches logisches Netzwerk dargestellt. Dieser Ursache-Wirkungs-Graph wird zu einer Entscheidungstabelle umgeformt, die als Basis für die Generierung von Testfällen dient.
- Die ***Partition*-Analyse** und der **Test fehleroffenbarender Unterbereiche**
  Beide Verfahren sehen eine Teilung des Eingabebereichs des Programms anhand spezifikationsorientierter und strukturorientierter Kriterien vor.

Zwischen den Klassen, die durch Betrachtung der Testreferenz entstehen, existieren Mischformen. Es sind Verfahren bekannt, die z. B. diversifizierend und strukturorientiert testen. Andere Verfahren testen sowohl strukturorientiert als auch funktionsorientiert.

Eine weitere Klasse kann durch Zusammenfassung aller **fehlerorientierter Testverfahren** gebildet werden [8]. Fehlerorientiert sind jene Testverfahren, denen eine konkrete Fehlererwartung zugrundeliegt. Zu dieser Klasse gehören der Pfadbereichstest, der Mutationen-Test, der Perturbationen-Test, die Grenzwertanalyse und der Test spezieller Werte.

Werden die Testverfahren zusammengefaßt, die eine Aufteilung des Eingabebereichs eines Programms in Äquivalenzklassen vornehmen, so entsteht die Klasse der **Äquivalenzklassenbildner** (Abb. 5). Hier können die Verfahren, die die Äquivalenzklassen aus der funktionalen Spezifikation ableiten, von jenen unterschieden werden, die die Struktur des zu testenden Moduls zur Äquivalenzklassenbildung benutzen. Einige äquivalenzklassenbildende Testverfahren sind sowohl struktur-, als auch funktionsorientiert. Die strukturorientierten Äquivalenzklassenbildner und die struktur- und funktionsorientierten Äquivalenzklassenbildner werden zur Klasse der **Bereichstests** *(Domain-Tests)* zusammengefaßt.

Schließlich können die Testverfahren in die Klassen **Basisverfahren** – auch **atomare Testverfahren** genannt – und **höhere Testverfahren** aufgeteilt werden (Abb. 6). Basisverfahren sind Testverfahren, die nicht weiter sinnvoll in eigenständige Testverfahren zerlegt werden können. Höhere Testverfahren bestehen aus mehreren Basisverfahren. Sie tragen einen eigenen Namen und wirken

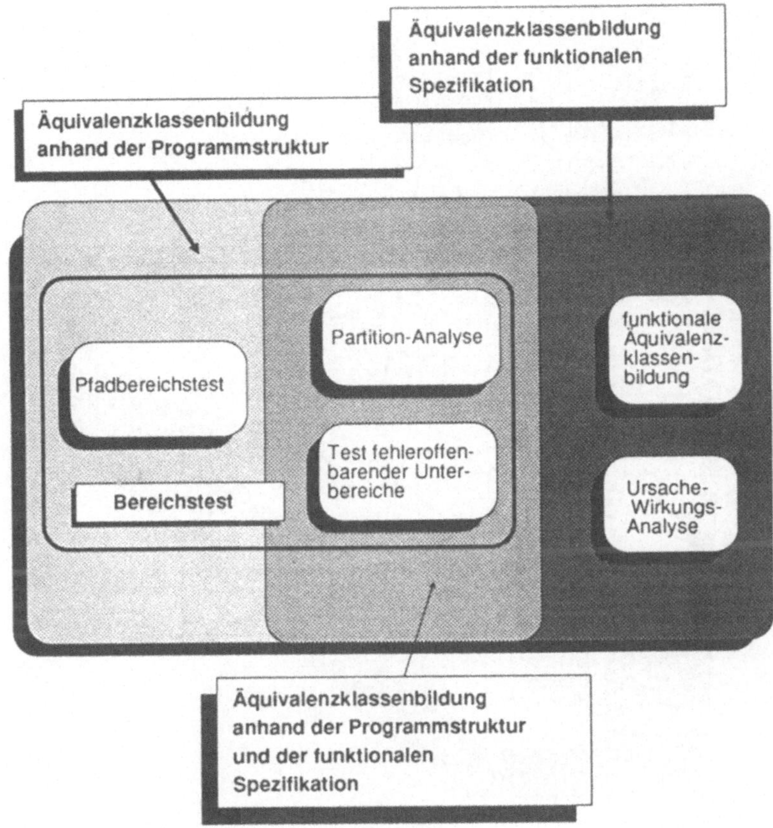

Abb. 5: Klasse der äquivalenzklassenbildenden Tests

bei oberflächlicher Betrachtung häufig wie ein eigenständiges Basisverfahren. Einige Basisverfahren können miteinander kombiniert werden. Diese Kombinationen tragen keinen eigenen Namen. Dennoch bilden sie im Grunde ein höheres Testverfahren.

Folgende Klassen von Testverfahren können nach den angegebenen Kriterien gebildet werden:

- *White Box*, *Black Box*, *Grey Box*
- Strukturorientiert, Funktionsorientiert, Diversifizierend
- Fehlerorientiert
- Äquivalenzklassenbildner
- Bereichstest
- Basisverfahren, höhere Testverfahren

Die dargestellten Klassen sind nicht disjunkt. Eine Übersicht ist in Abb. 7 dargestellt. Die dynamischen Testverfahren sind in Abhängigkeit der Testreferenz, der benötigten Strukturinformation und der Einordnung als Basisverfahren bzw. als höheres Testverfahren klassifiziert.

Die Unterteilung der Testverfahren allein anhand der Strukturinformation in *White Box*-, *Grey Box*- und *Black Box*-Verfahren muß als zu grob nach dem heutigen Stand der Forschung betrachtet werden. Testverfahren, die im Grunde stark unterschiedlich sind, werden nach diesem Klassifikationsschema einer Klasse zugeordnet.

Insbesondere in älteren Veröffentlichungen wird *Black Box*-Test häufig synonym für den funktionalen Test gebraucht; eine Gleichsetzung, die aus folgenden Gründen zu vereinfachend ist:

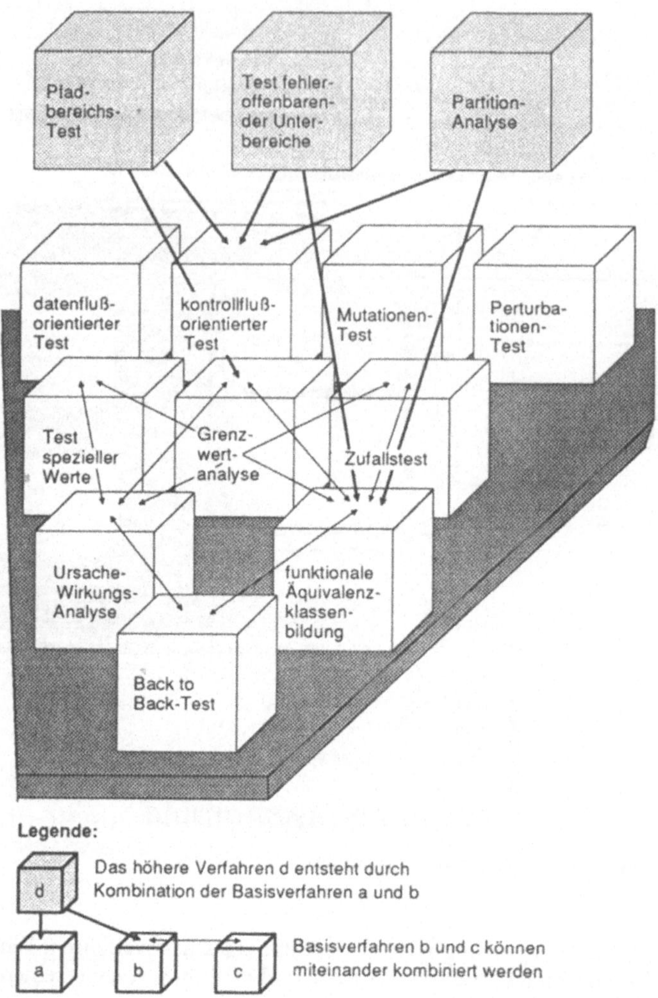

Abb. 6: Basisverfahren und höhere Testverfahren

- Die Klasse ***funktionaler Test*** ist anhand der Testreferenz definiert. Die Klasse *Black Box*-Test ist definiert unter Betrachtung der benötigten Strukturinformation. Die Begriffe besitzen folglich stark unterschiedliche Informationsgehalte.
- In der Regel sind funktionale Testverfahren *Black Box*-Tests, da sie die Spezifikation zur Herleitung von Testdaten und zur Beurteilung des Tests nutzen. Die Kenntnis der Implementation ist aus diesem Grund nicht notwendig.
  Andererseits sind nicht alle *Black Box*-Tests funktionale Testverfahren. Abb. 7 zeigt, daß z. B. der ***Zufallstest*** ein *Black Box*-Verfahren, jedoch kein funktionales Testverfahren ist.

Als grundlegendes Klassifikationskriterium dient die Testreferenz. Innerhalb der Klasse der strukturorientierten Testverfahren werden die Unterklassen **kontrollflußorientierter Test** und **datenflußorientierter Test** gebildet. Dies unterteilt die Vielzahl der in diesem Bereich bekannten Verfahren anhand der benutzten strukturellen Merkmale.

Die Gruppe der Bereichstests wird aus der Gliederung nach der Testreferenz herausgelöst, da eine geschlossene Betrachtung dieser Verfahren als Gruppe sinnvoll ist.

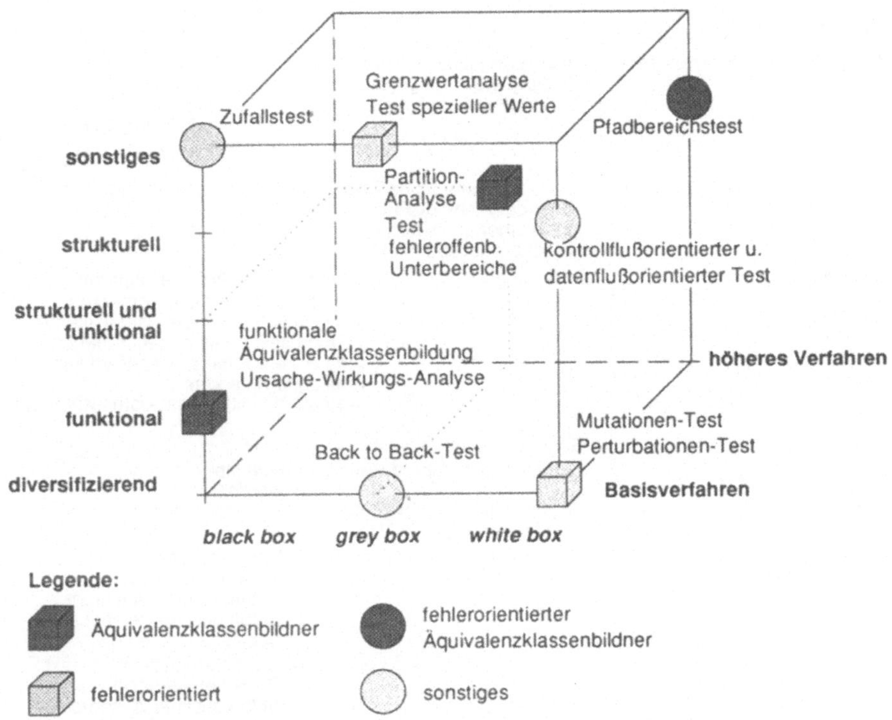

Abb. 7: Klassifikationsübersicht der dynamischen Tests

Einige Verfahren können nach der Testreferenz nicht zufriedenstellend zugeordnet werden. Sie sind in der Mehrheit fehlerorientiert und werden getrennt behandelt.

Abb. 8 stellt ein geeignetes Klassifikationsschema dar.

Der kontrollflußorientierte Test realisiert die klassischen *White Box*-Testverfahrens, die das Programm gegen die eigene Struktur testen. Er basiert auf der Kontrollstruktur des Programms. Typische Vertreter dieser Kategorie sind Anweisungsüberdeckung, Zweigüberdeckung und Pfadüberdeckung. Der Anweisungsüberdeckungstest verlangt die mindestens einmalige Ausführung aller Anweisungen eines Programms durch Testläufe. Der Pfadüberdeckungstests fordert die Ausführung aller Pfade, also aller unterschiedlichen Wege vom Start eines zu testenden Programms oder Moduls zu seinem Ende. Er ist nicht stets vollständig durchführbar und verursacht einen hohen Testaufwand. Ein Mittelweg zwischen diesen zwei Verfahren ist der Zweigüberdeckungstest, der in einem späteren Abschnitt näher erläutert wird.

Der datenflußorientierte Test ist ebenfalls ein strukturelles Verfahren, das sich auf die im Programm enthaltenen Zugriffe auf die Informationsstrukturen stützt.

Funktionaler Test testet das Programm gegen die Spezifikation.

Neben den beschriebenen, derzeit bekanntesten Ansätzen, existieren jüngere Teststrategien, die einen vergleichenden Test mehrerer Versionen des Testobjekts durchführen. Diese Ansätze werden als ***diversified testing***, ***back to back testing*** oder ***mutation testing*** bezeichnet.

Die beschriebenen Klassifikationsschemata der dynamischen Testverfahren dienen insbesondere zur Erzeugung einer Struktur innerhalb der Vielzahl der Verfahren. Sie ermöglichen das Erkennen von Gemeinsamkeiten und Unterschieden.

Von besonderer praktischer Bedeutung ist die Identifikation von Minimalanforderungen an ein dynamisches Testverfahren. Gerade im Hinblick auf die Vielzahl der Testverfahren soll dem Praktiker eine Hilfe zur Identifikation von Minimalanforderungen gegeben werden.

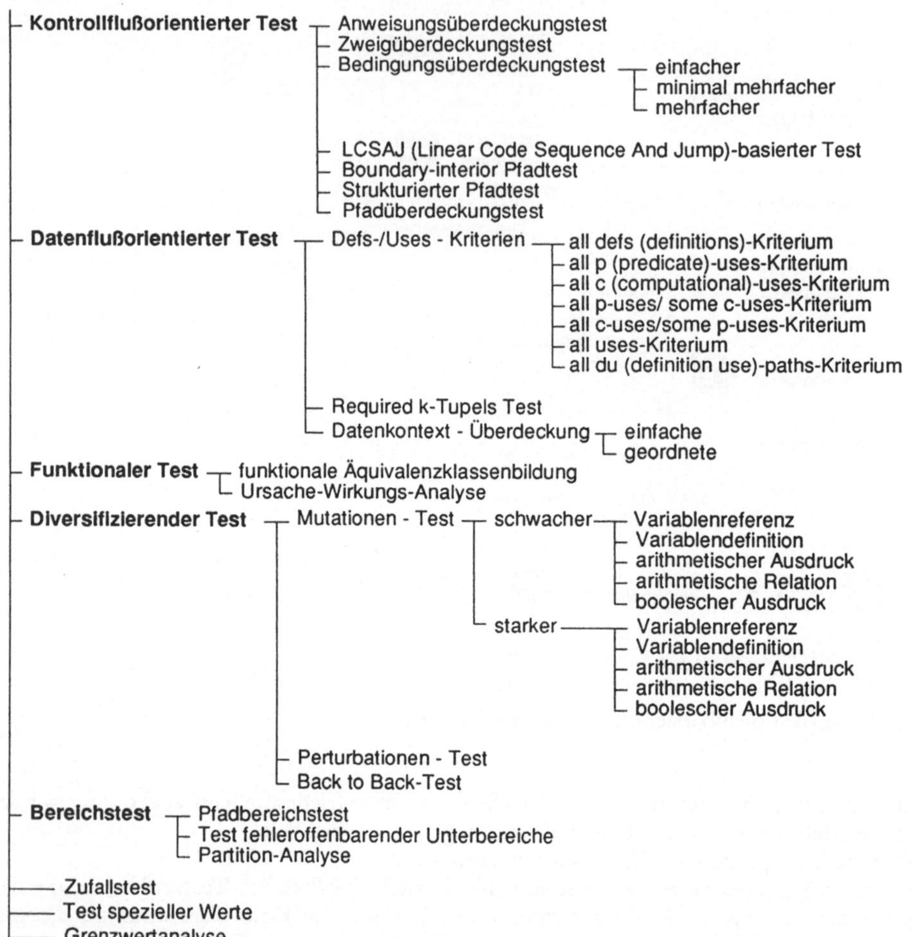

Abb. 8: Gliederung der dynamischen Testverfahren

In der Literatur besteht ein breiter Konsens bezüglich der Einordnung des kontrollflußorientierten Verfahrens Zweigüberdeckungstest als minimales Testkriterium. Andererseits existieren erhebliche Zweifel an seiner Leistungsfähigkeit. Zweigüberdeckung ist notwendig, nicht jedoch hinreichend.

„It is generally agreed that, at a minimum, this subset (of paths) should require that every branch, and thus every statement, in a program be executed at least once. " [1]

„Branch testing asks that each transfer of control (branch) in the program is exercised by at least one test case and is usually considered to be a minimal testing requirement." [33]

„The minimum criteria are: (1) test every branch ... of the program, and test every statement at least once." [41]

Die Anwendung dieser Minimalstrategie ist sicherlich in der industriellen Praxis nicht selbstverständlich, und es ist wünschenswert, daß sie dort auf breiter Front Einzug findet.

Eine weitere wichtige Forderung ist die Orientierung der Prüfung an der Implementation **und** an der Spezifikation. Ist eine Prüfung allein an der Implementation orientiert, so wird in der Regel nicht realisierte Funktionalität unerkannt bleiben. Wird nur die Spezifikation als Basis für den Test verwendet, so werden in der Regel einfache Vollständigkeitskriterien nicht erfüllt. Selbst systematische spezifikationsorientierte Tests führen i. allg. nicht einmal alle Anweisungen aus.

2.4 Exemplarische Darstellung einiger ausgewählter dynamischer Testverfahren

Zur Verdeutlichung der unterschiedlichen Arbeitsweisen werden im folgenden die dynamischen Testverfahren Zweigüberdeckungstest, *all defs*-Test und der schwache Mutationen-Test der arithmetischen Relationen näher beschrieben. Diese Verfahren sind *White Box*-Tests, also strukturorientierte Verfahren. Sie unterscheiden sich deutlich aufgrund der unterschiedlichen Strukturelemente, die sie benutzen. Ferner wird ein Beispiel für die funktionale Äquivalenzklassenbildung angegeben. Eine umfassendere Darstellung der Verfahren zur analytischen Qualitätssicherung ist in [26] enthalten.

Der Zweigüberdeckungstest

Der Zweigüberdeckungstest ist ein kontrollflußorientiertes Testverfahren. Das Ziel ist die Ausführung aller Zweige des zu testenden Programms. Dies verlangt den Durchlauf durch alle Kanten des Kontrollflußgraphen des Programms [27, 31]. Ein Kontrollflußgraph ist ein gerichteter Graph, der aus einer endlichen Menge von Knoten und gerichteten Kanten besteht. Knoten stellen Anweisungen dar. Eine gerichtete Kante von einem Knoten i zu einem Knoten j beschreibt einen möglichen Kontrollfluß von Knoten i zu Knoten j (siehe [26], S. 40 ff).

Sind alle Zweige mindestens einmal ausgeführt worden, so sind 100% Zweigüberdeckung erreicht. Die Zweigüberdeckung wird auch als Entscheidungsüberdeckung bezeichnet, da jede Entscheidung die Wahrheitswerte *wahr* und *falsch* mindestens einmal annehmen muß. Das Durchlaufen aller Zweige führt zur Ausführung aller Anweisungen.

Die zentrale Stellung des Zweigüberdeckungstests wird insbesondere durch seine Position innerhalb der Testverfahren verdeutlicht, da er durch die Mehrheit der Testverfahren subsumiert wird.

Beispiel

Der Zweigüberdeckungstest fordert die Überdeckung aller Zweige des Kontrollflußgraphen nach Abb. 9.

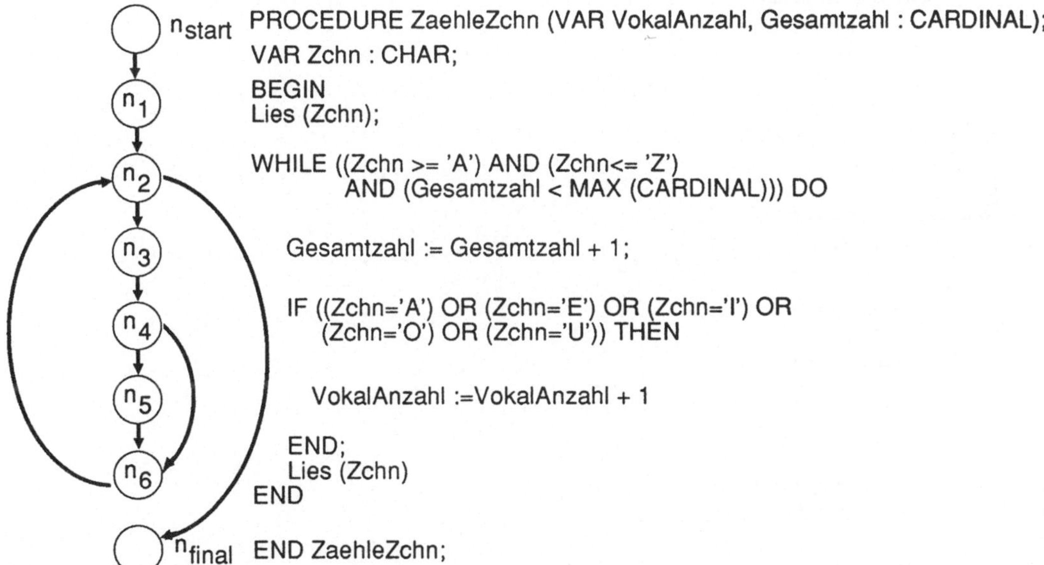

Abb. 9: Kontrollflußgraph und Programmtext zur Zweigüberdeckung

Testfall:
Aufruf von *ZaehleZchn* mit: *Gesamtzahl* = 0, *VokalAnzahl* = 0
Eingelesene Zeichen: "A","B","1"
Durchlaufener Pfad: (n_{start}, n_1, n_2, n_3, n_4, n_5, n_6, n_2, n_3, n_4, n_6, n_2, n_{final})

Der angegebene Testpfad enthält alle Kanten des Graphen. ❑

Der *all defs* -Test

Der *all defs* -Test ist ein einfaches datenflußorientiertes Testverfahren aus der Gruppe der *Defs/Uses*-Tests. Die datenflußorientierten Verfahren verwenden die Zugriffe auf Variablen zur Erzeugung von Testfällen [2, 25, 32, 37]. Dieser Bezug auf die Daten setzt eine grundsätzlich andere Sichtweise des Programms voraus.

Die datenflußorientierten Testverfahren verwenden die nach Abb. 10 modifizierte Form des Kontrollflußgraphen.

Die *Defs/Uses*-Kriterien definieren Testfälle auf der Basis von Variablenzugriffen. Sie ordnen jeden Variablenzugriff in eine von drei Kategorien ein.

Variablenzugriffe dienen entweder

- zur Wertzuweisung – auch Definition *(def)*,
- zur Berechnung von Werten innerhalb eines Ausdrucks *(computational-use, c-use)* oder
- zur Bildung von Wahrheitswerten in Prädikaten *(predicate-use, p-use)*.

Beispiele

- Die Anweisung $y := f(x_1,..,x_n)$ enthält *c-uses* der Variablen $x_1,..,x_n$, gefolgt von einer Definition *(def)* der Variable y.
- Eine Eingabeanweisung bezüglich $x_1,..,x_n$ entspricht einer Definition der Variablen $x_1,..,x_n$.

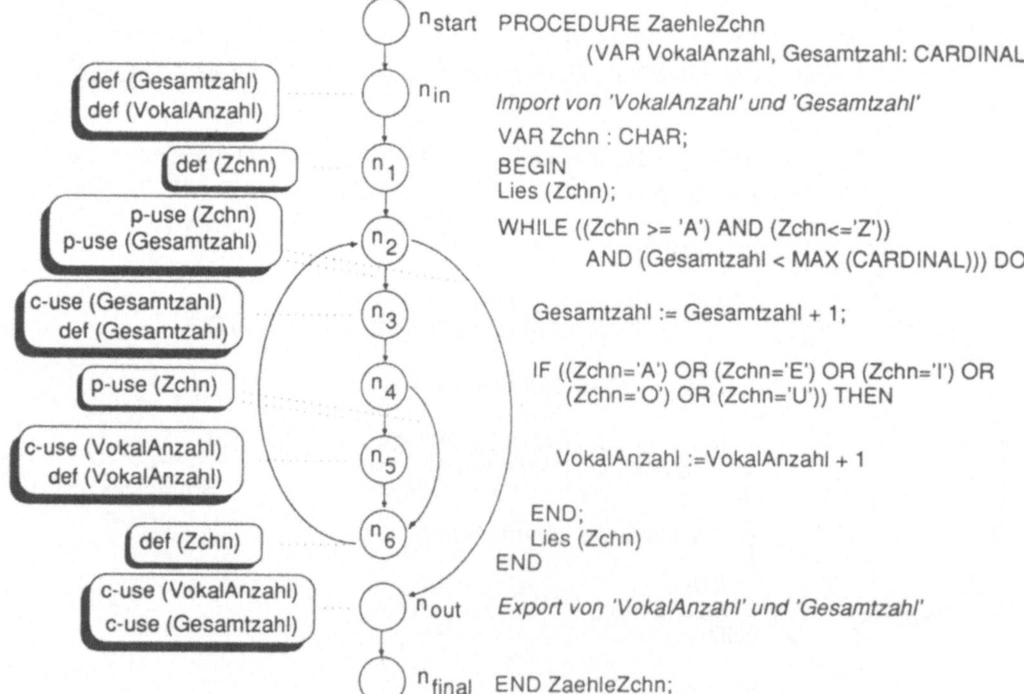

Abb. 10: Kontrollflußgraph – Datenflußform

- Eine Ausgabeanweisung bezüglich $x_1,..,x_n$ entspricht einer *c-use* der Variablen $x_1,..,x_n$.
- Die Anweisung *IF p($x_1,..,x_n$) THEN..ELSE..END* enthält prädikative Benutzungen *(p-uses)* der Variablen $x_1,..,x_n$. ❑

Da Prädikate den Kontrollfluß des Programms bestimmen, werden sie in der Darstellung der *Def/Uses*-Kriterien nach Rapps und Weyuker mit den Kanten des Kontrollflußgraphen identifiziert. Ist die letzte Anweisung eines Knotens eine Kontrollstruktur mit dem Prädikat $p(x_1,..,x_n)$, so enthalten alle von diesem Knoten ausgehenden gerichteten Kanten prädikative Benutzungen von $x_1,..,x_n$.

Das *all defs*-Kriterium verlangt eine Menge von Testpfaden, so daß für jeden Knoten n_i und jede Variable x, die in n_i definiert ist, ein Pfad von n_i zu einem Knoten, der eine *c-use* von x umfaßt oder zu einer Kante, die eine *p-use* von x umfaßt, enthalten ist. Es ist sicherzustellen, daß die Variable x zwischen der Definition und der Benutzung nicht erneut definiert wird.

Das Kriterium verlangt, daß jede Definition *(all defs)* einer Variablen in einer Berechnung oder einem Prädikat benutzt wird. Es fordert für die Prozedur *ZaehleZchn* nach Abb. 10 Testpfade, die mindestens jeweils eine Benutzung jeder der sechs Variablendefinitionen enthalten. Abb. 11 gibt einen Testpfad an, der diese Forderung erfüllt.

Testfall:
Aufruf von *ZaehleZchn* mit: *Gesamtzahl* = 0, *VokalAnzahl* = 0
Eingelesene Zeichen: “A”,“1”
Durchlaufener Pfad: (n_{start}, n_{in}, n_1, n_2, n_3, n_4, n_5, n_6, n_2, n_{out}, n_{final}) ❑

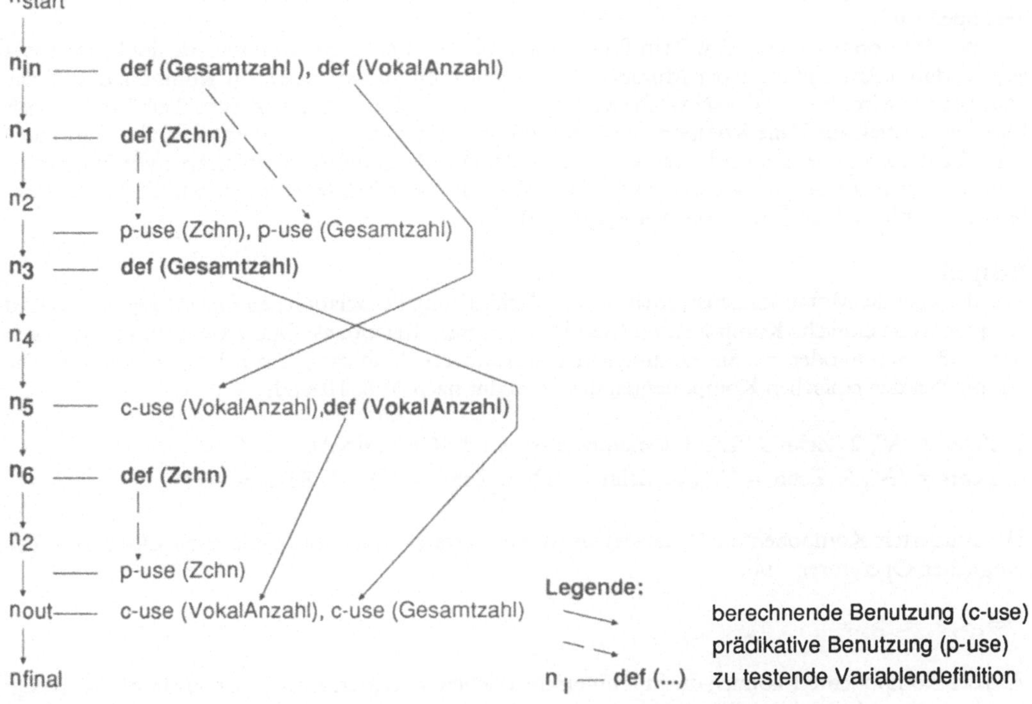

Abb. 11: Testpfad für den *all defs* -Test

Schwacher Mutationen-Test

Der schwache Mutationen-Test ist ein Vertreter aus der Gruppe der diversifizierenden Testverfahren [4, 21, 42]. Er basiert auf der Erkenntnis, daß erfahrene Programmierer fast korrekte Programme erstellen. Die Programme weichen in ihrem Verhalten nur relativ geringfügig von dem vorgesehenen Verhalten ab. Diese Differenz zwischen Ist- und Sollzustand ist im wesentlichen die Manifestation einer Anzahl einfacher Fehler, wie Definitionen oder Referenzen falscher Variablen, unkorrekte Relationen in Prädikaten oder einfache Fehler in arithmetischen Ausdrücken. Da der Mutationen-Test Annahmen bezüglich der potentiellen Fehler trifft, verursacht er die Wahl von fehlersensitiven Testdaten, die gezielt die Entdeckung bestimmter Fehler ermöglichen.

Für jede dieser Fehlererwartungen existiert ein geeignetes Mutationen-Testverfahren mit einer entsprechenden Mutations-Transformation.

Eine Mutations-Transformation ist die

- Referenz einer anderen Variablen,
- Definition einer anderen Variablen,
- Verfälschung arithmetischer Ausdrücke um multiplikative oder additive Konstanten oder Veränderung von Koeffizienten,
- Änderung arithmetischer Relationen um additive Konstanten oder Verfälschung der Relation,
- Verfälschung boolescher Ausdrücke.

Um die Funktion des Mutationen-Tests zu gewährleisten, ist es notwendig, daß die komplexen Fehler an diese einfachen Fehler auf bestimmte Art und Weise gekoppelt sind [34]. DeMillo bezeichnet diesen empirischen Satz als Kopplungseffekt *(coupling effect)*:

Testdaten, die in der Lage sind, ein nur mit einfachen Fehlern behaftetes Programm von einem korrekten Programm zu unterscheiden, können implizit auch ein mit komplexeren Fehlern behaftetes Programm als fehlerhaft identifizieren.

Die einfachen Fehler verbinden sich zu komplexen Fehlern, die folglich an die einfachen Fehler gekoppelt sind.

Unter der Voraussetzung, daß *P* ein Programm und *C* eine einfache Komponente des Programms ist, die durch Anwendung einer Mutations-Transformation zu der mutierten Komponente *C'* des Mutanten *P'* wird, fordert der schwache Mutationen-Test die Definition von Testfällen *T* derart, daß für einen Testfall aus *T* die Komponente *C* ausgeführt wird und einen anderen Wert als *C'* erzeugt.

Einfache Komponenten sind üblicherweise elementare Programmkonstruktionen wie Variablenzugriffe oder arithmetische oder boolesche Ausdrücke, also jene Konstruktionen, auf die die beschriebenen Mutations-Transformationen anwendbar sind.

Beispiel

Wendet man die Mutationstransformation zur Verfälschung der relationalen Operatoren an, so sind entsprechende einfache Komponenten *C* zu identifizieren. Relationale Operatoren sind Operatoren wie z. B. <, > oder =. Sie kommen in den atomaren Prädikaten eines Programms vor. Die entsprechenden einfachen Komponenten der Prozedur nach Abb. 10 sind:

1. Zchn ≥ "A", 2. Zchn ≤ "Z", 3. Gesamtzahl < MAX (CARDINAL)
4. Zchn = "A", 5. Zchn = "E", 6. Zchn = "I", 7. Zchn = "O", 8. Zchn = "U"

Die mutierten Komponenten *C'* entstehen durch Vertauschung des relationalen Operators. Die möglichen Operatoren sind:

=, ≤, ≥, <, >, ≠

Aus der Komponente 1 können die fünf unterschiedlichen mutierten Komponenten 1_1 bis 1_5 erzeugt werden. Die rechte Spalte gibt für jede mutierte Komponente einen Variablenwert an, der geeignet ist, die mutierte Komponente von dem Original zu unterscheiden.

1. Zchn ≥ "A"

mutierte Komponente	Testdatum
1_1. Zchn = "A"	*Zchn* := *"B"*
1_2. Zchn ≤ "A"	*Zchn* := *"B"*
1_3. Zchn < "A"	*Zchn* := *"A"*
1_4. Zchn > "A"	*Zchn* := *"A"*
1_5. Zchn ≠ "A"	*Zchn* := *"A"*

Die mutierten Komponenten erzeugen mit den angegebenen Werten für *Zchn* von dem Original abweichende Ergebnisse. Die Relation *Zchn = "A"* ergibt mit dem Wert *"B"* für *Zchn* den Wahrheitswert *falsch*. Die unverfälschte Relation *Zchn ≥ "A"* ist für *Zchn* gleich *"B"* ***wahr***. Ein Testfall, der für *Zchn* den Wert *"B"* enthält, ist hinreichend sensitiv zur Unterscheidung der mutierten Komponente 1_1 von der unverfälschten Komponente. Mit dem Werten *"A"* und *"B"* für *Zchn* können alle Mutanten der Komponente 1 erkannt werden.

Für die übrigen arithmetischen Relationen sind entsprechend geeignete Werte zu identifizieren. Die Gesamtheit dieser Werte bildet einen Satz von Testfällen, die bezogen auf die arithmetischen Relationen fehlersensitiv sind. ❑

Funktionale Äquivalenzklassenbildung

Basierend auf der Spezifikation eines Programms können **Äquivalenzklassen der Eingabewerte** gebildet werden. Werte aus *einer* Äquivalenzklasse verursachen ein identisches funktionales Verhalten. Sie testen eine identische spezifizierte Programmfunktion. Die Bildung der Äquivalenzklassen anhand der Spezifikation stellt sicher, daß alle spezifizierten Programmfunktionen mit Werten aus der ihnen zugeordneten Äquivalenzklasse getestet werden. Außerdem wird eine Beschränkung der Testfallanzahl erreicht. Aus den Ausgabewertebereichen können ebenfalls Äquivalenzklassen erstellt werden.

Die Auswahl der konkreten Testdaten aus einer Äquivalenzklasse kann nach unterschiedlichen Kriterien erfolgen. Insbesondere ist die Kombination mit fehlerorientierten Testverfahren denkbar. Eine oft verwendete Vorgehensweise ist der Test der Äquivalenzklassengrenzen. Dieses Verfahren wird als Grenzwertanalyse bezeichnet. Es basiert auf der Erfahrung, daß Fehler besonders häufig an den Grenzen von Wertebereichen auftreten.

Myers [31] sieht die Bildung von ungültigen und gültigen Äquivalenzklassen vor. Für die Bildung von Äquivalenzklassen existieren einige Regeln, die auch auf die Bildung von Ausgabeäquivalenzklassen übertragen werden können. Ist für eine Eingabe z. B. ein Wertebereich vorgesehen, so stellt dieser Bereich eine gültige Äquivalenzklasse dar, die an ihrer unteren und oberen Grenze durch ungültige Äquivalenzklassen eingerahmt wird.

Beispiel

Eingabebereich: 1 ≤ Wert ≤ 99

Eine gültige Äquivalenzklasse: 1 ≤ Wert ≤ 99
Zwei ungültige Äquivalenzklassen: Wert < 1, Wert > 99 ❑

Die Äquivalenzklassen sind eindeutig zu numerieren. Für die Erzeugung von Testfällen aus den Äquivalenzklassen sind zwei Regeln zu beachten:

- Die Testfälle für gültige Äquivalenzklassen werden durch Auswahl von Testdaten aus möglichst vielen gültigen Äquivalenzklassen gebildet. Dies reduziert die Testfälle für gültige Äquivalenzklassen auf ein Minimum.
- Die Testfälle für ungültige Äquivalenzklassen werden durch Auswahl eines Testdatums aus einer ungültigen Äquivalenzklasse gebildet. Es wird mit Werten kombiniert, die ausschließlich aus gültigen Äquivalenzklassen entnommen sind. Da für alle ungültigen Eingabewerte eine

Fehlerbehandlung existieren muß, kann bei Eingabe eines fehlerhaften Wertes pro Testfall die Fehlerbehandlung nur durch dieses fehlerhafte Testdatum verursacht worden sein. Würden mehrere fehlerhafte Eingaben pro Testfall verwendet, so ist nicht transparent, welches fehlerhafte Testdatum die Fehlerbehandlung ausgelöst hat.

Die Bildung gültiger und ungültiger Äquivalenzklassen ist sinnvoll für Programme, die ihre Eingaben über Ein-/Ausgabekanäle erhalten, da für ungültige Äquivalenzklassen Fehlerbehandlungen existieren müssen. Für unterlagerte Prozeduren, die ihre Eingaben über Parameterschnittstellen erhalten, sind die Beschränkungen bezüglich der Eingaben zu beachten. Das aufrufende Programm führt möglicherweise gewisse Fehlerbehandlungen bereits durch. Eine erneute Fehlerabfrage in der Prozedur führt in diesem Fall zu dynamisch nicht erreichbarem Code. Oft existieren auch bestimmte Abhängigkeiten zwischen Eingaben, die die Herstellung mancher Eingabekonstellationen ausschließen. Durch Nichtbeachtung dieser Aspekte werden Testfälle erzeugt, die für den Test ungeeignet sind.

Beispiel
Die folgende Spezifikation der Prozedur *ZaehleZchn* ist gegeben:

procedure ZaehleZchn (IN OUT VokalAnzahl: CARDINAL,
IN OUT Gesamtzahl: CARDINAL);
uses
Lies (OUT Zchn : CHAR); Liest einzelne Zeichen.
MAX (IN AnyType); Standardprozedur in Modula-2;
Stellt den maximalen durch den Datentyp *AnyType* darstellbaren Wert zur Verfügung.
purpose
Die Prozedur *ZaehleZchn* liest Zeichen von der Tastatur. Wird ein Zeichen zwischen *A* und *Z* eingegeben, so wird die Variable *Gesamtzahl* inkrementiert. Falls der eingegebene Großbuchstabe ein Vokal ist, so wird auch *VokalAnzahl* inkrementiert. Bei Beendigung der Prozedur werden *Gesamtzahl* und *VokalAnzahl* zurückgegeben.
Wird ein Zeichen erkannt, das kein Großbuchstabe ist, oder besitzt *Gesamtzahl* den größten durch den Datentyp *CARDINAL* darstellbaren Wert, so ist das ein Fehler. In diesem Fall wird die Prozedur beendet.
constraints
Das aufrufende Programm stellt sicher, daß *Gesamtzahl* stets größer oder gleich *VokalAnzahl* ist.
end.

Für *VokalAnzahl* müssen keine Äquivalenzklassen gebildet werden, da aufgrund der Abhängigkeit zwischen *VokalAnzahl* und *Gesamtzahl* die Verarbeitung vom Wert der Variablen *VokalAnzahl* unabhängig ist.

Es entstehen die Äquivalenzklassen nach Tab. 1.

Eingabe	gültige Äquivalenzklassen	ungültige Äquivalenzklassen
Zchn	1) A ≤ *Zchn* ≤ Z, 2) *Zchn* ist ein Vokal, 3) *Zchn* ist ein Konsonant	4) *Zchn* <'A', 5) 'Z' < *Zchn*
Gesamtzahl	6) 0 ≤ *Gesamtzahl* < MAX (CARDINAL),	7) *Gesamtzahl* < 0, 8) MAX (CARDINAL) ≤ Gesamtzahl

Tab. 1: Äquivalenzklassen für die Prozedur *ZaehleZchn*

Tab. 2 stellt einen vollständigen Satz von Testfällen dar. Die Testdaten sind ohne Anwendung einer konkreten Strategie aus den Äquivalenzklassen gewählt.

Testfall-Nr.	1	2	3	4	5	6
getestete Äquivalenzklassen	1, 2, 6	1, 3, 6	4, 6	5, 6	1, 3, 7	1, 2, 8
Zchn	'E'	'F'	'I'	'b'	'G'	'I'
Gesamtzahl	1	0	0	0	-1	MAX (CARDINAL)
VokalAnzahl	0	0	0	0	-1	0

Tab. 2: Testfälle nach der funktionalen Äquivalenzklassenbildung für die Prozedur *ZaehleZchn*

2.5 Statische Analyse

Der Begriff *statische Analyse* faßt alle Aktivitäten zusammen, die Informationen bezüglich eines Programms mit analytischen Mitteln bereitstellen. Alle statischen Analysen besitzen folgende gemeinsame Merkmale:

- Das zu analysierende Modul wird nicht ausgeführt.
- Es werden keine Eingabewerte gewählt.
- Es werden keine allgemeinen Aussagen über die Korrektheit oder Zuverlässigkeit getroffen.
- Die statische Analyse konzentriert sich stets auf bestimmte Teilaspekte eines Moduls.
- Sie kann die Korrektheit des zu prüfenden Moduls nicht beweisen.
- Nur die statische Fehleranalyse kann direkt Fehler erkennen.

Die statische Analyse gliedert sich in folgende Teilbereiche:

- Berechnung von Metriken,
- Erstellung von Graphiken und Tabellen,
- Ermittlung von Anomalien.

Eine Werkzeugunterstützung der Analyse ist sinnvoll und sollte in jedem Fall genutzt werden [14]. Ein Kennzeichen der statischen Analyse ist jedoch die prinzipielle Möglichkeit zur manuellen Durchführbarkeit. Eine weitverbreitete manuelle statische Analyse ist das *Review*. *Reviews* werden oft zur Überprüfung der semantischen Korrektheit in den frühen Phasen der Softwareentwicklung eingesetzt. Sie können aber auch ergänzend zu werkzeugunterstützten analytischen Qualitätssicherungsverfahren in der Implementierungsphase eingesetzt werden.

Die Berechnung von Metriken stellt eine Möglichkeit zur Messung bestimmter Aspekte einer Software dar [13, 29]. Eine Überschreitung von Grenzwerten für Metriken deutet nicht direkt auf einen Fehler hin, gibt aber einen Hinweis auf die mögliche Verletzung bestimmter Qualitätskriterien. Wird dies frühzeitig erkannt, so kann durch Verwendung geeigneter konstruktiver Maßnahmen die Entstehung von Fehlern verhindert werden. In der Literatur zur statischen Analyse findet sich eine Vielzahl von Metriken mit unterschiedlichen Zielsetzungen [3, 13, 29].

Durch Programmanalyse können **Graphiken** und **Tabellen**, die unterschiedlichste Aspekte darstellen, erzeugt werden. Beispiele sind der Kontrollflußgraph, Nassi-Shneiderman-Diagramme oder die *cross reference list*.

Neben der Erzeugung von aufbereiteter Information über ein Programm kann die statische Analyse auch unmittelbar zur Erkennung von Fehlern genutzt werden. In diesem Zusammenhang wird der Begriff statische Fehleranalyse verwendet. Ein zunehmender Teil der statischen Prüfungen wird bereits von modernen Compilern durchgeführt. Bereits die Syntaxprüfung und die Überprüfung der Schnittstellen von Prozeduren auf Konsistenz zwischen formalen und aktuellen Parametern kann als statische Fehleranalyse durch den Compiler betrachtet werden.

Einige statische Testwerkzeuge gestatten die Analyse des Datenflusses. Von besonderem Interesse ist die Ermittlung von **Datenflußanomalien**, also von Zugriffssequenzen auf Variablen, die nicht korrekt sind [6, 22]. Ein Beispiel für eine Datenflußanomalie ist der lesende Zugriff auf eine nicht initialisierte Variable.

2.6 Symbolischer Test

Der **symbolische Test** von Programmen ist kein Testverfahren im herkömmlichen Sinne, sondern eine analytische Methode, die zumindestens für bestimmte Programme geeignet ist, die Korrektheit sicherzustellen – eine Eigenschaft, die die üblichen Testverfahren nicht besitzen [23]. Der symbolische Test besitzt folgende Merkmale:

- Das zu testende Modul wird mit allgemeinen symbolischen Werten durch einen Interpreter ausgeführt.
- Der symbolische Test testet in einer künstlichen Umgebung.
- Der symbolische Test gewinnt allgemeine Aussagen über die Korrektheit für ganze Eingabebereiche.
- Der symbolische Test ist i. allg. kein Stichprobenverfahren.
- Er kann für bestimmte Moduln die Korrektheit beweisen.
- Der symbolische Test nimmt eine Stellung zwischen dem dynamischen Test, der statischen Analyse und der Verifikation ein.

Der symbolische Test verlangt im Unterschied zu den dynamischen Testverfahren keine Testläufe des übersetzten Programms in einer realen Testumgebung. Ein Interpreter führt das Quellprogramm mit symbolischen Werten aus. Bei dieser Interpretation des Quellprogramms entstehen Prädikatensysteme für Eingabedaten und symbolische Ausdrücke für die durch das Programm berechneten Funktionen der Eingabedatenbereiche [20, 24].

Die Prädikatensysteme sind symbolische Ausdrücke aus Konstanten und Eingabedaten. Überdekken die symbolischen Prädikatterme den gesamten Eingabedatenbereich und sind die berechneten Funktionen gemessen an der Spezifikation des Programms korrekt, so ist für das Quellprogramm partielle Korrektheit bewiesen.

Das Verhältnis zwischen dem klassischen dynamischen Test und dem symbolischen Test ist vergleichbar mit dem Verhältnis zwischen der einfachen Arithmetik für Zahlen und der Algebra. Während der dynamische Test und die Zahlenarithmetik Aussagen nur für einzelne konkrete Werte liefern können, sind der symbolische Test und die Algebra in der Lage Ergebnisse für allgemeinere symbolische Werte zu gewinnen.

Ein Bindeglied zwischen dem symbolischen und dem dynamischen Test sind die Testdatengeneratoren, die in der Regel durch symbolische Ausführung Unterstützung für die Erzeugung von Testdaten bieten.

Kann ein Programm durch symbolischen Test verifiziert werden, so scheint der dynamische Test überflüssig. Diese Annahme ist jedoch nicht zutreffend. Der symbolische Test prüft ein Quellprogramm. Ein korrektes Quellprogramm muß jedoch nicht notwendig in der übersetzten, lauffähigen Form korrekt arbeiten. Der Grund für dieses Verhalten sind Compilerfehler, die zu einer fehlerhaften Übersetzung des Quellprogramms führen können, und eventuell vorhandene Fehler in der Systemsoftware des Rechners.

Ein weiteres Problem ist die Postulation einer künstlichen Umgebung im Rahmen des symbolischen Tests, die von der realen Umgebung des letztendlich installierten Programms abweichen kann.

Schließlich können durch den symbolischen Test keine Aussagen über das Laufzeitverhalten gewonnen werden. Derartige Daten können nur durch den dynamischen Test des lauffähigen Programms in der realen Laufzeitumgebung ermittelt werden.

2.7 Verifikation

Die **Programmverifikation** bedient sich formaler Beweismethoden, um die Korrektheit eines Programms zu zeigen [5, 18]. Die Verifikation besitzt folgende Eigenschaften:

- Die Verifikation demonstriert mit mathematischen Mitteln die Konsistenz zwischen Spezifikation und Implementation.
- Eine formale Spezifikation ist notwendig.
- Die Verifikation kann die Korrektheit eines Programms beweisen.
- Im Rahmen der Verifikation ist die Schaffung einer künstlichen Umgebung notwendig.
- Teile des Verifikationsprozesses sind nur unvollständig automatisierbar. Verifizieren ist eine kreative Tätigkeit, die hohe Anforderungen an den Kenntnisstand stellt.

Ein Programm ist dann korrekt, wenn es die spezifizierte Aufgabe erfüllt. Die eigentliche Verifikation zeigt die **partielle Korrektheit** eines Programms. **Totale Korrektheit** ist dann gegeben, falls das partiell korrekte Programm stets terminiert. Die Methodik von Terminationsbeweisen steht der Verifikationsmethodik nahe und ist im Rahmen des Nachweises der totalen Korrektheit ein wesentlicher Bestandteil der Programmverifikation. Das Ziel der Verifikation ist die Erbringung des Nachweises, daß ein Programm konsistent zu seiner Spezifikation ist. Die Anwendung formaler Beweismethoden setzt die Existenz einer Spezifikation in einer formalen Form voraus, denn auf informale Spezifikationen sind mathematische Methoden nicht anwendbar.

Außerdem ist es notwendig die Semantik, also die Wirkung der Sprachkonstrukte der verwendeten Programmiersprache, auf formale Weise zu definieren. Der im Rahmen der Verifikation oft verwendete **Hoare-Kalkül** [17] basiert auf einer formalen Semantikdefinition mit Hilfe von Verifikationsregeln. Zu jeder Anweisung der Programmiersprache existiert eine Verifikationsregel, die den Zusammenhang zwischen dem Programmzustand vor der Ausführung der Anweisung und nach ihrer Ausführung beschreibt. Die Anwendung von Verifikationsregeln auf ein konkretes Programm führt zur Erzeugung von Verifikationsbedingungen, deren Gültigkeit zu zeigen ist.

Ein leichtverständlicher Überblick über Verifikationstechniken, der im wesentlichen dem aktuellen Stand der Forschung in diesem Bereich entspricht, ist in [7] enthalten.

3 Ausblick

Auf den Praktiker, der eine Möglichkeit zur Steigerung der Qualität seiner Software sucht, mag die Vielzahl der analytischen Qualitätssicherungsverfahren verwirrend wirken. Er sucht letztlich eine konkrete Strategie, die er in seiner Umgebung mit Erfolg einsetzen kann.

Folgende Fragen sind begründet:

- Warum braucht man die unterschiedlichen Techniken *dynamischer Test*, *statische Analyse*, *symbolischer Test* und *Verifikation*?
- Warum braucht man derart viele unterschiedliche Test-, Analyse- und Verifikationsverfahren?
- Wie findet man geeignete Verfahren für die aktuelle Situation?

Der Sinn der unterschiedlichen Techniken der analytischen Qualitätssicherung ergibt sich unmittelbar aus ihren Eigenschaften. Jede Technik hat charakteristische Vorteile und Nachteile.

Tab. 3 stellt die Eigenschaften der unterschiedlichen Techniken im Überblick dar. Ob ein Modul dynamisch getestet, analysiert, symbolisch getestet oder verifiziert wird, wird demzufolge entscheidend von den angestrebten Zielen und den vorgegebenen Rahmenbedingungen beeinflußt. Ist es erforderlich für ein Modul die Korrektheit zu beweisen, so kann dies nur durch Anwendung der Verifikation erreicht werden. Soll das Funktionieren eines Programms unter den realen Umgebungsbedingungen geprüft werden, so wird man ein dynamisches Testverfahren wählen.

Die Techniken besitzen unterschiedliche Eigenschaften. Keine Technik kann eine andere vollständig ersetzen. Die Ursache für die Vielzahl der unterschiedlichen Test-, Analyse- und Verifikationsverfahren ist die Verschiedenartigkeit der Programme und die Unterschiedlichkeit der verfolgten Ziele.

	dynamischer Test	statische Analyse	symbolischer Test	Verifikation
Fehlererkennung	+	○	+	+
Korrektheitsnachweis	—	—	○	+
universelle Einsetzbarkeit	+	○	○	○
Prüfung in der realen Umgebung	+	—	—	—
informale Spezifikation hinreichend	+	+	○	—
Ermittlung des Laufzeitverhaltens	+	—	—	—
Quantifizierung von Eigenschaften	—	+	—	—
Automatisierbarkeit	○	+	○	—
Vollständigkeit der Aussagen	—	—	○	+
Prüfung unter extremen Bedingungen	+	—	—	—

Legende: + Ja ○ eingeschränkt — Nein

Tab. 3: Eigenschaften der Prüftechniken

Im Bereich der statischen Analyse resultiert die Fülle der Metriken und der Graphiken und Tabellen aus den vielen unterschiedlichen Eigenschaften eines Programms oder Moduls, die zu vermessen bzw. darzustellen sind.

Da der dynamische Test ein Stichprobenverfahren ist und viele Möglichkeiten zur Durchführung von Stichproben existieren, gibt es entsprechend viele dynamische Testverfahren.

Jedes Testverfahren basiert auf einer bestimmten mehr oder weniger ausgeprägten Fehlererwartungshaltung oder stützt sich auf bestimmte Annahmen bezüglich der Adäquanz von Tests.

Die Definition der dynamischen Testverfahren impliziert eine Eignung für bestimmte Fehlerklassen. Man kann erwarten, daß bestimmte Fehler verstärkt entdeckt werden und andere Fehler nicht oder nur durch Zufall erkannt werden. Dies gilt in ausgeprägter Form auch für die Datenflußanomalie-Analyse, die durch statisches Analysieren bestimmte Fehlertypen zuverlässig erkennt und andere Fehler stets nicht entdeckt.

Abb. 12 ordnet den Testverfahren die typischerweise verstärkt erkannten Fehler zu. Die angegebene Zuordnung ist nicht vollständig. Da die verwendeten Fehlerklassen teilweise aufeinander abgebildet werden können, werden nur für die in erster Linie betroffenen Fehlerklassen Aussagen getroffen.

Vergleicht man die Leistungsfähigkeit von Testverfahren, so darf nicht vergessen werden, daß die höhere Leistungsfähigkeit eines Testverfahrens in der Regel mit einem höheren Testaufwand erkauft werden muß.

Schließlich ist ein Prüfverfahren in der Praxis nur dann anwendbar, falls ein geeignetes Werkzeug zu seiner Unterstützung verfügbar ist.

Die geschilderten Einflüsse bewirken, daß es kein *general purpose*-Prüfverfahren für alle Moduln und Programme gibt. Die Vielzahl der existierenden Verfahren ist notwendig. Strategien zur

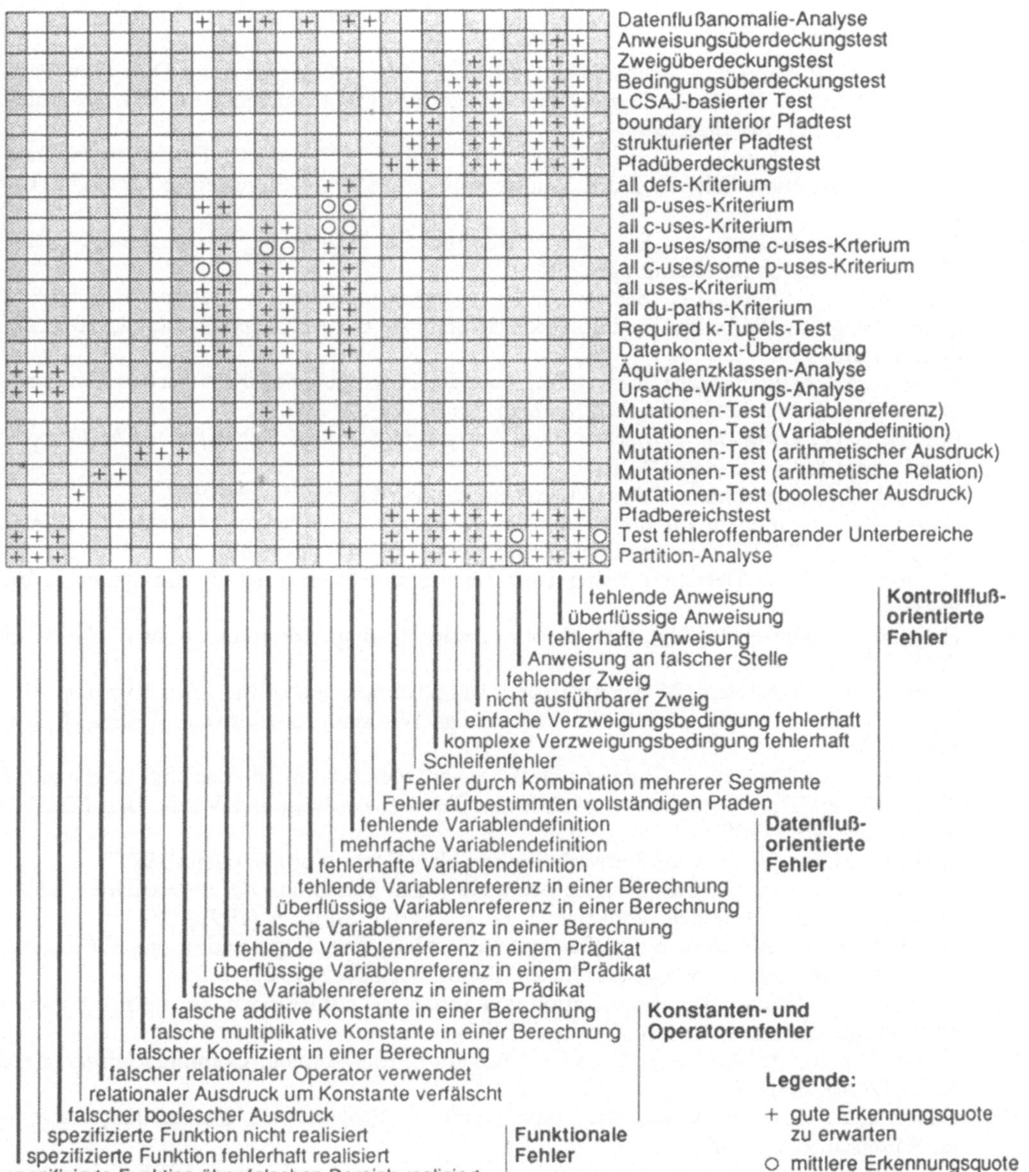

Abb. 12: Zuordnung von Testverfahren zu Fehlerklassen

Qualitätssicherung müssen stets neu für die konkrete Situation entwickelt werden. In der Regel wird eine Kombination verschiedener Verfahren sinnvoll sein.

Begleitend sind unterstützende Systeme zu entwickeln, die eine Integration unterschiedlicher Prüfverfahren bieten.

Diese Ansätze bilden derzeit einen aktuellen Gegenstand der Forschung.

Literatur

1. Clarke, L.A., Podgurski, A., Richardson, D.J., Zeil, S.J.: A Comparison of Data Flow Path Selection Criteria. In: Proceedings of the 8th International Conference on Software Engineering, 244-251. London 1985
2. Clarke, L.A., Podgurski, A., Richardson, D.J., Zeil, S.J.: A Formal Evaluation of Data Flow Path Selection Criteria. IEEE Transactions on Software Engineering *15(11)*, 1318-1332 (1989)
3. Conte, S.D., Dunsmore, H.E., Shen V.Y., Software Engineering Metrics and Models. Menlo Park: Benjamin/ Cummings 1986
4. DeMillo, R.A., Lipton, J.L., Sayward, F.G.: Program mutation: A new approach to program testing. In: Software Testing, Infotech State of the Art Report , Vol.2, 107-128. Maidenhead 1979
5. Floyd, R.W.: Assigning meanings to Programs. In: Proceedings of the American Mathematical Society Symposium in Applied Mathematics *19*, 19-32. 1967
6. Fosdick, L.D., Osterweil, L.J.: Data Flow Analysis in Software Reliability. ACM Computing Surveys *8(3)*, 305-330 (1976)
7. Futschek G.: Programmentwicklung und Verifikation. Wien: Springer 1989
8. Foster, K.A.: Comment on the application of error-sensitive testing strategies to debugging. ACM SIGSOFT Software Engineering Notes *8(5)*, 40-42 (1983)
9. Gannon, C.: Error Detection Using Path Testing and Static Analysis. Computer *12(8)*, 26-31 (1979)
10. Gelperin, D., Hetzel, B.: The Growth of Software Testing. Communications of the ACM *31(6)*, 687-695 (1988)
11. Girgis, M.R., Woodward, M.R.: An Experimental Comparison of the Error Exposing Ability of Program Testing Criteria. In: Proceedings Workshop on Software Testing, 64-73. Banff 1986
12. Hamlet, R.G.: Theoretical Comparison of Testing Methods. In: Proceedings of the ACM SIGSOFT '89 Third Symposium on Software Testing, Analysis, and Verification (TAV3), 28-37, Key West 1989
13. Halstead, M.H.: Elements of Software Science. New York: North-Holland 1977
14. Haselhorst, R.: Der Software-Analyse-Baukasten – Ein Bericht aus der universitären Ausbildung. In: Informatik aktuell (vorliegender Band). Berlin: Springer (1992)
15. Hauptmann, K.: Abnahmetest großer Systeme – Methoden, Organisation und Werkzeuge. In: Informatik aktuell (vorliegender Band). Berlin: Springer (1992)
16. Herrmann, J., Grimm, K.: Klassifikation von Software-Testmethoden. In: Informatik aktuell (vorliegender Band). Berlin: Springer (1992)
17. Hoare, C.A.R.: An Axiomatic Basis for Computer Programming. Communications of the ACM *12(10)*, 576-583 (1969)
18. Hohlfeld, B.: Zur Verifikation von modular zerlegten Programmen. Dissertation, Universität Kaiserslautern, (1988).
19. Howden, W.E.: Theoretical and Empirical Studies of Program Testing. IEEE Transactions on Software Engineering *SE-4(4)*, 293-298 (1978)
20. Howden, W.E.: An Evaluation of the Effectiveness of Symbolic Testing. Software - Practice and Experience *8(4)*, 381-397 (1978)
21. Howden, W.E.: Completeness Criteria for Testing Elementary Program Functions. In: Proceedings of the 5th International Conference on Software Engineering, 235-243. San Diego 1981
22. Howden, W.E.: A Survey of static Analysis Methods. In: Tutorial: Software Testing and Validation Techniques, IEEE Computer Society Press, 101-115. New York 1981
23. King, J.C.: Symbolic execution and program testing. Communications of the ACM *19(7)*, 385-394 (1976)

24. Kneuper, R.: Validation und Verifikation von Software durch symbolische Ausführung. In: Informatik aktuell (vorliegender Band). Berlin: Springer (1992)
25. Laski, J.W., Korel, B.: A Data Flow Oriented Program Testing Strategy. IEEE Transactions on Software Engineering *SE-9(3)*, 347-354 (1983)
26. Liggesmeyer, P.: Modultest und Modulverifikation – State of the Art. Mannheim, Wien, Zürich: BI Wissenschaftsverlag 1990
27. Liggesmeyer, P.: TensorC, TensorM, TensorP - Werkzeuge zur Testunterstützung. In: Balzert, H. (ed.): CASE Systeme und Werkzeuge, 489-504. Mannheim, Wien, Zürich: BI Wissenschaftsverlag 1991
28. Liggesmeyer, P., Dregger, A., Balzert, H.: Ein experimentelles Testsystem für die Sprache HyperTalk. In: Informatik aktuell (vorliegender Band). Berlin: Springer (1992)
29. McCabe, T.J.: A Complexity Measure. IEEE Transactions on Software Engineering *SE-2(4)*, 308-320 (1976)
30. Müllerburg, M.: Zur Formalisierung von Testkonzepten. In: Informatik aktuell (vorliegender Band). Berlin: Springer (1992)
31. Myers, G.J.: The Art of Software-Testing, New York: John Wiley & Sons 1979
32. Ntafos, S.C.: On Required Element Testing. IEEE Transactions on Software Engineering *SE-10(6)*, 795-803 (1984)
33. Ntafos, S.C.: A Comparison of Some Structural Testing Strategies. IEEE Transactions on Software Engineering *14(6)*, 868-874 (1988)
34. Offutt, A.J.: The Coupling Effect: Fact or Fiction?. In: Proceedings of the ACM SIGSOFT '89 Third Symposium on Software Testing, Analysis, and Verification (TAV3), 131-140, Key West 1989
35. Overbeck, J.: Test Activities for Object-Oriented Software Development. In: Informatik aktuell (vorliegender Band). Berlin: Springer (1992)
36. Pelkmann, U.: TESTSCOPE – Ein Werkzeug für den Modul- und Integrationstest. In: Informatik aktuell (vorliegender Band). Berlin: Springer (1992)
37. Rapps, S., Weyuker, E.J.: Selecting Software Test Data Using Data Flow Information. IEEE Transactions on Software Engineering *SE-11(4)*, 367-375 (1985)
38. Schless, P.: Methoden und Werkzeuge zur Automatisierung des Software-Tests. In: Informatik aktuell (vorliegender Band). Berlin: Springer (1992)
39. Sneed, H.M.: Software-Testen. Stand der Technik. Informatik-Spektrum *11(6)*, 303-311 (1988)
40. Sneed, H.M.: The MicroTest Integrated Test Environment. In: Informatik aktuell (vorliegender Band). Berlin: Springer (1992)
41. Sorkowitz, A.R.: Certification Testing: A Procedure to Improve the Quality of Software Testing. Computer *12(8)*, 20-24 (1979)
42. Spafford, E.H.: Extending Mutation Testing to Find Environmental Bugs. Software - Practice and Experience *20(2)*, 181-189 (1990)
43. Spillner, A.: Testmethoden und Testdatengewinnung für den Integrationstest modularer Softwaresysteme. In: Informatik aktuell (vorliegender Band). Berlin: Springer (1992)
44. Weiss, S.N.: What To Compare When Comparing Test Data Adequacy Criteria. ACM SIGSOFT Software Engineering Notes *14(6)*, 42-49 (1989)

Klassifikation von Software-Testmethoden

Jens Herrmann & Klaus Grimm
Daimler-Benz AG
Forschungsgruppe Systemtechnik
Alt-Moabit 91b
1000 Berlin 21

1 Einleitung

Der dynamische Funktionalitätstest, bei dem das geforderte funktionale Verhalten des Testobjekts geprüft wird, ist eine grundlegende Methode, um einen im Sinne der Anwender applikationsorientierten Test zu unterstützen [Howden 87, Grimm 88]. Der dynamische Aspekt, d.h. die Ausführung des Testobjekts, gewährleistet zugleich, daß das reale, ablauforientierte Verhalten des Testlings geprüft wird.

Da der erschöpfende Test, d.h. derjenige, bei dem die gesamte Eingabemenge des Testobjekts für den Test verwendet wird, in der Regel nicht möglich ist, müssen Testfälle entwickelt werden, die eine für die Prüfung relevante Teilmenge von Eingabedaten bilden. Zur Testfallermittlung für den Funktionalitätstest können verschiedene Kriterien herangezogen werden, unter anderem auch diejenigen, die von solchen Testmethoden verwendet werden, deren primäres Ziel nicht notwendigerweise der Funktionalitätstest ist. So kann z.B. das Strukturtestkriterium Zweigüberdeckung zur Testfallermittlung für den funktionalen Test verwendet werden, um nicht geforderte Funktionalität aufzudecken.

Als Basis für unsere Arbeiten auf dem Gebiet des Funktionalitätstests wurde die Menge der bekannten Testmethoden durch Klassifizierungen strukturiert, d.h. in Klassen zerlegt. Diese Strukturierung dient als Ausgangspunkt für die Untersuchung der Leistungsfähigkeit von Testmethoden und ist damit Grundlage für die Auswahl von Kriterien für den Funktionalitätstest. Die Klassifizierung und erste Untersuchungsergebnisse werden im vorliegenden Papier vorgestellt.

2 Klassifikationsschema

Das in Bild 1 dargestellte baumartige Klassifikationsschema besteht aus drei Einzelklassifikationen, die durch die der Wurzel direkt untergeordneten Knoten beschrieben sind. Mit ihrer Hilfe wird die Testmethodenmenge in Klassen zerlegt, wobei ein Pfad von der Wurzel zu einem Blatt jeweils eine Methodenklasse beschreibt. Mehrere derartiger Pfade können miteinander kombiniert werden, ergeben mengentheoretisch die Schnittmenge der durch die Pfade beschriebenen Mengen und führen somit zu einer neuen Klasse von Methoden. Die Kombination von Pfaden wird im folgenden mit Hilfe einer Tabelle beschrieben. Darüber hinaus werden die angegebenen Klassifikationen bei detaillierterer Beschreibung einzelner Methodenklassen weiter verfeinert.

Die erste Klassifikation, im Bild 1 durch den linken Teilbaum repräsentiert, unterteilt Testmethoden danach, woraus, d.h. auf welcher Grundlage, Testfälle ermittelt werden. Unter einem Testfall wird hierbei eine, gegebenenfalls abstrakte, Beschreibung einer Menge von Eingaben an das Testobjekt verstanden. Eine Grundlage der Testfallermittlung kann beispielsweise die Spezifikation des Testobjekts sein, die in der Regel die Anforderungen an das funktionale Verhalten der Realisierung definiert. Sie bildet die Grundlage für den Funktionstest. Eine andere Basis für die Testfallermittlung bietet eine der Spezifikation genügende Realisierung. Testfallermittlung auf der Basis einer Realisierung kann bedeuten, Testfälle aus ihrer internen Struktur abzuleiten, aber auch, bereits vorhandene Testdatenmengen, die bei einem früheren Test für eine derartige Realisierung erzeugt wurden, zu übernehmen. Eine weitere Grundlage für die Testfallermittlung besteht aus der zufälligen Auswahl von Testdatenmengen aus dem Eingaberaum des Testobjekts. Neben den drei genannten Grundlagen für die Testfallermittlung sind weitere denkbar (z.B. Intuition), die hier allerdings nicht weiter behandelt werden.

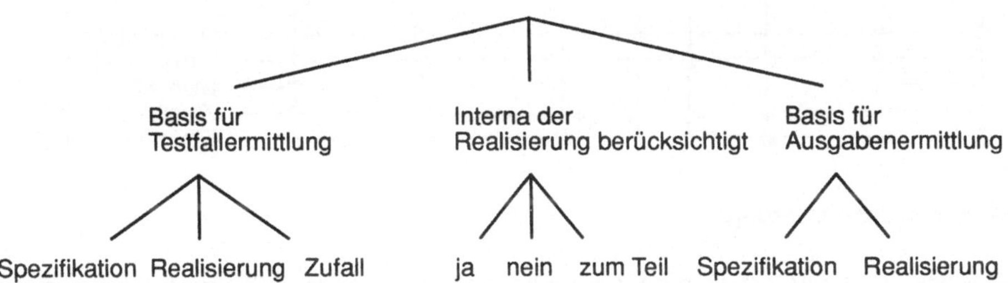

Bild 1: Klassifikationsschema

Das zweite Teilschema berücksichtigt den Aspekt der Black-Box-/White-Box-Klassifikation von Testmethoden. Hierbei werden Methoden danach klassifiziert, ob Informationen über die interne Struktur der Testobjekt-Realisierung beim Test verwendet werden oder nicht. Es ist dabei übrigens nicht notwendigerweise eindeutig, woraus die Testfälle abgeleitet werden. Es ist lediglich klar, daß sie beim Black-Box-Test nicht aus Interna abgeleitet sein können.

Eine dritte Art der Methodenklassifizierung ergibt sich durch die Betrachtung der Grundlage für die Sollausgabenermittlung, oft auch als Testreferenz bezeichnet. Basen hierfür können wieder die Spezifikation oder die Ausgaben einer speziellen Implementierung des Testobjekts sein.

3 Methodenklassifizierung

Mit Hilfe des Klassifikationsschemas werden im folgenden die im Bild 2 dargestellten Testmethodenklassen Funktionstests, Strukturtests, diversifizierende Tests, Zufallstest und Partition Testing gebildet. Für die drei erstgenannten werden die entsprechenden Klassifizierungen weiter verfeinert. Diese verfeinerten Klassifizierungen führen wiederum zu spezielleren Methodenklassen.

3.1 Funktionstests

Bei den Funktionstests wird, wie in Bild 2 dargestellt, die Spezifikation des Testobjekts zur Testfallermittlung verwendet. Ihr werden die Anforderungen an das funktionale Verhalten der Realisierung entnommen und in entsprechende Testfälle umgesetzt. Die Sollwerte werden ebenfalls aus der Spezifikation abgeleitet und mit den beim Testlauf entstandenen Ergebnissen verglichen.

Funktionstests können auf der Basis formaler oder informaler Spezifikationen durchgeführt werden. Im folgenden werden zunächst einige Methoden vorgestellt, die auf formalen Spezifikationen aufsetzen (Bild 3), und anschließend solche, deren Grundlage nicht notwendigerweise formal sein muß.

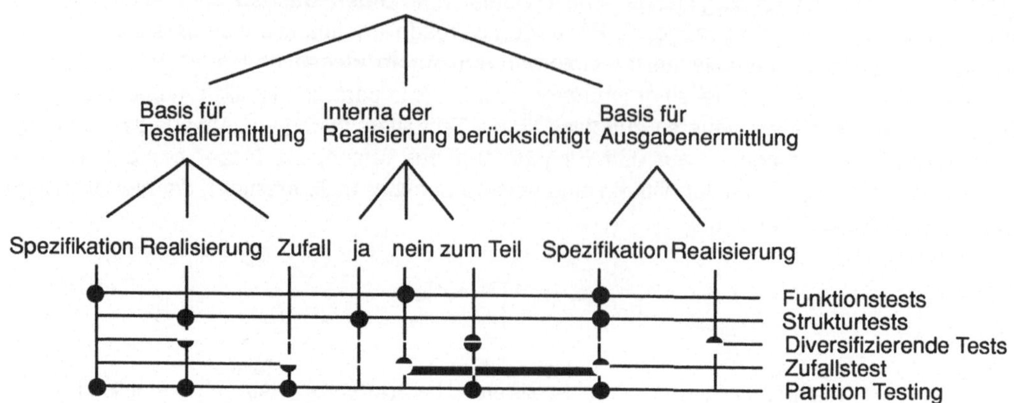

Bild 2: Methodenklassifizierung

Ein von Goodenough und Gerhart in ihrem grundlegendem Papier zum Thema Testen vorgestellter Ansatz stellt den Test auf der Basis von *Entscheidungstabellen* dar [Goodenough/Gerhart 75]. Hierbei werden Testfälle zur Überdeckung von im Testobjekt auftretenden Bedingungen und Aktionen gebildet. Für jede auftretende Bedingung und für jede Aktion wird dabei jeweils eine Zeile in der Tabelle generiert. Anschließend werden Bedingungen über Spalten, soweit möglich, miteinander kombiniert, wobei die sich daraus ergebenden Aktionen ebenfalls in der Spalte markiert werden. Testfälle werden konstruiert, und die dadurch ausgeführten Bedingungen und Aktionen, d.h. Spalten, werden vermerkt.

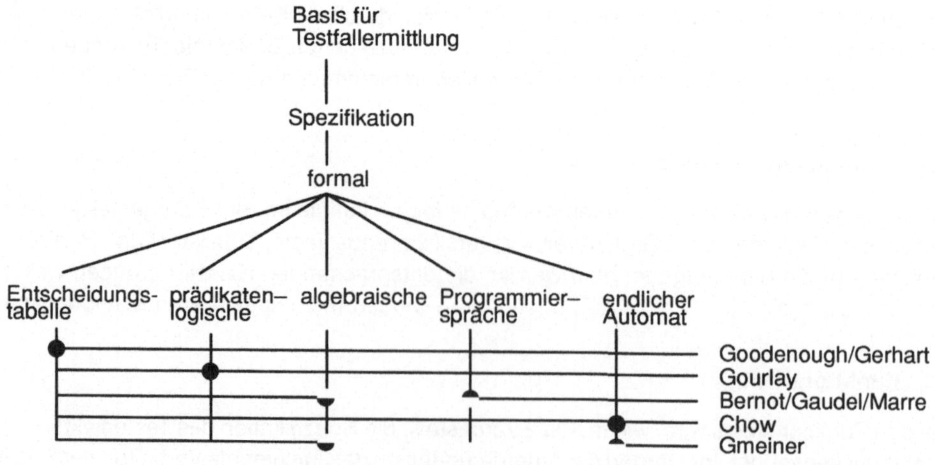

Bild 3: Funktionstestmethoden auf der Basis formaler Spezifikationen

Das Testen auf der Basis einer *prädikatenlogischen* Spezifikation wird von Gourlay beschrieben [Gourlay 81]. Die Spezifikation beschreibt die vorhandenen Ein-/Ausgabebeziehungen des Testobjekts. Hieraus werden Einzelbedingungen abgeleitet, die Teilmengen des Ein- und des Ausgaberaums beschreiben. Anschließend werden diese in disjunkte Teilmengen zerlegt. Die Testfälle werden aus logisch vereinbaren Kombinationen einzelner Elemente aus den Eingabeteilmengen gebildet.

Ein weiterer Ansatz ist der Test auf der Grundlage *algebraischer* Spezifikationen, ein Spezialfall ist in [Bernot/Gaudel/Marre 90] beschrieben. Geprüft wird, ob die im formalen Semantikteil, d.h. im Axiomensystem, definierten Gleichheiten von Termen in der Implementierung Gültigkeit besitzen. Für den Test der Realisierung werden die Terme als Operationsaufrufreihenfolgen betrachtet. Testfälle werden durch Termexpansion erzeugt, d.h. durch die Ersetzung von in den Gleichungen auftretenden Variablen durch konstante Terme. Da die Zahl der dadurch in den Gleichungen auftretenden möglichen Terme prinzipiell unendlich ist, werden Hypothesen zur entsprechenden Reduzierung aufgestellt.

Relativ viele Ansätze benutzen Spezifikationen in höheren *Programmiersprachen* als Basis für den funktionalen Test. Stellvertretend hierfür seien nochmals Bernot, Gaudel und Marre zitiert, die algebraische Spezifikationen nach Prolog transformieren und die genannten Testaktivitäten mit Hilfe von Prolog durchführen. Ihr Vorgehen wird deshalb in Bild 3 als kombiniertes Verfahren klassifiziert.

Das Testen auf der Basis von *endlichen Automaten* wurde von Chow in einem grundlegenden Papier beschrieben [Chow 78]. Ein Ansatz, der die algebraische Spezifikation und den endlichen Automaten verwendet, wurde von Gmeiner vorgestellt [Gmeiner 83]. Hierbei wird von der algebraischen Beschreibung eines abstrakten Datentypen ausgegangen, der u.a. Operationsreihenfolgen beschreibt. Diese Spezifikation wird in einen endlichen Automaten transformiert, Übergänge zwischen Zuständen werden dabei durch Operationsaufrufe gebildet. Anschließend werden Testfälle generiert, die den Test von Operationsreihenfolgen unterstützen.

Die folgenden, in Bild 4 dargestellten Funktionstestmethoden benötigen nicht notwendigerweise eine formale Spezifikation des Testobjekts, sondern können auf jeder beliebig formalen Beschreibung aufsetzen, der das funktionale Verhalten zu entnehmen ist.

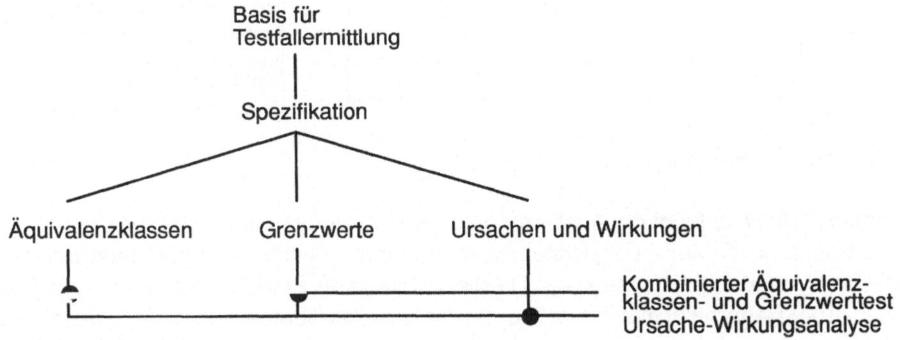

Bild 4: Allgemeine Funktionstestmethoden

Beim *Äquivalenzklassentest* werden Klassen, d.h. Teilmengen, des Ein- und des Ausgaberaums des Testlings gebildet. Für jede Klasse gilt: jedes Element führt zu bzw. resultiert aus äquivalentem Programmverhalten, wobei die Klasseneinteilung möglichst so vorzunehmen ist, daß jedes Element einer Eingabeklasse in der Lage ist, denselben Fehler aufzudecken. Eine oft verwendete Zerlegung entsteht durch die funktionale Äquivalenzklassenbildung. Hierbei werden Klassen entsprechend den Definitions- und Wertebereichen der Programmfunktionen gebildet.

Bei der *Grenzwertanalyse* werden Testfälle gewählt, die sogenannte Grenzwertbereiche von Teilmengen in Ein- und Ausgaberäumen berücksichtigen. Eine mögliche Basis sind Äquivalenzklasseneinteilungen, in Bild 4 ist diese Kombination von Methoden dargestellt. Beide Methoden sind u.a. in [Myers 87] beschrieben.

Für die *Ursache-Wirkungs-Analyse* werden Ursachen, dies sind Eingabebedingungen, und Wirkungen, d.h. Ausgabebedingungen, aus der Spezifikation ermittelt [Elmendorf 73]. Für jede Wirkung wird festgestellt, aus welchen Kombinationen von Ursachen sie resultieren kann. Testfälle werden anschließend aus zulässigen Kombinationen gebildet. Ursachen und Wirkungen können mit Hilfe eines Ursache-Wirkungs-Graphen dargestellt werden. Dabei können Bedingungen an die zulässigen Kombinationsmöglichkeiten von Ursachen in den Graphen eingetragen werden.

3.2 Strukturtests

Bei den Strukturtests werden Testfälle auf der Basis der internen Struktur des Testobjekts gebildet. Kriterien hierfür sind, wie in Bild 5 dargestellt, Überdeckungen von Kontroll- und Datenflußelementen. Die erwarteten Ausgaben werden aus der Spezifikation ermittelt.

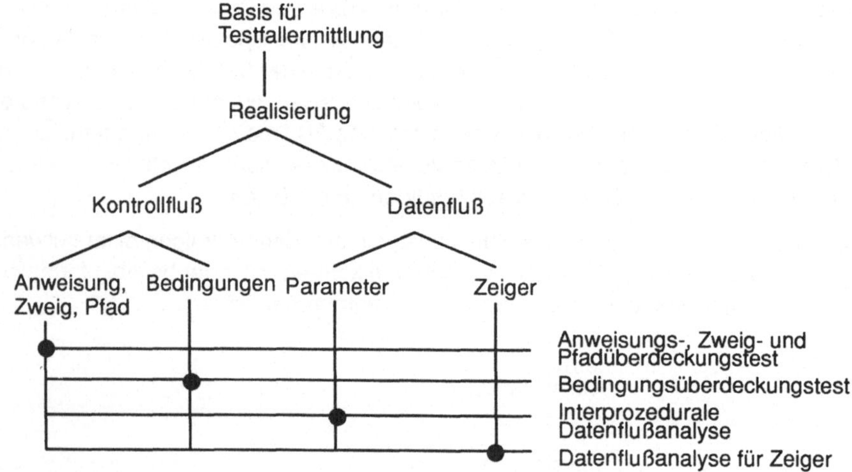

Bild 5: Strukturtestmethoden

Der *Kontrollflußtest* verlangt die Ausführung von Kontrollflußelementen [Miller 77]. Verschiedene Maße, oft auch als C-Maße bezeichnet, wurden hierfür definiert, so unter anderem die Anweisungs-, Zweig- und Pfadüberdeckung. Da die vollständige Pfadüberdeckung bei Auftreten von Schleifen in der Regel nicht möglich ist, wurden weitere Pfadüberdeckungsmaße definiert, die eine obere Grenze für Schleifen festlegen und somit zu einer endlichen Anzahl von Pfaden gelangen. Weitere Maße sind die sogenannten Bedingungsüberdeckungen, genauer Bedingungs- und Mehrfachbedingungsüberdeckung. Ein dazwischenliegendes Maß ist die minimale Überdeckung von Mehrfachbedingungen [Riedemann 86].

Beim *Datenflußtest* werden Datenflußelemente überdeckt [Hecht 77]. Im folgenden werden hierbei zwei spezielle Klassen von Tests betrachtet.

Die erste Klasse von Datenflußtestmethoden ist für das Vorgehen beim Integrationstest relevant [Spillner/Herrmann/Franck 90]. Hierbei geht es um die Ausführung von Schreib-/Lese-Kombinationen für Variablen. Der Datenflußtest wird in diesem Falle allein an Operationsgrenzen und dort nur für Parameter durchgeführt [Harrold/Soffa 89]. Es werden hierbei Parameter überdeckt, für die sich die beiden Zustände Schreiben und Lesen direkt aufeinanderfolgend in verschiedenen, voneinander abhängigen Operationen befinden.

Ein zweiter, wichtiger Ansatz setzt sich mit Zeigerproblematiken auseinander, hier vertreten durch [Wilson/Osterweil 82]. Für die Testfallermittlung sind solche Testdaten zu ermitteln, die alle auftretenden Zeiger und diejenigen Objekte, auf die sie verweisen, überdecken. Sind die Objekte wieder Zeiger, wiederholt sich der Vorgang solange, bis Objekte, die keine Zeiger darstellen, überdeckt sind.

3.3 Diversifizierende Tests

Bei den diversifizierenden Tests werden, wie in Bild 2 dargestellt, Realisierungen gegeneinander getestet, d.h. sie werden mit identischen Eingaben ausgeführt, und anschließend werden die Ausgaben miteinander verglichen. Hierzu gehören der Mutations-, der Regressions- und der Back-to-Back-Test (Bild 6). Bei den Realisierungen sollen Original, Version, Mutant und Variante unterschieden werden: das Original ist eine ausgezeichnete Realisierung, in der Regel die zeitlich zuerst entstandene. Eine Version ist durch Veränderung einer Implementierung hervorgegangen, eine Variante ist eine alternative Implementierung. Alle drei Arten müssen dabei jede für sich der Spezifikation genügen. Ein Mutant ist wie eine Version aus Veränderungen des Originals entstanden, wobei die Änderungen zur Unterstützung des Testens vorgenommen werden. In der Regel genügt der Mutant nicht mehr der Spezifikation.

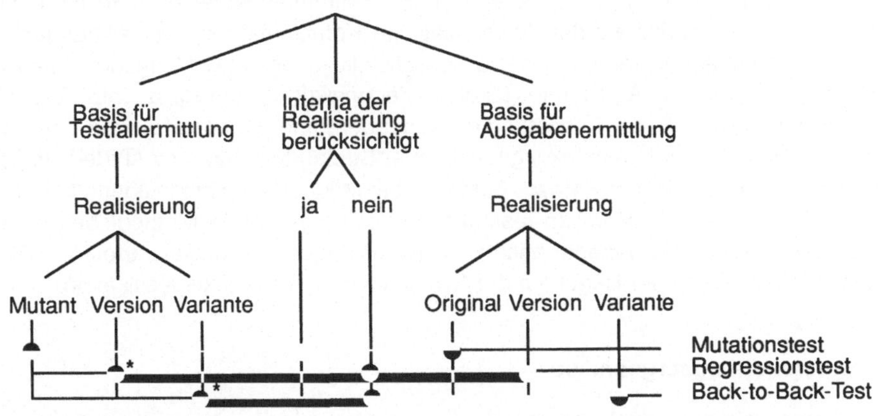

* Übernahme vorhandener Testfälle

Bild 6: Diversifizierende Tests

Beim *Mutationstest* wird ein Mutant gegen das Original getestet [DeMillo/Lipton/Sayward 79]. Der Mutant entsteht aus dem Original durch gezielte Veränderung von Implementierungsstellen, z.B. der Ersetzung von Operatoren durch andere. Die Testfälle werden aufgrund der mutierten Stellen gewählt, mit ihrer Hilfe sollen die mutierten Stellen überdeckt werden. Nach Ausführung des Mutanten werden seine Ausgaben mit denen des Originals verglichen. Wird Gleichheit festgestellt, so wird angenommen, daß die gewählten Testdaten nicht hinreichend waren oder daß Fehler im Original existieren, die die mutierten Stellen maskieren.

Der *Regressionstest* besteht aus dem Test einer Version gegen eine ältere. Hierzu werden die Ein- und Ausgaben der älteren Version für die neuere verwendet, und die Ausgaben werden miteinander verglichen. Für unveränderte Teile der neuen Version werden dabei dieselben Ausgaben wie beim Original erwartet. Trifft dies nicht zu, so liegt ein Fehler vor.

Beim *Back-to-Back-Test* werden Varianten gegeneinander getestet [Sneed 87]. Die Eingaben einer Variante werden für eine andere verwendet und die Ausgaben miteinander verglichen. Treten Ungleichheiten auf, so liegt ein Fehler vor. Ein- und Ausgaben einer Variante werden somit für den Test einer anderen verwendet. Ein Problem hierbei ist, daß in beiden Varianten identische Fehler mit dieser Methode nicht aufgedeckt werden können.

3.4 Zufallstest

Beim *Zufallstest* werden Testdaten, wie in Bild 2 angedeutet, auf der Basis des Zufalls aus dem Eingaberaum des Testobjekts ausgewählt [Duran/Ntafos 81]. Dabei werden zum Teil Annahmen über die Wahrscheinlichkeit von Verteilungen fehleraufdeckender Eingaben im Eingaberaum berücksichtigt. Der Zufallstest eignet sich weniger als alleinige Testmethode. Als Ergänzung zu anderen, z.B. zur zufälligen Auswahl von Testdaten aus Äquivalenzklassen, ist sie jedoch gut geeignet. Die Bestimmung der Sollwerte ist bei dieser Methode aufwendiger als bei anderen Methoden, da der Kontext, in den die generierten Eingaben gehören, erst identifiziert werden muß.

3.5 Partition Testing

Beim *Partition Testing* wird der Eingaberaum nach bestimmten Kriterien in Teilmengen zerlegt [Jeng/Weyuker 89]. Testfälle werden über zulässige Kombinationen der Teilmengen gebildet. Grundlage für die Zerlegung kann, wie in Bild 2 dargestellt, jedes Entwicklungsdokument, gegebenenfalls auch der Zufall sein. Als Kriterien für die Zerlegung können die von anderen Testmethoden genutzten Kriterien wie z.B. die Beachtung der Eingaberäume der spezifizierten bzw. der implementierten Funktionen, die Überdeckung bestimmter Strukturteile bzw. die Aufdeckung mutierter Programmstellen berücksichtigt werden. Aufgrund der Möglichkeit, verschiedene Methodenkriterien zu kombinieren, wird das Partition Testing auch als übergeordnete Methode betrachtet, wobei durch die Kombination verschiedener Ansätze eine Leistungssteigerung erwartet wird. Der Ausgabenvergleich geschieht in der Regel auf der Grundlage der Testobjektspezifikation.

4 Erste Untersuchungsergebnisse

Bisherige Untersuchungen der Leistungsfähigkeit der Methoden haben ergeben, daß eine Kombination aus Funktions- und Strukturtest eine gute Basis für den Funktionalitätstest bietet. Schwergewicht sollte dabei auf dem Funktionstest liegen. Er besitzt den Vorteil, sich auf den Test der Funktionalität zu konzentrieren. Funktionstests auf der Basis formaler Spezifikationen erlauben eine systematische Testfallermittlung. Obwohl dieses für das Testen positiv wirkt, sehen wie zum jetzigen Zeitpunkt Probleme bei der Einsetzbarkeit formaler Spezifikationen in der Praxis.

Als ergänzender Test ist der Strukturtest sinnvoll. Mit ihm ist ein gezielter Test bestimmter Programmteile möglich, mit dem unter Umständen nicht geforderte Funktionalität aufgedeckt werden kann. Darüber hinaus bietet er die Möglichkeit, den Testumfang abzuschätzen. Während die Pfadüberdeckung in der Regel zu aufwendig ist, sehen wir eine günstige Aufwand/Nutzen-Relation beim Zweigtest. Als ergänzendes Kriterium bietet sich der Datenflußtest an, da er die Möglichkeit bietet, zusätzlich bestimmte Pfade auszuwählen.

5 Zusammenfassung

Dargestellt wurden Klassifizierungen von Testmethoden und damit die Strukturierung einer größeren Menge von Testmethoden. Als Instrument hierfür wurde eine graphische, baumartige Notation gewählt, die sich zur Darstellung als nützlich erwiesen hat. Das Klassifikationschema läßt sich sowohl in der Breite durch die Hinzunahme weiterer Klassifikationen wie auch in der Tiefe durch weitere Verfeinerungen von Klassifikationen erweitern. Diese Erweiterungen sind geeignet, um bisher noch nicht betrachtete Methodenklassen aufzunehmen bzw. um durch Klassifizierungen bereits entstandene Klassen weiter zu verfeinern.

Erste Analysen der Leistungsfähigkeit der Methoden bezüglich einer Unterstützung des Funktionalitätstests haben gezeigt, daß eine Kombination aus Funktions- und Strukturtest günstig ist. Schwergewicht sollte dabei auf dem Funktionstest liegen und der Strukturtest als ergänzendes Kriterium eingesetzt werden.

Literatur

Bernot/Gaudel/Marre 90 Bernot, G; Gaudel, M.C; Marre, B.: *Software Testing based on Formal Specifications: a Theory and a Tool.* Rapport de Recherche no. 410, Université de Paris-Sud, Centre d'Orsay, Laboratoire de Recherche en Informatique, Bât. 490, 9/405 Orsay, France, June 1990.

Chow 78 Chow, T.S.: *Testing Software Design Modeled by Finite-State Machines.* IEEE Transactions on Software Engineering, Vol. 4, No. 3, 1978, S. 178-187.

DeMillo/Lipton/Sayward 79 DeMillo, R.A.; Lipton, R.J.; Sayward, F.G.: *Program Mutation: A New Approach to Program Testing.* In Infotech Int. Ltd.: Infotech State of the Art Report on Software Testing, Vol. 2, Infotech International Limited, Maidenhead, England, 1979, S. 107-127.

Duran/Ntafos 81 Duran, J.W.; Ntafos, S.C.: *A Report on Random Testing.* Proceedings of the 5th International Conference on Software Engineering, San Diego, March 1981, S. 179-183.

Elmendorf 73 Elmendorf, W.R.: *Cause-Effect-Graphs in Functional Testing.* TR-00.2487, IBM Systems Development Div., Poughkeepsie, New York 1973.

Gmeiner 83 Gmeiner, L.: *Zur Testfallgenerierung in der Entwurfsphase.* Bericht KfK 3538, Kernforschungszentrum Karlsruhe, 1983.

Goodenough/Gerhart 75 Goodenough, J.B.; Gerhart, S.L.: *Toward a Theory of Test Data Selection.* IEEE Transactions on Software Engineering, Vol. 1, No. 2, 1975, S. 156-173.

Gourlay 81 Gourlay, J.S.: *Theory of Testing Computer Programs.* Ph.D. Dissertation, University of Michigan, 1981.

Grimm 88 Grimm, K.: *Methoden und Verfahren zum systematischen Testen von Software.* Automatisierungstechnische Praxis, 30, Heft 6, 1988, S. 271-280.

Harrold/Soffa 89 Harrold, M.J.; Soffa, M.L.: *Interprocedural Data Flow Testing.* In [Kemmerer 89], S. 158-167.

Hecht 77 Hecht, M.S.: *Flow Analysis of Computer Programs.* North-Holland, New York 1977.

Howden 87 Howden, W.E.: *Functional Program Testing and Analysis.* McGraw-Hill Book Company, New York 1987.

Jeng/Weyuker 89 Jeng, B; Weyuker, E.J.: *Some Observations on Partition Testing.* In [Kemmerer 89], S. 38-47.

Kemmerer 89 Kemmerer, R.A. (ed): Proceedings of the ACM SIGSOFT 89 – 3rd Symposium on Software Testing, Analysis, and Verification (TAV3), Key West, Florida, Dec. 13-15, 1989.

Miller 77 Miller, E: *Program Testing: Art Meets Theory.* IEEE Computer, July 1977, S. 42-51.

Myers 87 Myers, G.J.: *Methodisches Testen von Programmen.* 2. Auflage. Oldenbourg Verlag, München/Wien 1987.

Riedemann 86 Riedemann, E.H.: *PROST - Ein Programmsystem zum Software-Testen.* GI-Softwaretechnik-Trends, Heft 6-1, 1986, S. 64-68.

Sneed 87 Sneed, H.M.: *Software-Testen – State of the Art.* Software-Entwicklungs-Systeme und -Werkzeuge. 2. Kolloqium Technische Akademie Esslingen, 8.-10.9.87. Verlag Technische Akademie Esslingen, 1987, S. 10.3-1 bis 10.3-6.

Spillner/Herrmann/Franck 90 Spillner, A.; Herrmann, J.; Franck, R.: *Methods and Tools for Integration Testing of Large Softwaresystems.* 2nd European Conference on Quality Assurance 1990, EOQC-Software Committee, 30.5.-1.6.90, Oslo, Norwegen, Norwegian Computer Society, 1990, ca. S. 540-554.

Wilson/Osterweil 82 Wilson, C.; Osterweil, L.: *OMEGA – A Data Flow Analysis Tool for the C-Programming Language.* Proceedings of the Compsac 1982 – 6th International Computer Software & Applications Conference, 1982, S. 9-18.

Zur Formalisierung von Testkonzepten

Monika Müllerburg

Gesellschaft für Mathematik und Datenverarbeitung
Schloss Birlinghoven, D-5205 Sankt Augustin 1
e-mail: mbg@gmdzi.gmd.de

1 Einleitung

Das Testen von Software beruht auf dynamischer Ausführung und ist die in der Praxis am häufigsten verwendete Methode der Software-Qualitätsprüfung. Der Aufwand für das Testen ist sehr hoch. Ein Grund dafür ist, daß Testen immer noch mehr auf der Intuition des Testers beruht, als auf systematischen Verfahren. Trotz vieler Fortschritte hängt noch zu viel von der Kreativität einzelner Tester ab, und die Güte der erzielten Ergebnisse, insbesondere bezüglich der Wirksamkeit der Testläufe, läßt sich nur selten nachweisen. Für eine wirkliche Nutzung der Möglichkeiten des Testens muß noch viel getan werden, insbesondere müssen systematische Vorgehensweisen unterstützt werden.

Der Begriff Test wird allgemein in zwei Bedeutungen verwendet. Zum einen bezeichnet er eine Entwicklungsphase, die wie alle anderen geplant und kontrolliert werden muß, und zum anderen eine Klasse von Prüfmethoden, deren Stärken und Schwächen man verstehen muß, wenn man sie (in der Entwicklungsphase Test) wirksam verwenden will. Testen kann man zur Prüfung verschiedener dynamischer Eigenschaften verwenden, zum Beispiel für Korrektheit, Laufzeiteffizienz und Zuverlässigkeit. Wir betrachten hier Testen zur Prüfung von Korrektheit, d.h. Testen mit dem Ziel, Fehler aufzudecken. Als Testkonzept bezeichnen wir ein Testdatenauswahlkriterium, zu dem sich sowohl Testbarkeits- als auch Testabdeckungsmaße definieren lassen. Wie man tatsächlich zu den geforderten Testdaten kommt wird hier nicht betrachtet.

Die Entwicklungsphase Test wird üblicherweise in Testschritte unterteilt. In [7] wird eine Vorgehensweise beschrieben, die zu einer systematischen Bestimmung solcher Testschritte und einer zielorientierten Auswahl von Testkonzepten führen kann. Es wird vorgeschlagen, Testschritte abhängig vom Entwicklungsprozeß zu bestimmen und für jedes wesentliche Konstruktionsdokument einen Testschritt zu identifizieren, in dem diejenigen Aspekte geprüft werden, die in dem Konstruktionsdokument beschrieben sind. Abhängig von den zu prüfenden Aspekten müssen für jeden Testschritt geeignete Testkonzepte ausgewählt werden.

In diesem Papier wird nun versucht, die Frage zu beantworten, wie man entscheidet, welche Testkonzepte geeignet sind. Es wird ein Ansatz vorgestellt, der die systematische Auswahl von Testkonzepten unterstützt. Der Ansatz geht von der These aus, daß unterschiedliche Objekte mit unterschiedlichen Konzepten getestet werden müssen. Obwohl dies selbstverständlich scheint, werden doch oft die gleichen Konzepte für viele Zwecke verwendet. So wird zum Beispiel Zweigtest oft als nutzlos verurteilt, nur weil seine Verwendung in allen Testschritten (d.h. auch für das Testen ganzer Systeme) zu so vielen Testfällen führt, daß der Test undurchführbar wird.

Der hier vorgeschlagene Ansatz beruht auf der Idee, Testkonzepte nicht direkt auf den Objekten zu definieren, sondern auf formalen Modellen, die als abstrakte Repräsentationen der Objekte interpretiert werden können. Dieser Weg ermöglicht eine präzise Definition der Testkonzepte und bietet eine solide Basis für ihre Analyse. Andererseits erlaubt der Ansatz, für ein gegebenes Objekt geeignete abstrake Repräsentationen zu suchen und über die entsprechenden Modelle Testkonzepte zu bestimmen. Mit Hilfe des METKIT CAI Systems kann diese Auswahl unterstützt werden.

Der folgende Abschnitt 2 gibt eine kurze Einführung zum Testen von Software. Die allgemeine Idee und die Motivation für den Ansatz werden in Abschnitt 3 präsentiert und in Abschnitt 4 anhand eines Beipiels demonstriert. Dabei wird als Modell ein Graph mit bestimmten Eigenschaften verwendet, die Interpretation des Graphen als abstrakte Repräsentation von Aufrufbeziehungen zwischen Prozeduren diskutiert sowie die Implikationen für Testkonzepte erörtert. Abschnitt 5 zeigt die Einbettung dieses Ansatzes in den Entwicklungsprozeß. Abschnitt 6 diskutiert, wie der Ansatz mittels des METKIT CAI Systems praktisch verwendet werden kann, um Softwareentwicklern bei der Auswahl von Testkonzepten zu unterstützen. Abschließend gibt Abschnitt 7 eine Zusammenfassung.

2 Testkonzepte

Ein prinzipielles Problem beim Testen entsteht dadurch, daß ein Programm im allgemeinen nicht mit allen möglichen Eingabedaten ausprobiert werden kann, sondern nur mit wenigen ausgewählten. Das Prinzip des Testens ist das einer Stichprobe, und das Problem ist, wie man die Stichprobe bestimmt. Die Bestimmung der Stichprobe, d. h. die Auswahl der Testdaten, hängt von den Eigenschaften ab, die man prüfen möchte.

Bei der Prüfung von Korrektheit strebt man an, möglichst viele Fehler im Programm aufzudecken. Die Zuverlässigkeit der Aussage über die Korrektheit hängt von der Qualität der Stichprobe ab, d.h. von ihrer Wirksamkeit hinsichtlich der Fehleraufdeckung. Beim fehlerorientierten Testen werden dementsprechend solche Testdaten gesucht, die geeignet sind, Fehler aufzudecken [6, 4].

In diesem Papier geht es um Kriterien, die die Stichprobe erfüllen soll. Als Testkonzept bezeichnen wir ein Testdatenauswahlkriterium, zu dem sich sowohl Testbarkeitsals auch Testabdeckungsmaße definieren lassen. Wie man tatsächlich zu den geforderten Testdaten kommt wird hier nicht betrachtet. Für ein gegebenes Testdatenauswahlkriterium lassen sich die beiden Maße ableiten. Testabdeckungsmaße werden zur Bewertung der Wirksamkeit des Tests verwendet, Testbarkeitsmaße zur Schätzung des notwendigen Testaufwands.

Testabdeckungsmaße sind definiert als Verhältnis von verwendeten, geforderten Elementen (z.B. Anweisungen, Module oder Funktionen) zu geforderten Elementen. Zum Beispiel würde 80% Anweisungsabdeckung bedeuten, daß 80 von 100 im Programm vorhandenen Anweisungen beim Test tatsächlich ausgeführt wurden. Testabdeckungsmaße geben Hinweise auf unzureichend getestete Programmteile und können außerdem als Endekriterium für den Test verwendet werden.

Testbarkeitsmaße lassen sich definieren als die minimale Anzahl von Testdaten (Testausführungen), die notwendig ist, um eine vollständige Testabdeckung bezüglich eines Testdatenauswahlkriteriums zu erreichen. Man geht dabei von der Annahme aus, daß alle geforderten Elemente verwendet werden können. Testbarkeitsmaße erlauben, den Testaufwand abzuschätzen und unterstützen so das Management bei der Organisation des Testens. Sie können aber auch verwendet werden, um die Konstruktion zu leiten, so daß testbare Programme entstehen. In [1] wird gezeigt wie solche Maße für kontrollflußorientierte Testkonzepte definiert und berechnet werden können.

3 Objekte, Modelle und Testkonzepte

Modellbildung ist in der Wissenschaft zur Erklärung und Untersuchung von Phänomenen der realen Welt üblich. Dabei wird versucht, relevante Aspekte der realen Welt (Objekte und Beziehungen) in Modellen zu erfassen. Bei dieser Repräsentation der Realität werden alle anderen Aspekte vernachlässigt (Abstraktion). Diese Konzentration auf die relevanten Aspekte erleichtert das Verständnis. Betrachtet man ein Objekt, so kann man verschiedene Repräsentationen finden. Andererseits kann das gleiche Modell abstrakte Repräsentation verschiedener Objekte sein und die Erkenntnisse und Ergebnisse der Modell-Theorie lassen sich für Aussagen über alle diese Objekte nutzen.

Betrachtet man ein Programm, so kann man viele Aspekte identifizieren, zum Beispiel Kontrollfluß, Datenfluß, Werte von Variablen an bestimmten Stellen, Werte von Ausdrücken, Aufrufbeziehungen zwischen Prozeduren und Datenfluß zwischen Prozeduren. Solche Aspekte lassen sich formal in Modellen darstellen, die man als abstrakte Repräsentionen interpretieren kann. Zum Beispiel kann der Kontrollfluß in Programmen durch gerichtete Graphen repräsentiert werden. Damit hat man ein Modell, das mittels der Graphentheorie formal definiert ist. Außerdem kann man nun Erkenntnisse und Ergebnisse der Graphentheorie für Untersuchungen und Aussagen über den Kontrollfluß nutzen. Diese Aussagen sind sprachunabhängig und gelten für alle Objekte, für die das Modell als abstrakte Repräsentation akzeptiert wird.

3.1 Der Ansatz

Der hier vorgestellte Ansatz geht von der These aus, daß wir Testkonzepte besser verstehen können, wenn wir sie auf der Basis formaler Modelle definieren und analysieren und versucht die Idee der Modellbildung für den Bereich des Testens systematisch zu nutzten. Testkonzepte werden nicht direkt auf den Objekten definiert, sondern auf formalen Modellen, die sich als abstrakte Repräsentationen der Objekte interpretieren lassen. Dieser Weg über formale Modelle macht deutlich, was man mit einem Testkonzept erreichen kann und was nicht. Abbildung 1 beschreibt diesen Weg.

Das bekannteste Beispiel für Modellbildung im Bereich Testen ist die Verwendung gerichteter Graphen als abstrakte Repräsentation von Kontrollfluß in Programmen. Viele Testkonzepte sind auf solchen Graphen definiert worden, zum Beispiel „alle Zweige müssen mindestens einmal ausgeführt werden". Auch Maße sind auf solchen Graphen definiert

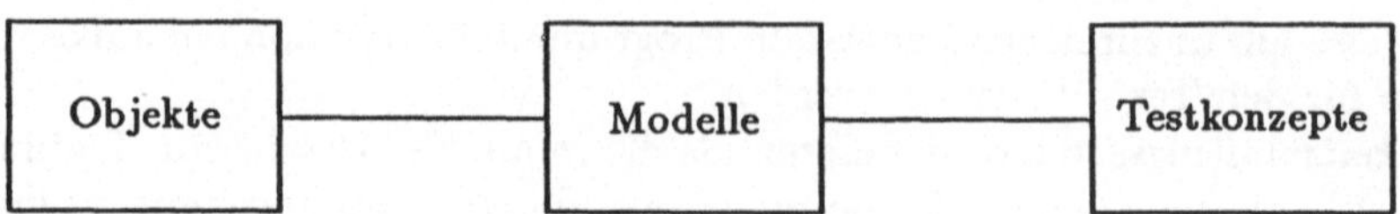

Abb. 1. Objekte, Modelle und Testkonzepte

worden, z.B. das Testbarkeitsmaß „minimale Anzahl von Testläufen zur Ausführung aller Zweige" und das Testabdeckungsmaß „Verhältnis von beim Test verwendeten geforderten Zweige zu den geforderten".

3.2 Zweck und Ziel

In der Softwareentwicklung finden wir heute viele verschiedene Typen von Objekten. Software wird schrittweise entwickelt, wobei mehrere Beschreibungen unterschiedlichen Typs entstehen, z.B. Spezifikationen, Entwürfe und Programme. Andererseits gibt es heute verschiedene Entwicklungsparadigmen, so daß zum Beispiel Programme in funktionalen, logischen und objektorientierten Sprachen getestet werden müssen. In verschiedenen Paradigmen können verschiedene Aspekte beschrieben werden oder die Aspekte mögen unterschiedlich wichtig sein. Kontrollfluß als Folge von Anweisungen beispielsweise ist in algorithmischen Programmen sehr wichtig, während er in objektorientierten Programmen nur eine untergeordnete Rolle spielt. Beim Testen muß man dementsprechend mit verschiedenen Typen von Objekten umgehen können und man muß für jeden Typ von Objekt geeignete Testkonzepte auswählen.

Der Weg über die Modelle ermöglicht eine präzise Definition von Testkonzepten, d.h. sowohl der Testdatenauswahlkriterien als auch der zugehörigen Testbarkeits- und Testabdeckungsmaße. Die Modelle bieten eine solide Basis für die Analyse und den Vergleich von Testkonzepten. Außerdem machen sie deutlich, welche Typen von Fehlern durch ein Testkonzept angesprochen werden können und vermitteln so die jeweiligen Stärken und Schwächen des Testkonzeptes. Über die Modelle als abstrakte Repräsentationen wird sehr klar, was man mit einem Testkonzept erfassen kann, d.h. was man testen kann und was nicht. Testkonzepte, die auf einem Flußgraphen definiert sind, erfassen nur Kontrollflußaspekte, nicht aber zum Beispiel komplexe Datenstrukturen oder Berechnungen. Damit wird zum einen das Verständnis der Testkonzepte erleichtert und zum anderen die gezielte Auswahl von Testkonzepten unterstützt.

Somit haben wir einen systematischen Zugang zu Testkonzepten. Die Definition der Konzepte über die Modelle ist sprachunabhängig. Die Modellwelt, d.h. die zugehörige Theorie legt fest, was man betrachten kann. Die Testkonzepte werden zurückgeführt auf Konzepte der Modellwelt. Damit kann man Erkenntnisse der Theorie nutzen.

4 Ein Beispiel

In diesem Abschnitt wird gezeigt, wie ein Modell als abstrakte Repräsentation genutzt werden kann und welche Bedeutung dies für die auf dem Modell definierten Testkonzepte und deren Wirksamkeit hinsichtlich der Aufdeckung von Fehlern hat. Als Beispiel für ein Modell verwenden wir eine spezielle Form eines endlichen, gerichteten Graphen und interpretieren ihn als abstrakte Repräsentation von Aufrufbeziehungen zwischen Prozeduren. Entsprechend dieser Interpretation nutzen wir Konzepte aus der Graphentheorie zur Definition von Testkonzepten.

4.1 Die Modellwelt

Wir definieren zuerst einen endlichen gerichteten Graphen und dann auf dieser Basis die Spezialisierung, die wir für die Darstellung von Aufrufbeziehungen verwenden wollen.

Definition 1 *Ein endlicher, gerichteter Graph G ist ein Tupel* $G = (N, E)$ *wobei N eine endliche, nichtleere Menge von Knoten ist und* $E \subseteq N \times N$ *eine Menge von Kanten.*

Auf der Basis dieser Definition lassen sich einige Begriffe eindeutig definieren, die nicht nur für diesen allgemeinen Graphen gelten, sondern auch für seine Spezialisierungen.

- Eine Folge von Knoten nennen wir *Weg*, wenn es zwischen allen benachbarten Knoten eine Kante gibt: $(n_1, ..., n_k)$ mit $(n_i, n_{i+1}) \in E$ für alle $1 \leq i \leq k-1$.
- Wir bezeichnen einen Weg als *einfachen Weg* [10], wenn jede Kante nur einmal vorkommt: $(n_1, ..., n_k)$ mit $(n_i, n_{i+1}) \neq (n_j, n_{j+1})$ für alle $i \neq j$.
- Wir bezeichnen einen Weg als Schleife, wenn der erste und der letzte Knoten gleich sind: $(n_1, ..., n_k)$ mit $n_1 = n_k$.
- Wir bezeichnen einen Weg als *Iteration*, wenn er eine Schleife ist und der erste Knoten auf dem Weg zwischen erstem und letztem Knoten nochmals vorkommt: $(n_1, n_2, ..., n_{k-1}, n_k)$ mit $n_1 = n_k = n_i$ für ein $2 \leq i \leq k-1$.

Damit wird deutlich, was wir in einem Graphen betrachten und unterscheiden können: Knoten, Kanten als Folge von zwei verbundenen Knoten, Wege und spezielle Arten von Wegen, zum Beispiel einfache Wege und Schleifen.

Zur Darstellung von Aufrufbeziehungen verwenden wir eine spezielle Form dieses Graphen, den wir P-Graph nennen.

Definition 2 *Ein P-Graph* $PG = (N, E, n_s)$ *ist ein endlicher, gerichteter Graph mit genau einem Startknoten* n_s *und den folgenden zusätzlichen Eigenschaften:*

- *PG ist ein zusammenhängender Graph, d.h. alle Knoten sind (zumindest indirekt) verbunden.*
- *PG ist ein Multigraph, d.h. zwei Knoten können durch mehrere Kanten verbunden sein.*

Da ein P-Graph ein zusammenhängender Graph mit genau einem Startknoten ist, ist jeder Knoten auf einem Weg vom Startknoten aus erreichbar.

Wie im allgemeinen Graphen lassen sich Knoten, Kanten und Wege betrachten. Außerdem läßt sich zusätzlich der Begriff des vollständigen Weges definieren:

- Ein Weg vom Startknoten n_s zu einem Endknoten (Knoten ohne ausgehende Kante) wird als *vollständiger Weg* bezeichnet.

Immer noch eine graphentheoretische Aufgabe ist, eine (möglichst minimale) Menge von vollständigen Wegen zu finden, die bestimmte Bedingungen erfüllt, zum Beispiel eine der folgenden.

1. Die Menge der (vollständigen) Wege erfaßt alle Knoten.
2. Die Menge der (vollständigen) Wege erfaßt alle Mehrfachkanten, d.h. mindestens eine von mehreren Kanten zwischen zwei Knoten.
3. Die Menge der (vollständigen) Wege erfaßt alle Kanten, d.h. wenn es mehrere Kanten zwischen zwei Knoten gibt, jede von ihnen.
4. Die Menge der (vollständigen) Wege erfaßt alle einfachen Wege.
5. Die Menge der (vollständigen) Wege erfaßt alle iterationsfreien Wege.
6. Die Menge der (vollständigen) Wege erfaßt alle Wege.

Die Bedingungen werden von oben nach unten strenger. Zum Beispiel braucht man zur Erfassung aller Knoten im allgemeinen weniger vollständige Wege als zur Erfassung aller einfachen Wege. Bezüglich des letzten Kriteriums, eine Menge vollständiger Wege zu finden, die alle Wege erfassen soll, gibt es ein Problem bei Graphen mit Schleifen, da es in diesem Fall prinzipiell unendlich viele Wege gibt.

4.2 Interpretation und Bedeutung für Testkonzepte

Das Modell des P-Graphen kann als abstrakte Repräsentation der Aufrufbeziehungen in einem Programm interpretiert werden. Bei dieser Abstraktion wird jedes Modul, d.h. hier jede Prozedur, als ein Knoten im P-Graph repräsentiert und jeder Aufruf einer Prozedur in einer anderen durch eine Kante zwischen den betreffenden Knoten. Wird eine Prozedur in einer anderen mehrmals aufgerufen, gibt es entsprechend viele Kanten zwischen den entsprechenden Knoten.

Beispiel:

Ein Programm bestehe aus dem Hauptprogramm A und den Prozeduren B, C, D, E, F und G. A ruft B und C auf, B ruft D und E, C ruft E zweimal, D ruft B und E und E ruft F und G.

Es ist wichtig zu beachten, daß ein Weg im P-Graphen eine Folge absteigender Aufrufe repräsentiert, und daß diese Abstiegsfolge unabhängig von der Aufrufreihenfolge innerhalb einer Prozedur ist. Der P-Graph in Abbildung 2 zeigt zum Beispiel, daß das Hauptprogramm A die Prozeduren B und C aufruft. Er enthält aber keine Informationen darüber, ob dies in bestimmter Reihenfolge oder unabhängig voneinander geschieht, da bei der Abstraktion alle Aspekte außer Aufrufbeziehungen ignoriert werden.

Die graphentheoretische Fragestellung nach einer Menge von vollständigen Wegen, die bestimmte Bedingungen erfüllt, kann zur Definition von Testkonzepten mit Hilfe der Interpretation genutzt werden.

1. Die Menge der vollständigen Wege erfaßt alle Knoten: Jede Prozedur muß mindestens einmal ausgeführt werden.
2. Die Menge der vollständigen Wege erfaßt alle Mehrfachkanten: Jede Aufrufbeziehung muß mindestens einmal ausgeführt werden.

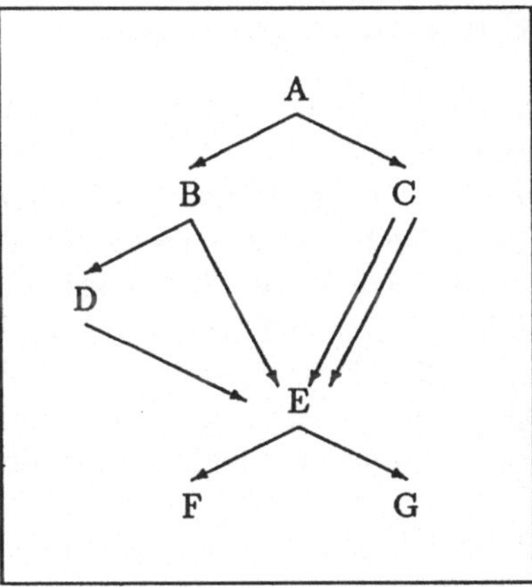

Abb. 2. Ein Beipiel

3. Die Menge der vollständigen Wege erfaßt alle Kanten: Jeder Aufruf muß mindestens einmal ausgeführt werden.
4. Die Menge der vollständigen Wege erfaßt alle einfachen Wege: Jede Folge absteigender Aufrufe muß mindestens einmal ausgeführt werden, wobei jeder Aufruf nur einmal im Abstieg vorkommen muß.
5. Die Menge der vollständigen Wege erfaßt alle iterationsfreien Wege: Jede Folge absteigender Aufrufe ohne Schleifen muß mindestens einmal ausgeführt werden.
6. Die Menge der vollständigen Wege erfaßt alle Wege: Jede Folge absteigender Aufrufe muß mindestens einmal ausgeführt werden.

Schon in der Modellwelt gab es das Problem der prinzipiell unendlich vielen Wege im Falle von Schleifen. Dieses Problem hat man dementsprechend bei den auf dem Modell definierten Testkonzepten natürlich ebenfalls. Zusätzlich hat man aber durch die Abstraktion noch ein weiteres Problem. Im Programm müssen nicht alle theoretisch vorhandenen Abstiegsfolgen tatsächlich ausführbar sein. In Abbildung 2 kann es zum Beispiel sein, daß F nur aufgerufen wird, wenn vorher B aufgerufen wurde, und G nur über C erreicht werden kann. In diesem Fall sind die Testdatenauswahlkriterien, die Wege betrachten, nicht erfüllbar.

Bei den hier definierten Testkonzepten wird lediglich die Ausführung von Aufrufanweisungen berücksichtigt. Dies ist zur Fehleraufdeckung notwendig aber nicht hinreichend. Durch die Abstraktion werden relevante Aspekte wie Aufruffolgen innerhalb einer Prozedur und Datenfluß zwischen Prozeduren (Parameter) vernachlässigt. Für die Betrachtung solcher Aspekte braucht man zusätzlich Kontrollfluß- bzw. Datenflußgraphen [5, 3, 2].

Ein Beispiel für einen Fehlertyp, der erfaßt wird, ist der, daß eine falsche Prozedur aufgerufen wird. Beispiele für nicht erfaßte Fehlertypen sind, daß Prozeduren in falscher Reihenfolge oder mit falschen Parameterwerten aufgerufen werden.

5 Einbettung in den Entwicklungsprozeß

Eingebettet in den Entwicklungsprozeß läßt sich der Ansatz zur konkreten Auswahl geeigneter Testkonzepte nutzen. Beim Testprozeß werden im allgemeinen mehrere Testschritte unterschieden, zum Beispiel Modul-, Integrations- und Systemtest. In [7] wurde die Methode des schrittweisen Testens (MOST) zur Zerlegung des Testprozesses in Testschritte vorgestellt. Die Methode beruht auf der These, daß es keine allgemein gültige Zerlegung in Testschritte geben kann, sondern daß beides, die Zerlegung in Testschritte und die Auswahl der Testkonzepte, vom speziellen Entwicklungsprozeß abhängt. Da Organisationen und selbst Projekte in einer Organisation im allgemeinen unterschiedliche Prozesse und Methoden für ihre Softwareentwicklung verwenden, muß der Testprozeß entsprechend angepaßt werden.

Die Idee der Methode ist, den Testprozeß so zu zerlegen, daß für jedes wesentliche Konstruktionsdokument ein Testschritt identifiziert wird, in dem genau die Aspekte geprüft werden, die in der Konstruktion betont wurden. Dementsprechend müssen für jeden Testschritt die Testkonzepte ausgewählt und verwendet werden, die zur Prüfung dieser Aspekte geeignet sind. Grundlage für ein Testkonzept (d. h. für die Testdatenauswahl) ist ein Dokument, zum Beispiel der Quellkode, eine informelle Beschreibung der Anforderungen oder eine formale Spezifikation der Systemfunktionen. Wenn man Testschritte mit der Methode MOST bestimmt, hat man für jeden Testschritt zwei Dokumente, den Quelltext und das entsprechende Konstruktionsdokument. Zur Prüfung der Konsistenz zwischen beiden, muß man Testdaten aus beiden Dokumenten systematisch ableiten. Dementsprechend werden Glass (oder White) Box und Black Box Testmethoden unterschieden: Beim Glass Box Test werden die Testdaten aus dem Quellkode abgeleitet, beim Black Box Test dagegen aus dem Konstruktionsdokument. Prinzipiell besteht aber bezüglich der Testkonzepte kein Unterschied. Aus dem Konstruktionsdokument können die für diesen Testschritt relevanten abstrakten Repräsentationen bestimmt werden. Entsprechende Repräsentationen können dann aus denen für den Quelltext ausgewählt werden.

Die Einbettung des in diesem Papier vorgestellten Ansatzes in die Methode des schrittweisen Testens führt zu einer systematischen Bestimmung von Testschritten und einer zielorientierten Auswahl von Testkonzepten. Damit kann der Testaufwand wirksamer genutzt werden.

6 Unterstützung durch das METKIT CAI System

Der hier vorgeschlagene Ansatz führt schnell zu einer Flut von Informationen, die nicht mehr manuell handhabbar ist. Es sind viele Objekte zu unterscheiden und dementsprechend viele Modelle und Testkonzepte.

Diese systematische Untersuchung und Aufbereitung der Testkonzepte und ihrer Zusammenhänge repräsentiert konzeptuelles Wissen aus dem Bereich Softwaretest. In einem anderen Zusammenhang haben wir das METKIT CAI System entwickelt, das erlaubt, mit solcher Art von Wissen auf dem Rechner umzugehen [9, 8]. Das System wurde im ESPRIT II Projekt METKIT (Metrics Education Toolkit) entwickelt und unterstützt verschiedene Arten von Zugriff auf Konzeptwissen. Im Projekt METKIT wurde das System verwendet, um Wissen über Messen als Mittel der Software-Qualitätssicherung auf dem Rechner bereitzustellen. Hier wurde die Idee der Verwendung von Modellen genutzt, um das Verständnis von Softwaremetriken zu erleichtern. Die bisherige Verwendung des Systems in diesem Bereich hat zu sehr ermutigenden Ergebnissen geführt.

Das System beruht auf einer speziellen Strukturierung von Konzeptwissen. Die Strukturierungsmittel sind sehr einfach: Mengen, Elemente, Relationen und Beschreibungen. Mengen und Elemente repräsentieren Konzepte, Relationen ihren Kontext und Beschreibungen enthalten detaillierte Informationen. Es gibt Relationen zwischen Mengen sowie zwischen Elementen. Jeder Menge, jedem Element und jeder Relation sind Beschreibungen zugeordnet. Mengen und Relationen sowie Elemente und Relationen definieren Netzwerke. Das System erlaubt, Mengen, Elemente und Relationen zu definieren und zu ändern, sowie Beschreibungen zu editieren. Außerdem stellt es zwei Zugriffsarten zur Verfügung, zum einen über die alphabetische Sortierung der Namen von Mengen und Elementen und zum anderen über eine graphische Darstellung der Netzwerke.

Für die Modellierung des Wissens über Testkonzepte unterscheiden wir die bereits angesprochenen Mengen Objekte, Modelle und Testkonzepte sowie die Relationen zwischen Objekten und Modellen sowie zwischen Modellen und Testkonzepten (siehe Abbildung 1). Der Zugriff über die graphische Darstellung dieser Zusammenhänge kann zum Beispiel genutzt werden, um Testkonzepte für ein spezielles Objekt zu bestimmen. Ausgehend von dem Objekt kann man nach seinem Kontext fragen und erhält daraufhin die Modelle, die aus ihm ableitbar sind. Eine weitere Frage nach dem Kontext eines Modells führt zu den darauf definierten Testkonzepten. Andererseits kann man aber auch von einem Testkonzept ausgehend nach den Objekten suchen, für die es verwendbar ist. Durch die graphische Darstellung der Beziehungen sieht man die Zusammenhänge unmittelbar.

7 Zusammenfassung

Das Testen großer Softwaresysteme ist immer noch sehr teuer, ohne im allgemeinen zu zuverlässigen Aussagen über ihre Korrektheit zu führen. Da es nicht darum gehen kann, möglichst viel zu testen, muß man versuchen, den Testaufwand möglichst optimal einzusetzen. Hier wird die These vertreten, daß der Aufwand für das Testen durch eine zielgerichtete Auswahl von Testkonzepten reduziert werden kann. Zielgerichtet bedeutet, daß geeignete Testkonzepte abhängig vom jeweiligen Testobjekt und den Testzielen ausgewählt werden.

Als Basis für eine solche Auswahl wird vorgeschlagen, Testkonzepte nicht direkt auf den im Softwareentwicklungsprozeß betrachteten Objekten zu definieren sondern auf formalen Modellen, die als abstrakte Repräsentation der Objekte interpretiert werden. Modellbildung hat sich in vielen Bereichen bewährt. Der Weg über Modelle unterstützt die präzise Definition von Testkonzepten und bietet eine solide Basis für ihre Untersuchung. Damit kann das Verständnis der Testkonzepte erleichtert werden und ihre Stärken und Schwächen sind leichter zu vermitteln.

Durch die Interpretation eines Modells als abstrakte Repräsentation von Objekten, können Erkenntnisse der mit dem Modell verbundenen Theorie für Aussagen über die Objekte genutzt werden. Da dies unabhängig von speziellen Sprachen ist, gelten die Aussagen für ganze Klassen von Objekten, nämlich für alle Objekte, für die das Modell als abstrakte Repräsentation akzeptiert wird.

Der hier vorgeschlagene Ansatz kann mit Hilfe des METKIT CAI Systems zur systematischen Untersuchung und Aufbereitung (einschließlich geeigneter Dokumentation) von Testkonzepten genutzt werden. Die Handhabung des Wissens über Konzepte und ihre Zusammenhänge auf dem Rechner ermöglicht, das Wissen schrittweise aufzubauen und zu erweitern. Neue Testkonzepte und neue Modelle lassen sich ebenso einfach einfügen wie neue Objekttypen. Dabei erlaubt der Weg über die Modelle, auch Testkonzepte aus anderen Bereichen (zum Beispiel VLSI Entwurf) zu betrachten.

Danksagung

Für viele anregende Diskussionen, die zu den hier vorgetragenen Ideen beigetragen haben, danke ich Susanne Flacke, Angelika Linden und Dirk Meyerhoff.

References

1. Bache, R. und Müllerburg, M.. Measures of Testability as a Basis for Quality Assurance. *IEE/BCS Software Engineering Journal*, 5(2):86 - 92, March 1990.
2. Franck, R., Spillner, A. und Herrmann, J.. Methods and Tools for Integration Testing of Large Software Systems. In *Proc. 2nd European Conference on Software Quality.* European Organisation for Quality Control (EOQC), 1990.
3. Harrold, M.J. und Soffa, M.L.. Selecting and Unsing Data for Integration Testing. *IEEE Software*, pages 58 - 85, March 1991.
4. Liggesmeyer, P.. *Modultest und Modulverifikation - State of the Art.* BI-Wissenschaftsverlag, Mannheim, Wien, Zürich, 1990.
5. Linnenkugel, U. und Müllerburg, M.. Test Data Selection Criteria for (Software) Integration Testing. In *Proc. of The First International Conference on Systems Integration*, pages 707–717. IEEE, April 1990.
6. Müllerburg, M.. Fundamental concepts of software testing, 1989. Revised version of the paper *On Fundamentals of Program Testing.*, in Proc. of the 1st European Seminar on Software Quality, European Organisation for Quality Control (EOQC), 1988, 290-305.
7. Müllerburg, M.. Software Testing: A Stepwise Process. In *Proc. of the 2nd European Conference on Software Quality.* European Organisation for Quality Control (EOQC), 1990.
8. Müllerburg, M., Meyerhoff, D. und Flacke, S.. Enhancing Accessability of Metrics Knowledge. In *Proc. of EUROMETRICS 91*, pages 369 - 379. EC2, 1991.
9. Müllerburg, M., Meyerhoff, D., and Flacke, S. Supporting Software Measurement: The METKIT CAI System. In *Results and Progress of ESPRIT Projects*, pages 246–261. Commission of the European Communities, 1991.
10. Prather, R.E.. On hierarchical software metrics. *Software Engineering Journal*, pages 42 - 45, March 1987.

This article was processed using the LaTeX macro package with LMAMULT style

The MicroTest Integrated Test Environment

Harry M. Sneed
Software Engineering Service
Rosenheimer Landstraße 37
8012 Ottobrunn

1. Introduction

In the last few years the theory and practice of program testing came into prominence. The reason of the research is in the recognition of the fact that maintenance cost is the strongest component of software development expenses. Since error correcting is about two third of the entire cost on maintainability, the great effort seems intelligible [1,2,3].

There are a lot of testing techniques in the theory, but in practice three of them are only used:

- structural testing,
- functional testing,
- code reading.

In case of structural testing, the program is investigated as a white box. The test cases are created based on the flow-graph of the program to reach a high program coverage ratio. Many criteria for program coverage were suggested from statement testing to path testing. The partial ordering of these strategies are in [4,5]. In [4] a worst case estimation is given for the number of test cases.

In case of functional testing the program is investigated as a black box. The test cases are gathered from the specification and from other user information named "oracle" [6,7].

In case of code reading the function of the program is determined manually and compared against the specification. Although this method seems the less effective, experience shows that code reading sometimes can do better than the two others [8].

2. The Components of Module Testing Tools

A module testing tool can test one single module or more modules that call each other. These tools are known as a type of dynamic analyzers because the program is investigated under run. The components of module testing are:

- instrumentation,
- testbed generation.
- input and output test data generation,
- program execution and validation,
- test evaluation.

During instrumentation, traps of counters are inserted into every branch of the source code to measure the program coverage. In case of more sophisticated instrumentation, initial and final or minimum and maximum values of variables are registered too. Instrumentation can be achieved by parsing the source code. So a static analyzer can instrument the program.

To test a module the called and the caller modules should be simulated. This is done by testbeds. Drivers simulate the caller modules while the called modules are simulated by dummy procedures or stubs. In this way both the bottom-up and the top-down testing can be executed.

There are more methods to generate test data. One method is to input data from the keyboard and to check output data by dynamic assertions. These assertions are put into the source code and after a preprocessor convert them they can be translated as normal source program lines. Another way is the program-independent test data. The data are in a test file or test program file which can be developed and modified independently from the source code.

During the execution phase the test data are loaded and the specified outputs are verified against the actual results. The testbed enables the execution of modules executed, while the superordinate and subordinate modules are simulated by test data contained in the test program. The inserted counters trace the execution.

During test evaluation the logged coverage reports are investigated. Most commercial tools use branch coverage where each branch should be traversed at least once. In practice 90% branch coverage is acceptable because of unexecutable branches.

3. The Development of Testing Tools

In case of earlier tools the test data was typed manually from the keyboard, while the result was read from the screen. The inserted counters measured the test coverage. The next step was the automatic validation of the program. The validation procedures (assertions) were built into the program conditionally, thus the program could be executed with or without validation. (E.g. in [9], assertions were written as special comments, and an optional preprocessor compiled them into the source code.) This way the output can be validated but the input is not a basic component of the validation system (especially in the case of keyboard input). These assertion instructions were the predecessors of the test languages (see below).

Since one of the essential requirements of testing is the reproducibility of tests, it is necessary to store the test data for all the test cases. This is done in some testing tools (e.g. in [10] the input is received from the keyboard, it is recorded in a file, and, when the test is repeated, it substitutes the input device).

The last generation of testing tools detaches the description of test data (both input and output) from the program. It provides an opportunity to generate the test data from the specification itself (either manually or automatically) even before the implementation of the program. This method summarizes the advantages of structural and functional testing. The first test languages were very similar to an assembly language. The input values were assigned to the variable names while the output verified via simple logical expressions [11]. An example:

```
SUB1: k = 2                                      {input data}
SUB1: n = 3                                      {assignment}
VERIFY(SUB1: k .EQ. 7 .AND. SUB1: n .EQ. 9)      {output data
                                                  validation}
```

The second generation of the test languages uses "medium" level instructions such as conditional input and validation, etc. An example of this is the SOFTEST assertion language [12] which uses first order predicate logic to define the program specification. The program behavior is specified in terms of PRE and POST assertions for the data states and INPUT/OUTPUT assertions for the data base file accesses. The test data is generated from the PRE and INPUT assertions and the test results are checked against the POST and OUTPUT assertions. All the assertions can be given in the forms of individual values, sets, ranges, functions, and relations. An example:

```
Module example;
  if a lt (b - 3) * 2 then
    assert IN b = 2;                  {input               }
    assert OUT c E RANGE(5,10);       {output:c must be    }
  end;                                {     between 5 and 10}
next
```

4. Advantages and Inadequacies of Module Testing Tools

The main advantage of a test system over the ad hoc testing activity is in regression testing during the maintenance phase. Experiences show that the majority of errors appear in production of program modification. If the test data are available, then the verification process may be rerun whenever the code is changed. In case of separate test data, the new test data can be put easily in the test program.

Testbeds facilitate the module testing by the creation of the test environment, thus, the tester needs not write additional code to run the module. Top-down, bottom-up, and even mixed testing are possible. If the testbed can use a separate test program describing the input data and corresponding output (for validation), then the test program (test specification) can be set up on the basis of the program specification even before and independently from the coding.

The level of testing can be measured, so the testing process should be continued until an acceptable program and data coverage ratio is achieved. All the test results are logged, thus all the information about the testing process, uncovered branches and non-used data can be investigated.

In contrast to the facts above, however, these tools are only narrowly spread. The cause may be the following: In case of assembly like test languages the creation of test programs is an extremely boring, tiresome and time consuming task. Even in case of medium level test languages the test person has to write almost all the long variable names to assign/verify the appropriate input/output value. This is an extra work which should be done before implementation, whilst correcting the error occurs later in the maintenance period.

Another problem is the generation of new test data, when the coverage has not been accepted yet. In case of a validation error the tester should find the error in the traditional way because there is not any support in the current test tools.

5. The MicroTest System

The MicroTest is a module test system which can test and debug COBOL programs on PC's. In contrast to the former tools, this system does not use any instrumentation or testbed generation. The system compiles both the COBOL and the assertion (test) program into the same binary code named AL (assembly like) language. These codes are then linked to unite the source and the test program into an interpretable code.

In this way, the program to be tested is under complete control: The tester can trace the execution step by step or from breakpoint to breakpoint, check/modify the test data, and automatic test data generation too. This allows much more flexibility to inspect testing and to make test programs, therefore the system is referred to as Integrated Test Environment (ITE).

Hereby, the shortcomings of the former tools can be neglected. The tester has all the information needed. He can query almost everything from the test log database with the help of macros. For example, he is able to collect and print all the uncovered branches, non-used variables, etc. The tester can find the cause of the error within the testing process.

Since the assert program uses the data structure and the procedure heading only, it can be written based on the specification, even before the coding begins. Thus, the program can be validated against the specification. But experience shows that data processing programs (usually above 1000 lines) cannot be covered by test data based on the specification only, MicroTest facilitates the user with an assert generation feature. During the test a non-traversed branch can be covered by changing one or more data items from the keyboard. Syntactically correct assert statements can be generated and included into the assert file. New output assertions can be generated in a similar way using the actual value of data items.

6. The Components of MicroTest

The system consists of five elements:

- The Static Analyzer compiles the COBOL source program into AL code;
- The Static Report Generator integrates the static reports into the test log database;
- The Assertion Compiler compiles the test programs into AL;
- The Dynamic Analyzer and Debugger links and interprets the investigated program;
- The Dynamic Report Generator produces the dynamic information into the test log database.

The Static Analyzer has two functions. First, it compiles the source code into the AL; second, evaluates the source program to produce data for a series of analytical reports. The Static Analyzer differs from the others not only in compiling the program but in the instrumentation too. It is needless to instrument the source code and to generate a testbed either. During the static analysis, each I/O and function calls are translated into an assertion call which calls the appropriate assertion program module. The AL code contains the source program line number and the branch number too, but it does not contain any counter. The Static Analyzer was made with the help of the ProfLP compiler generator [13] which was very useful in making the compiler part of the static analyzer for different COBOL versions.

The Static Report Generator produces three reports based on information extracted from the program static analysis:

- a report of COBOL syntax errors and code deficiencies which affect the program quality. Such deficiencies are illegal GOTO statements, literals, and numeric constants in the procedural code, excessive graph complexity, excessive procedural complexity, and a lack of modularity;

- a report of the data table used by the program including all variables with their name, type, length, occurrence, and picture as well as their usage - set, use, query;

- a report on the branches within the procedure division with a number for each branch. Missing ELSE's are marked by inserted dummy statements, so that C1 coverage can be measured. The number of branches is also assessed in relationship to the number of procedural statements, as this is an indication of test complexity.

The Assertion Compiler checks and compiles the assertion test procedures. The syntax checker ensures that the assertion language statements are formally correct. If not, the syntax errors are reported for the user to correct. Once the test procedures are correct, they are parsed and compiled into an interpretable object code, which can be loaded and interpreted in conjunctive with the COBOL object code.

The data locations within the address space of the assertion procedures are linked to those of the COBOL program. In this way, the assertion code may reference any variable known to the test object. Assertions can, on the one hand, set data variables before and during testing, and, on the other hand, verify data results during and after testing. This is one of the most important features of the MicroTest system. Two object programs are tested against one another - the test object and the test specification - using the same data space.

In Figure 1 a sample test specification is displayed.

The Dynamic Analyzer and Debugger (DAD) first links the compiled COBOL and test programs, then interprets the linked code. This way, the DAD works as a driver, completed with a debugger. It produces all the necessary data about the testing to the testlog database. During the run it reads the test data either from the assert file or from the keyboard, and validates the results against the data read from the assertion file. It produces some information in order to obtain an acceptable data and branch coverage.

The MicroTest DAD operates in an interactive dialogue mode; the user has the opportunity

- to stop the run at any moment,
- to take breakpoints into the program,
- to use step-by-step execution,
- to display/change any data item,
- to generate source assert instructions.

Whenever a validation error occurs (the actual data differs from the prescribed one), an assertion violation interrupt is executed. The error message contains both the COBOL and the assertion line number, the data name as well as the prescribed value or interval, and the actual value.

The Dynamic Report Generator produces the following test reports:

- Test Log,
- Dynamic Test Path Report,
- Program Coverage Report,
- Data Coverage Report. (See Samples)

The Test Log contains everything which was displayed during the test run including all the assertion violations.

The Dynamic Test Path Report describes the test paths of each test case run executed by the Dynamic Analyzer. The report contains the test case number and the executed program path by printing the branch start statement numbers in the same order as they were executed.

The Program Coverage Report is a file of program branches with their number of traversions since testing began. Branches which were not traversed are marked, this way, new test data can be created to cover them, or unexecutable branches can be revealed.

The Data Coverage Report describes the behavior of data items during the test run. It repeats some entries of the Static Data Usage Report to help the user to compare the relation between the data items and the assertions. It indicates which data was input and/or output asserted or which data was not used at all.

7. The Testing Process Using MicroTest

We chose the branch testing strategy because the segment testing is not effective enough [8] while the others require $O(n^2)$ [4] or more test paths in worst case, where n is the number of segments. (Branch testing requires $O(n)$ test paths.) On the other hand, experiences show if a program exceeds 1000 programs lines, then in practice it can only be tested with branch coverage plus the simplest data coverage criteria. Since ITE does not use instruments, any other coverage criteria can be used in case of shorter sophisticated programs.

The process is the following: The programmer develops the COBOL program, and the tester develops the test program, independently. The tester selects test data from the specification. Then the Static Analyzer compiles the COBOL module, while the Assertion Compiler compiles the test program. The Dynamic Analyzer and Debugger links the object codes and interprets it. If there are assertion violations, then either the COBOL or the test program should be corrected and compiled again.

In lack of assertion violations, the reports are investigated. If the program coverage ratio is acceptable, then the testing is over; otherwise new test data should be selected from the structure of the program. This is facilitated by the testlog database; the tester can query the non-traversed branches and the test case which reach closest to this branch. Hence, most test data are available to reach a non-traversed branch, thus, he can execute a new test case with minimal modification generating new test data from the screen. The new test program should be updated and compiled again, and this process goes on until there are no assertion violations, and the program coverage is acceptable.

8. Results and Conclusions

MicroTest can test COBOL programs. The current version of the MicroTest can process standard ANS-COBOL-74, ANS-COBOL-85, VS-COBOL (MicroFocus), and Columbus COBOL (Siemens) programs with up to 3500 data declarations and about 4000 procedural instructions. The COBOL source may also include CICS, IMS, UDS (Siemens), and Personal PB (Olivetti) data base handling instructions. We have tested a lot of programs between 1000 and 3000 lines. The number of branches was between 200 and 1000. The testing time proved to be linear because it took from two days till a week. This is a very short time comparing with the coding process. Both the Static Analyzer and the Assert Compiler compiles about 2500 program lines per minute on a 8MHz IBM AT. The speed of the execution is similar to other debuggers such as Microsoft Animate. MicroTest was written in Borland's Turbo Pascal 4.0-5.5 version.

Here, the development of test systems, and the advantages and inadequacies of current testing tools has been discussed. Every advanced tool uses testbed to simulate the called and calling modules, instrumentation for tracing the control flow of the program, and low level testing languages for regression testing. The MicroTest Integrated Test Environment works another way to try to eliminate the shortcomings of former module test systems. The MicroTest DAD involves a dynamic analyzer, a debugger, and an automatic test data generator. The high level MicroTest test language promotes the sophisticated test data inputs and validation. With these features the testing process is significantly accelerated and the work of the tester is relieved of the routine part of the test data generation, he can concentrate on the creative labor.

References

1. M.V. Zelkowitz, "Perspectives on Software Engineering", Computing Surveys, vol. 10, no. 2, pp. 197-260, 1978.
2. D.S. Alberts, "The Economics of Software Quality Assurance", Proc. of National Computer Conference 1976, pp. 433-442.
3. P.J. Smith, "The Requirement for Quality in the Design of Programming System", Proc. of Pragmatic Program and Sensible Software Conf., pp. 491-508, 1978
4. S.C. Ntafos, "A Comparison of Some Structural Testing Strategies", IEEE Trans. Software Engineering, vol. 14, no. 6, pp. 868-875, June 1988
5. M.D. Weiser, J.D. Gannon, and P.R. McMullin, "Comparison of Structured Test Coverage Metrics", IEEE Trans. Software Eng., vol. 2., no. 2, pp. 80-85, March 1985.
6. W.E. Howden, "Functional Program Testing", IEEE Trans. Software Engineering, vol. 6, no. 3, pp. 162-169, May 1980.
7. W.E. Howden, "The Theory and Practice of Functional Testing", IEEE Software vol. 2, no. 5, pp. 6-17, Sept. 1985
8. W.R. Basili and R.W. Selby, "Comparing the Effectiveness of Software Testing Strategies", IEEE Trans. Software Engineering, vol. 13, no. 12, pp. 1278-1296, Dec. 1987.
9. J.C. Huang, "Program Instrumentation and Software Testing", IEEE Computer, vol. 11, pp. 25-32, April 1978.
10. T.J. McCabe and G.G. Schulmeyer, "System Testing Aided by Structured Analysis: A Practical Experience", IEEE Trans. Software Engineering, vol. 11, no. 9, pp. 917-921, Sept. 1985.
11. D.J. Panzl, "Automatic Software Test Drivers", IEEE Computer, vol. 11, pp. 25-32. April 1978.
12. M. Majoros and H.M. Sneed, "The Softest Program Test System", System and Software, vol. 2, pp. 289-296, 1982.
13. E. Somos, "ProfLP-Compiler Generator", Diplomarbeit, University of Szeged, Hungary, 1985

```
o-------------------------------------------------------------------------------o
|                            MODULE QUALITY REPORT                              |
|-------------------------------------------------------------------------------|
| Module name: CMERGE                 Date: 20.1.1990                Page:  1   |
|-------------------------------------------------------------------------------|
| Stmt. | Deficiency |                       Description                       |
|  nr.  |    type    |                                                          |
|-------+------------+---------------------------------------------------------|
|    53 |  warning   | Literal constant should not be used in code.             |
|    68 |  warning   | Backwards GOTO not allowed.                               |
|    71 |  warning   | Literal constant should not be used in code.             |
|    79 |  warning   | Literal constant should not be used in code.             |
|    82 |  warning   | GOTO out of section not allowed.                          |
|   103 |  warning   | Literal constant should not be used in code.             |
|   105 |  warning   | Numeric constant should not be used in code.             |
|   110 |  warning   | The previous SECTION exceeds maximum complexity of 10.   |
|   111 |  warning   | PROGRAM exceeds maximum complexity of 20.                 |
|-------------------------------------------------------------------------------|
|                 Number of severe  deficiences:    0                           |
|                 Number of warning deficiences:    9                           |
|                 Total number of   deficiences:    9                           |
|-------------------------------------------------------------------------------|
| Static Metrics:                                                               |
|                    Data Complexity          = 0.31                            |
|                    Control Flow Complexity = 0.92                             |
|                    Data Flow Complexity     = 0.33                            |
|                    Interface Complexity     = 0.27                            |
|                    Portability              = 0.78                            |
|                    Maintainability          = 0.46                            |
|                    Testability              = 0.31                            |
o-------------------------------------------------------------------------------o
```

Sample 1: Static Analysis Report

```
o--------------------------------------------------------------------------o
|                        DYNAMIC TEST PATH REPORT                          |
|--------------------------------------------------------------------------|
| Module name: CMERGE                   Date: 20.1.1990        Page:  1    |
|--------------------------------------------------------------------------|
| Testcase |                              Date                     Time    |
|          | Branch Start Statements                                       |
|----------+---------------------------------------------------------------|
|     1    |                          20.1.1990                 12:39:21   |
|          | 51,52,53A,55,59,62,64,65,67,83,85,88,102,104,65,67,83,87,95,102, |
|          | 104,100,100A,65,67,83,85,88,102,104,65,67,83,85,88,102,104,93, |
|          | 93A,65,68A,69,75,78,110                                       |
|          |                                                               |
|     2    |                          20.1.1990                 12:41:19   |
|          | 51,52,54,55,59,62,64,65,67,83,87,95,102,107,108,65,67,83,87,95, |
|          | 102,107,108,100,100A,65,67,83,85,88,102,107,108A,93,93A,65,68A, |
|          | 69,77,78,110,*                                                |
|          | Error message: Assert violation                               |
|          |                                                               |
|     3    |                          20.1.1990                 12:41:38   |
|          | 51,52,53A,55,58,58A,59,61,61A,62,64,65,68A,69,75,*            |
|          | Error message: Divide by zero                                 |
|          |                                                               |
o--------------------------------------------------------------------------o
```

Sample 2: Dynamic Test Path Report

DATA COVERAGE REPORT

Module name: CMERGE Date: 12.5.1988 Page: 1

Data nr.	Lv nr	Data Name	Static Usage: Prd	Arg	Res	Trn	Ini	Dynamic Usage: Pre	Inp	Post	Out	N.A.
		FILE SECTION										
1	1	REC-1		a		t						*
2	2	KEY-1	p		r				in			
3	2	SAL-1		a					in			
4	1	REC-2		a		t						*
5	2	KEY-2	p		r				in			
6	2	SAL-2		a					in			
7	1	OUTREC			r	t						*
8	2	KEY-3									out	
9	2	SAL									out	
		WORKING-STORAGE SECTION										
10	1	W										*
11	3	SUM-SAL		a	r							*
12	3	MAX-SAL	p	a	r							*
13	77	N		a	r		i					*
14	77	PAR-SAL	p	a	r							*
15	77	DISP-RESULT		a	r							*
		LINKAGE SECTION										
16	1	LINK-DATA										*
17	2	PAR	p	a				pre				
18	2	RESULT		a	r					post		

Total number of data items (without Filler-s): 18

Number of predicates :	5	Number of PRE asserted data:	1
Number of arguments:	11	Number of INPUT asserted data:	4
Number of results:	9	Number of POST asserted data:	1
Number of transients:	3	Number of OUTPUT asserted data:	2
Number of inits:	1	Number of NOT asserted data:	10

Data coverage ratio: 61.54 %

Sample 3: Data Coverage Report

PROGRAM COVERAGE REPORT

Module name: CMERGE   Date: 12.5.1988   Page: 1

Branch nr.	Start stmt.	Total execution	Last execution	Not executed
1	51	3	1	
2	52	3	1	
3	53A	2	1	
4	54	1	0	
5	55	3	1	
6	58	1	1	
7	58A	1	1	
8	59	3	1	
9	61	1	1	
10	61A	1	1	
11	62	3	1	
12	64	3	1	
13	65	10	1	
14	67	7	0	
15	68A	3	1	
16	69	3	1	
17	75	1	0	
18	77	1	0	
19	78	2	0	
20	82	0	0	*
21	83	7	0	
22	85	4	0	
23	87	3	0	
24	88	4	0	
25	93	2	0	
26	93A	2	0	
27	95	3	0	
28	100	2	0	
29	100A	2	0	
30	102	7	0	
31	104	4	0	
32	107	3	0	
33	108	2	0	
34	108A	1	0	
35	110	2	0	

Total number of branches: 35
Number of branches executed: 34
Program coverage ratio: 97.14 %

Sample 4: Program Coverage Report

Methoden und Werkzeuge zur Automatisierung des Software-Tests

Peter Schless

Siemens AG
Zentralbereich Forschung und Entwicklung
Otto-Hahn-Ring 6
8000 München 83

1 Einleitung

Durch verstärkten Marktdruck und eine geänderte Gesetzgebung, die die Produkthaftung der Hersteller festlegt, sind neue und höhere Qualitätsanforderungen an Software-Produkte entstanden.

Die Sicherung eines nachhaltigen Geschäftserfolges im Software-Bereich hängt maßgeblich von den Methoden und Werkzeugen ab, die zur Erreichung und Überprüfung der Produktqualität eingesetzt werden. Einerseits führt eine gute Software-Qualität zu geringen Kosten während der Wartung und Weiterentwicklung. Auf der anderen Seite wird ein Produkt um so teuerer je aufwendiger die durchgeführten Qualitätsmaßnahmen sind. Um Aufwandseinsparungen zu erreichen, müssen die Methoden der Qualitätssicherung spürbar verbessert werden. Dadurch kann bei gleichem Preis die Qualität erhöht werden oder bei fallendem Preis die Qualität erhalten bleiben.

Die immer weiter steigende Komplexität der Software-Systeme führt zu einem wachsenden Aufwand beim Testen. Das dabei vorhandene hohe Einsparungspotential kann durch eine stärkere Automatisierung der Testverfahren ausgeschöpft werden.

Im folgenden werden zwei Werkzeuge vorgestellt, die die Testvorbereitung bzw. Testdurchführung unterstützen. Beide Systeme sind unabhängig von der Programmiersprache des zu testenden Programms und lassen sich sowohl beim Modul- als auch beim Systemtest einsetzen. Es sind Siemens-interne Entwicklungen, die beim Systemtest von Automatisierungs-Software eingesetzt werden.

2 Testfallgenerator AGENT

Zwei große Problembereiche beim Erstellen von Testdaten und -treibern für den Softwaretest sind der Umfang der zu erzeugenden Daten sowie eine notwendige Systematik. Der Tester hat oft die Aufgabe, eine große Anzahl von Testfällen erstellen zu müssen, die sich nur an wenigen Stellen unterscheiden, z.B. müssen einige Parameter für Funktionsaufrufe geändert werden. Bei der „konventionellen" Vorgehensweise wird ein erster Test erstellt. Alle weiteren Tests entstehen dann aus dieser Vorlage durch Kopieren und Editieren. Dabei kann schnell der Überblick verloren gehen. Hier setzt AGENT an und ermöglicht große Einsparungen beim Aufwand für die Testerstellung.

Die von uns entwickelte generative Technik zur Erzeugung von Tests (Patentantrag P 4037583.8) erlaubt es, Testdaten (Testfallmatrix) und Testablauf (Testschema) in sehr kompakter Form zu beschreiben. Mit diesem Verfahren kann der Umfang der Testdaten und damit der Aufwand für deren Erstellung erheblich reduziert werden. Gleichzeitig wird die Qualität der Tests durch eine Systematisierung aufgrund der sehr viel übersichtlicheren Darstellungsweise in Form der Testfallmatrix erhöht.

Mit AGENT können durch einen Testfallgenerator Tests automatisch aus einem Testschema und einer Testfallmatrix generiert werden. Das Testschema ist ein Muster für die zu erstellenden Tests mit Platzhaltern. Endgültige Tests entstehen durch Ersetzen dieser Platzhalter durch aktuelle Werte. Die kompakte Spezifikation sinnvoller Variationen von Werten für die Platzhalter erfolgt in der Testfallmatrix.

Zum komfortablen Bearbeiten dieser Matrizen wurde ein spezieller fensterorientierter Matrixeditor entwickelt. Außer Parametern, Werten und ihren Kombinationen selbst können hier auch Kommentare zur gesamten Testfallmatrix sowie den einzelnen Parametern und ihren Werten angegeben werden.

Beispiel

Dies soll an einem einfachen Beispiel in den Abbildungen 1-1 bis 1-3 erklärt werden. Die MS-DOS-Befehle COPY, RENAME und DELETE besitzen als Parameter jeweils Dateinamen. Ihre Funktionsweise soll getestet werden. Zu prüfen sind jeweils die Fälle Quelle bzw. Ziel vorhanden bzw. nicht vorhanden. Ein umfangreicheres Beispiel ist im Anhang zu finden.

Vorteile

Neben der schon angesprochenen erhöhten Systematik beim Testfallentwurf ergeben sich durch die Trennung von Code und Daten große Vorteile bei der Wartung der Testfälle. Hat sich z.B. eine Schnittstelle des Testobjektes geändert, so muß dies nur einmal zentral im Testschema nachvollzogen werden. Und um einen weiteren Test hinzuzufügen, muß nur ein zusätzlicher Wert in die Testfallmatrix neu aufgenommen und angekreuzt werden.

Gerade im Bereich der Compiler-Tests ist es sehr hilfreich, gleiche Testsuiten für verschiedene Programmiersprachen oder Dialekte benutzen zu können. Bei dem im Anhang gezeigten Beispiel zum Test der Konstantenfaltung für Pascal-Compiler war es möglich, identische Tests nur durch Austausch des Testschemas auch bei C- und CHILL-Compilern durchzuführen.

Der Aufwand für den Testfallentwurf kann mit AGENT um einem Faktor von bis zu 100 reduziert werden, abhängig davon, wieviele Kombinationen in einer Matrix spezifiziert werden. Sind z.B. in einer Testfallmatrix 3 Parameter mit jeweils 5 Werten aufgeführt, so erhält man 5^3 Kombinationen, also 125 Testfälle.

```
@if prelude
del    file.*
copy file  file.1

@endif
@if body
Kommando   Param1  Param2
@endif
```

Abbildung 1-1 : Testschema

Kommando	'copy'	x		
	'ren'		x	
	'del'			x
Param1	'file.1'	x	x	x
	'file.2	x	x	x
Param2	'file.1'		x	x
	'file.3'		x	
	'file.4'			x

Abbildung 1-2 : Testfallmatrix

```
del     file.*
copy    file     file.1

copy    file.1   file.1
copy    file.1   file.3
copy    file.2   file.1
copy    file.2   file.3
ren     file.1   file.1
ren     file.1   file.4
ren     file.2   file.1
ren     file.2   file.4
del     file.1
del     file.2
```

Abbildung 1-3 : generierte Datei

2.1 Testschema

Ein Testschema ist ein Text, der formale Parameter und Steueranweisungen enthalten kann. Es beschreibt einen „Mustertestfall", aus dem man durch verschiedenartiges Ersetzen der Parameter viele ähnliche Testfälle erhalten kann.

Ein Testschema wird in 3 optionale Blöcke unterteilt:

- Vorspann (Prelude)
- Hauptteil (Body)
- Nachspann (Postlude)

Vorspann und Nachspann werden beim Generieren unverändert vom Testschema übernommen (mit Auswertung der jeweiligen Steueranweisungen). Sie können für Initialisierungen oder Aufräumarbeiten der Tests benutzt werden. Der Hauptteil wird für jede aus der Testfallmatrix generierte Parameter-Werte-Kombination einmal durchlaufen.

Der schematische Aufbau sieht folgendermaßen aus:

```
@if prelude
   <Vorspann>
@endif
@if body
   <Hauptteil>
```

@endif
@if postlude
<Vorspann>
@endif

Formale Parameter

Als formale Parameter im Testschema können verwendet werden:

- die aus der Testfallmatrix stammenden Parameter;
- die folgenden vordefinierten Parameter:

prelude
body
postlude
test_nr (jeweils aktuelle Testnummer)
col_nr (Nummer der Spalte in der Testfallmatrix, aus der der Test stammt)
max_test_nr (Anzahl aller generierten Tests)

Steueranweisungen

Der Ablauf einer Generierung kann zusätzlich durch Steueranweisungen im Testschema gesteuert werden. Steueranweisungen müssen am Beginn einer Zeile stehen. Im Testschema sind die folgenden Steueranweisungen zulässig:

- @def <Makro> <Text>
  Ab dieser Stelle wird <Makro> im Testschema durch <Text> ersetzt. Dies gilt bis zum Ende der Datei oder zur Aufhebung dieses Befehls.
- @undef <Makroname>
  Die Anweisung beendet eine Ersetzung.
- @include <File>
  Der Inhalt der Datei <File> wird an der Stelle eingesetzt, an welcher die Anweisung steht. In der Datei vorkommende Steueranweisungen werden nicht weiter berücksichtigt.
- @inclrep <File>
  Der Inhalt der Datei <File> wird an der Stelle eingesetzt, an welcher die Anweisung steht. In der Datei vorkommende Steueranweisungen werden ebenfalls ausgeführt.
- @if <digit>
  <Text-1>
  [@else
  <Text-2>]
  @endif

In Abhängigkeit vom Wert von <digit> (gleich oder ungleich 0) wird entweder <Text-1> oder <Text-2> übernommen.

- @count <Zähler> <Start> <Increment>
  Hiermit wird im Vorspann ein Zähler definiert. Im Hauptteil wird <Zähler> durch den Wert ersetzt, der sich aus dem Ausdruck <Increment>* (test_nr-1) + <Start> ergibt.
- @for <Variable> <Start> <Increment> <End>
  <Text>
  @endfor
  In Abhängigkeit von einem numerischen Parameter wird <Text> wiederholt. Es kann also z.B. in einem Initialisierungsteil je Testfall eine bestimmte Aktion durchgeführt werden.
- @set <Parameter> <Ausdruck>
  Einem Parameter können Werte zugewiesen werden. Dies können Zahlen oder bedingte Ausdrücke sein. Dabei sind die Operatoren "+","-", "*", "/", "=", "<>", "<", "<=", ">", ">=", "AND", "OR", "NOT", "div" erlaubt.

2.2 Testfallmatrix

Die verschiedenen Testfälle werden dadurch erzeugt, daß verschiedene Parameter-Werte miteinander kombiniert und in das Testschema eingesetzt werden. Diese Kombinationen können durch eine Testfallmatrix bestimmt werden. Sie definiert die im Testschema benutzten Parameter und zu jedem Parameter die möglichen Werte. Welche Wertekombinationen zum Ersetzen der Parameter benutzt werden sollen, wird durch Ankreuzen festgelegt. In jeder Spalte einer Testfallmatrix kann eine Teilmenge aller möglichen Parameter-Werte-Kombinationen selektiert werden.

2.3 Generierung

Der Testfallgenerator erzeugt spaltenweise die in der Testfallmatrix spezifizierten Parameter-Werte-Kombinationen und setzt sie unter Auswertung der Steueranweisungen in das Testschema ein. Beim Aufruf können verschiedene Optionen angegeben werden:

-c column:
Die Generierung wird für jede Spalte einzeln unter Berücksichtigung von Vor- und Nachspann durchgeführt, d.h. je Spalte gibt es eine Ausgabedatei.

-s single:
Die Generierung wird für jeden Testfall einzeln durchgeführt, d.h. je Testfall (je Wertekombination) gibt es eine Ausgabedatei.

Testszenario

Test Item	*Testobjekt (hierarch. Angabe: System/Subsystem/Modul ...)*
Test Id	*Bezeichnung des Tests*
Test Version	*Versionsnummer dieses Testszenarios*
From-Version	*gültiger Versionsbereich des Testobjektes*
To-Version	*gültiger Versionsbereich des Testobjektes*
Author	*Name des für den Test Zuständigen*
Department	*Dienststelle des Zuständigen*
Keywords	*Liste von Schlüsselwörtern*
History	*Logbuch der durchgeführten Änderungen*
Description	*Textuelle Beschreibung des Tests*
Requirements	*Beschreibung benötigter Hardware/Software*
Environment	*BS-Umgebung, unter der die Kommandos auszuführen sind*
Setup	*Betriebssystemkommandos für die Testvorbereitung*
Procedure	*Betriebssystemkommandos für die Testdurchführung*
Cleanup	*Betriebssystemkommandos für die Testnachbereitung*
Input-Files	*Liste benötigter Eingabedateien für den Test*
Output-Files	*Liste aufzubewahrender Ausgabedateien des Tests*

Abbildung 2 : Testszenario

-l nn limit:
Die Generierung wird auf die ersten nn Testfälle beschränkt.

3 Testverwaltung TEAM

Ein weiterer Problembereich beim Software-Test sind die Testverwaltung und der Regressionstest. Dafür wurde TEAM entwickelt, eine Werkzeugumgebung, die in einem Testpool alle während des Testens anfallenden Daten anhand von Testszenarios verwaltet. Dazu gehören auch die bei einem Test verwendeten Dateien oder Programme. Mit Testszenarios (siehe Abbildung 2) können Tests basierend auf dem „ANSI/IEEE Standard 829-1983 for Test Documentation" (siehe /IEEE83/) beschrieben werden. Zur Unterstützung von Regressionstests können aus diesem Pool Testszenarios nach verschiedenen Kriterien zusammengestellt und als automatischer Regressionstest generiert und ausgeführt werden.

3.1 Architektur

TEAM besitzt eine Client-Server-Architektur. Dabei besteht der Server-Teil aus einer SQL-Datenbank, in der die Testszenarios selbst verwaltet werden, sowie einem Fileserver für die zu den Testbeschreibungen gehörenden Dateien. Die Clients befinden sich auf den einzelnen Testarbeitsplätzen und erlauben von einer fensterorientierten Windows-Bedienoberfläche aus die Erfassung und Verarbeitung von Tests. Server und Client setzen eine Vernetzung über TCP/IP oder NetBIOS voraus.

TEAM kann in 3 verschiedenen Konfigurationen eingesetzt werden. In einer Einzelplatz-Version befinden sich Client und Server zusammen auf dem Testarbeitsplatz. Damit ist natürlich auch keine Vernetzung notwendig. Jeder Tester führt seinen eigenen Testpool lokal (z.B. für den Modultest). In einer Multiuser-Konfiguration gibt es einen zentralen Server, der mehrere Clients bedient. Es können aber auch mehrere Server parallel auf verschiedenen Rechnern konfiguriert werden. Aus Sicht des Testers kann auch eine Mischkonfiguration mit lokalem und zentralem Server gleichzeitig benutzt werden. Als Server können MS-DOS-, OS/2- oder Unix-Rechner verwendet werden.

Selektierte Tests können am Testarbeitsplatz direkt ausgeführt werden. Eine Host-Target-Umgebung wird ebenfalls unterstützt. In diesem Fall werden Tests erst zum Target-Rechner übertragen und dann dort ausgeführt. Eine automatische Ergebnisübernahme in den Testpool ist ebenfalls vorhanden. Tests können einzelnen Versionen eines Testobjektes zugeordnet werden und selbst in verschiedenen Versionen im Testpool geführt werden.

3.2 Funktionalität

In einem kurzen Überblick sollen die wichtigsten Funktionen oder Funktionsgruppen von TEAM vorgestellt werden.

Administration

Login: Ein Testpool kann ausgewählt und zu ihm eine Verbindung aufgebaut werden.

Pools: Die einzelnen Testpools können mit verschiedenen Funktionen verwaltet werden (Einrichten, Löschen, Zugriffsrechte vergeben).

Aktionen

Clear: Löschen aller Felder im Formular.

Insert: Die im Formular angegebenen Daten werden in die Datenbank eingetragen. Evtl. angegebene Dateien werden auf dem dazugehörenden Fileserver abgelegt.

Select: Tests können nach beliebigen Suchkriterien aus dem Testpool ausgewählt und in einer Auswahlliste mit den wichtigsten Feldern angezeigt werden. Dort kann ein Test selektiert und betrachtet bzw. weiterverarbeitet (z.B. ausgeführt) werden.

Next: Der nächste Test in der Auswahlliste wird angezeigt.

Last: Der vorhergehende Test in der Auswahlliste wird angezeigt.

Get Files: Die zum selektierten Test gehörenden Dateien werden vom Server in das aktuelle Directory kopiert.

Put Files: Die (evtl bearbeiteten) Dateien werden wieder auf dem Fileserver abgelegt.

Update: Die geänderten Felder eines Formulars werden in der Datenbank aktualisiert.

Delete: Ein selektierter Test wird inklusive der dazugehörenden Dateien aus dem Testpool gelöscht.

Utilities

Execute: Die mit Generate erzeugten Batch-Dateien werden ausgeführt, falls das angegebene Environment mit dem Betriebssystem des Testarbeitsplatzes übereinstimmt.

Generate: Die zu einem selektierten Test gehörenden Dateien werden in das aktuelle Directory kopiert. Die in den Feldern Setup, Procedure und Cleanup angegebenen Kommandos werden in Batch-Dateien geschrieben. Über zusätzliche Batch-Dateien können Testergebnisse automatisch in den Testpool übernommen werden.

Print: Ein Testszenario wird in aufbereiteter Form (z.B. für eine Testdokumentation) ausgedruckt.

Report: Zu Informationszwecken können verschiedene Reports über die Testpools erstellt werden, z.B. Anzahl der Tests, der fehlerfrei ausgeführten Tests, der nicht ausgeführten Tests je Testobjekt, Gruppe von Testobjekten, bezogen auf eine bestimmte Version u.s.w.

Weiterhin gibt es Funktionen zum Importieren oder Exportieren der Tests von anderen bzw. zu anderen Systemen, ein API (Application Programmable Interface).

4 Ausblick

4.1 Generierung aus Spezifikationen

Ein weiterer Schritt der Testautomatisierung ist das Generieren von Testdaten direkt aus Programmspezifikationen. Dazu müssen jedoch formalisierte, also maschinell verarbeitbare Spezifikationen vorliegen und nicht, wie heute noch oft üblich, umgangssprachliche Beschreibungen.

Im Telecom-Bereich ist SDL (siehe auch /SDL88/) eine weitverbreitete Spezifikationssprache. Aus SDL können Testdaten auf zwei verschiedene Arten generiert werden. Wenn SDL bis zur Code-Generierung benutzt wird, lassen sich auf dieser Ebene Daten generieren, um die Testabdeckung (z.B. Zweigabdeckung) zu messen. Aus SDL heraus lassen sich jedoch auch Tests auf einem höheren Abstraktionsniveau erzeugen. In SDL-Spezifikationen wird beschrieben, welcher Nachrichtenfluß möglich ist und wie er verarbeitet wird. Um eine Implementierung dahingehend zu testen, werden mögliche Stimuli für ein Testobjekt erzeugt und die dadurch ausgelösten Nachrichten aufgezeichnet. Jetzt muß geprüft werden, ob diese in der

BNF-Syntax

```
A  =  B
A  =  B1 B2
A  =  B1 | B2
A  =  [B]
A  =  {B}
```

Testfallmatrix

A	'B'	x
A	'B1 B2'	x
A	'B1'	x
	'B2'	x
A	''	x
	'B'	x
A	''	x
	'BA'	x

Abbildung 3 : Gegenüberstellung von BNF-Syntax und entsprechenden Testfallmatrizen

Realität beobachteten Aktionen mit der Spezifikation verträglich sind. Für solche Tests eignet sich AGENT bestens, da wieder verschiedene Nachrichtenkombinationen durchgetestet werden müssen. Als Schnittstelle zu SDL könnte man TTCN (siehe /ISO89/ oder /Stöv90/) vorsehen, eine Testspezifikationssprache im Rahmen von SDL, die sich derzeit in der Normung befindet.

Eine weitere Möglichkeit ist die Testdatengenerierung aus BNF-Spezifikationen. Gerade die dem Anwender zur Verfügung stehenden Kommandos eines zu testenden Systems sind in Benutzerhandbüchern in der Regel in BNF-Syntax beschrieben. Diese läßt sich sehr leicht in die von AGENT benutzte Syntax umsetzen, wie eine Gegenüberstellung der BNF-Elemente und einer entsprechenden Beschreibung in AGENT in Abbildung 3 zeigt. Aufmerksamkeit ist nur bei rekursiven Elementen geboten. Diese müssen per Hand oder in einer neuen AGENT-Version über eine entsprechende Option in eine Rekursion mit beschränkter Tiefe aufgelöst werden.

4.2 Qualitätssicherungs-Arbeitsplatz

Bei vielen Software-Entwicklungen werden inzwischen CASE-Werkzeuge eingesetzt. Leider decken diese heutzutage noch meist nur die frühen Phasen der Entwicklung ab und bieten keine oder unzureichende Unterstützung für Qualitätssicherung, Test und Wartung. Der Entwickler braucht also einen eigenen QS-Arbeitsplatz, der als Pendant zum CASE-Arbeitsplatz gesehen werden kann und alle zur Qualitätssicherung notwendigen Arbeiten unterstützt.

Ein solcher QS-Arbeitsplatz wird in Zukunft auch aus einem weiteren Grund wichtig. Bisher sind genormte Entwicklungsprozesse und deren Zertifizierung (z.B. U.S. DoD-Std-2167A oder die ISO 9000- bzw. EN 29000-Serie) nur im Bereich militärischer oder sicherheitsrelevanter Software-Entwicklung üblich. Dies wird sich in Zukunft ändern. Auch normale Anwendersoftware wird nach internationalen Prozeßstandards entwickelt werden. Im Rahmen der EG spielt Großbritanien hier eine Vorreiterrolle mit der Zertifizierung von SW-

Firmen nach ISO 9000. In vielen Projekten wird auch heutzutage schon im Wesentlichen nach solchen Standards entwickelt. Nur fehlt meist eine entsprechende Dokumentation, die nachweist, daß ein Standard erfüllt wird. Hier kann der QS-Arbeitsplatz ebenfalls ansetzen und ein wesentliches Hilfsmittel bei der Zertifizierung sein.

Im Folgenden sollen kurz die Anforderungen an einen solchen Qualitätssicherungs-Arbeitsplatz aufgeführt werden:

- Arbeitsplatzrechner sind PC's unter MS-DOS mit MS-Windows oder Workstations unter Unix mit X/Windows.
- Auf zentralen Servern werden Projekt-Datenbanken mit allen wichtigen Informationen geführt.
- Alle Systeme sind über TCP/IP, NFS oder ähnliches vernetzt.
- Als Basiswerkzeuge kommen eine SQL-Datenbank, ein Mail-System und die Vernetzung zum Einsatz.
- Darauf aufbauend werden verschiedene Applikationen realisiert oder integriert. Eine Auswahl notwendiger Funktionen sind:
  - Testwerkzeuge:
    Testfallgenerator, Testrahmengenerator, Testabdeckungsmessung, ...
  - Verwaltungswerkzeuge:
    Test Configuration Management, Testverwaltung, Fehlermeldungswesen (auch für Change Requests u.ä.), Software Produktion, ...
  - Projektmanagement:
    Reportgeneratoren, Metriken, Review-Unterstützung, Unterstützung der Prozeßzertifizierung, ...

Die in diesem Artikel vorgestellten Werkzeuge AGENT und TEAM sind erste Schritte in dieser Richtung. Wichtig für alle aufgeführten Werkzeuge ist, daß sie ein Arbeiten in Teams unterstützen!

5 Beispiel

Das Beispiel auf den folgenden Seiten testet die Konstantenfaltung eines Pascal-Compilers. Es wird überprüft, ob bestimmte numerische Ausdrücke, deren Werte bereits zur Compilezeit berechnet werden können, richtig ersetzt werden. Um einen automatischen Soll/Ist-Vergleich durchführen zu können, wird das Ergebnis dieses Ausdruckes ("*LEFT OP RIGHT*") verglichen mit einem Ausdruck, der erst zur Laufzeit des Programmes ausgewertet werden kann und das gleiche Ergebnis liefern muß ("*identity(LEFT) OP identity(RIGHT)*").

In diesem Beispiel werden Vorspann und Nachspann benutzt, um ein syntaktisch korrektes Pascal-Programm zu erzeugen. Der Hauptteil wird für jede in der Testfallmatrix angegebene Kombination der 3 Parameter *LEFT, RIGHT* (jeweils numerische Werte) und *OP* (arithmetische Operatoren oder Vergleichsoperatoren) erzeugt. *test_nr* ist ein vordefinierter Parameter, der bei einem Compilerfehler automatisch die Nummer des fehlerhaft ausgeführten Testfalls angibt.

```
@if prelude
program test_constant_folding(output);
 function identity(x: integer): integer;
 begin
   identity := x
 end;
begin
@endif
@if body
 if (identity(LEFT) OP identity(RIGHT)) < > (LEFT OP RIGHT)
 then writeln (test_nr);
@endif
@if postlude
end.
@endif
```

Beispiel Konstantenfaltung : Testschema

6 Literatur

/Arch90/ K. C. Archie, R. E. McLear, III
Environments for Testing Software Systems
AT&T Technical Journal, March / April 1990

/Ehre90/ W. Ehrenberger (Herausgeber)
Proceedings of the IFIP WG 5.4 Working Conference on Approving Software Products (ASP-90)
Garmisch-Partenkirchen, 1990

/IEEE83/ ANSI/IEEE Std 829-1983
IEEE Standard for Software Test Documentation

/ISO89/ ISO/IEC
Information Technology - OSI conformance testing methodology and framework ISO 9646, 1989

/Norm87/ G. Normann, P. Schless, B. Schwarz, P. Witschel
Systematic Testing of Large Software Systems
First European Conference on Software Quality, Brüssel, 1987

/SDL88/ CCITT, Recommendation Z.100
Specification and Description Language, SDL
Blue Book, 1988

/Stöv90/ E. Stöveken, H. Zischler
TTCN
Informatik-Spektrum Band 13, Heft 2, April 1990


```
// Beispiel zum Testen des PASCAL-Compilers (Konstantenfaltung):
// Als Parameter einer Rechenoperation kommen die linke Seite (LEFT), die
// rechte Seite (RIGHT) und der Operator zwischen ihnen (OP) vor.
//
$LEFT   '0'          x x             x   x       x
        '1'          x x             x   x x     x
        '-1'         x x               x x x     x
        '2'          x x                     x   x
        '-2'         x x                     x   x
        '3'          x x                     x   x
        '-3'         x x                     x   x
        '(2**15-1)'  x x                   x   x x
        '(-2**15)'   x x                       x x
        'maxint'       x x x     x x       x     x
        'minint'       x     x x x         x     x
//
$RIGHT  '0'          x   x     x x         x x   x
        '1'          x x   x x   x       x x x   x
        '-1'         x x x     x   x             x
        '2'          x x                     x x x
        '31'         x x                     x
        '(2**15-1)'  x x   x x           x       x
        '(-2**15)'   x x x     x         x       x
        'maxint'       x   x x       x x x       x
        'minint'       x x     x     x           x
//
$OP     '+'          x   x   x
        '-'          x     x   x x x x x
        '*'          x
        'div'          x
        'mod'          x
        '**'                             x x x x
        '='                                      x
        '<>'                                     x
        '<='                                     x
        '>='                                     x
        '<'                                      x
        '>'                                      x
```

Beispiel Konstantenfaltung : Testfallmatrix

```
program test_constant_folding(output);
function identity(x: integer): integer;
begin
    identity := x
end;
begin
  if (identity(0) + identity(0)) <> (0 + 0)
  then writeln (1);
  if (identity(0) - identity(0)) <> (0 - 0)
  then writeln (2);
  if (identity(0) * identity(0)) <> (0 * 0)
  then writeln (3);
                    •
                    •
                    •
  if (identity(-2) = identity(2)) <> (-2 = 2)
  then writeln (600);
  if (identity(-2) <> identity(2)) <> (-2 <> 2)
  then writeln (601);
  if (identity(-2) <= identity(2)) <> (-2 <= 2)
  then writeln (602);
  if (identity(-2) >= identity(2)) <> (-2 >= 2)
  then writeln (603);
  if (identity(-2) < identity(2)) <> (-2 < 2)
  then writeln (604);
  if (identity(-2) > identity(2)) <> (-2 > 2)
  then writeln (605);
                    •
                    •
                    •
  if (identity(-maxint-1) >= identity(-maxint-1)) <> (-maxint-1 >= -
  maxint-1)
  then writeln (915);
  if (identity(-maxint-1) < identity(-maxint-1)) <> (-maxint-1 < -maxint-1)
  then writeln (916);
  if (identity(-maxint-1) > identity(-maxint-1)) <> (-maxint-1 > -maxint-1)
  then writeln (917);
end.
```

Beispiel Konstantenfaltung : generiertes Programm

TESTSCOPE - ein Werkzeug für den Modul- und Integrationstest

Ute Pelkmann
SCOPE GmbH
8000 München 5
Am Glockenbach 2

1 ZIELE und VORAUSSETZUNGEN

Die hohe Komplexität moderner Software-Systeme sowie die Anforderungen an Zuverlässigkeit und Qualität verlangen durch die steigenden Kosten nicht nur nach verbesserten Konstruktions-Methoden, sondern insbesondere nach effektiven und praktikablen Methoden zur Messung und Analyse. Die Effektivität einer Testmethode hängt unter anderem von der Meßbarkeit und der Überprüfbarkeit ab. Entscheidend für die erfolgreiche Anwendung von Testmethoden ist einerseits die Bereitschaft, mehr für die Sicherung der Qualität durch systematischen Test zu tun, und verlangt andererseits den Einsatz von Werkzeugen, die einfach zu bedienen sind, Routinearbeiten unterstützen, aussagekräftige Auswertungen liefern sowie die Nachvollziehbarkeit und Wiederholbarkeit gewährleisten.

Testen wird häufig mit Debugging verwechselt. Auch das berühmte Statement, "durch Test wird immer nur die Anwesenheit, nicht aber die Abwesenheit von Fehlern nachgewiesen", geht in eine ähnliche Richtung. Im Gegensatz dazu verstehen wir als Hauptziel des Tests nicht nur das Aufspüren von Fehlern (/Myer 79/), sondern den jederzeit wiederholbaren Nachweis, daß ein Software-Produkt die spezifizierten Funktionalitäten und Leistungen erfüllt und die vereinbarten Schnittstellen einhält. Dieser Nachweis wird vorwiegend - in der umgekehrten Richtung des Entwurfs TOP DOWN - von der kleinsten Einheit Modul über alle Integrationsstufen bis hin zum Gesamtsystem der Anwendung BOTTOM UP durchgeführt.

Bei der Vielzahl von Tests geht es darum,

- möglichst weitgehend den Wertebereich der Eingangsdaten und sonstigen Bedingungen durch Testdaten abzudecken und dabei
- das zu testende Objekt in allen seinen Zweigen und Bedingungskombinationen zu durchlaufen.

Die Vollständigkeit dieser Testabdeckung ist ein Maß für die Qualität des Tests und eines der Qualitätsmerkmale des getesteten Programms. Die beim Test nachzuweisenden Qualitätsmerkmale sind Korrektheit, Zuverlässigkeit, Robustheit und die Kompatibilität.

2 TESTMETHODIK

Black- und White-Box Test

Wenn wir davon ausgehen, daß derzeit exakte Beweismethoden als Testmethodik für die meisten Software-Systeme noch nicht praktikabel sind, dann läßt sich unsere Lage in etwa mit der eines Ingenieurs vergleichen, der für eine Differentialgleichung keine geschlossene Lösung findet und sich daher die Lösung an einigen Stützstellen mit Hilfe eines Näherungsverfahrens beschaffen muß. Bei der Anwendung des Näherungsverfahrens braucht er große Problemkenntnis und Intuition. Mit den Ergebnissen kann er aber dann sein Problem hinreichend gut lösen.
Auch bei den meisten Software-Tests läßt sich durch geeignete Auswahl von Testfällen eine ausreichend gute Annäherung an einen Funktionsbeweis erzielen.

Unter einem Testfall verstehen wir folgendes Triple:

- einen kompletten Eingabedatensatz
- alle dazugehörigen Ergebnisdaten
- die Kommentierung des Testfalls nach seinem Zweck

Die notwendigen Testfälle müssen
• aus der Spezifikation (Black-Box) und
• aus der Implementierung (White-Box)
abgeleitet werden.

Beim **Black-Box-Test** wird das Testobjekt als Funktionseinheit betrachtet, die auf bestimmte Eingaben mit spezifischen Ausgaben reagiert. In diesem Fall ist neben den wichtigen Standardfällen auch auf Grenz- und Fehlerfälle zu achten. Hierbei ist eine Bildung von Äquivalenzklassen unvermeidlich und gerade bei den Standardfällen eine gewisse Intuition unerlässlich. Dabei geht die Erwartung dahin, daß wegen einer gewissen **Stetigkeit** bei der Implementierung der Funktionsnachweis für den ausgewählten Testfall auch Aussagekraft für die repräsentierte Klasse besitzt.
Beim **White-Box-Test** wird das Testobjekt als Menge möglicher Entscheidungen und Aktivitäten gesehen, die das Verhalten beim Aufruf bestimmen. Die White-Box-Testfälle haben die Aufgabe, den Funktionsnachweis vor allem an den an der Schnittstelle nicht erkennbaren **Kanten und Unstetigkeitsstellen** der Implementierung zu erbringen. Für beide Aufgaben können automatische Hilfsmittel nützlich sein. Wo ein solches Werkzeug fehlt, kann es durch manuelle Testfallauswahl ersetzt werden. Im Vergleich zur Frage der generellen Testmethodik und den dazugehörigen Werkzeugen erscheint dieser Punkt zwar als ein wichtiges, aber letzlich doch lokalisierbares Detailproblem.

Top-Down Test
Software-Systeme werden heute in modularer Weise entwickelt. Dabei werden oft verschiedene Moduln des Systems parallel realisiert. Sinnvollerweise sollte nun ein Testwerkzeug möglichst in einer frühen Entwicklungsphase eingesetzt werden.
Es kann der Fall eintreten, daß das zu entwickelnde und zu testende Modul Operationen importieren muß, deren Moduln noch nicht (vollständig) zur Verfügung stehen. Aufgabe der Testumgebung ist es, solche Operationen zu simulieren. Bereits in der Entwicklungsphase sind damit Top-Down-Tests möglich.
Bestimmte Zustände von importierten Operationen sind während eines Tests oft nur schwer produzierbar. Fehler- und Grenzzustände sowie Ausnahmebedingungen (nach Zulässigkeitsüberprüfungen) sind oft nur durch Simulation oder manuelle Eingriffe erreichbar. Bei Betriebssystem-Schnittstellen können bestimmte Zustände innerhalb eines Testlaufs nicht mehr geordnet behandelt werden (z.B. Prozeßtabelle voll, zu viele geöffnete Dateien, Speicherplatz erschöpft). Gerade diese Zustände sind aber ein Schwachpunkt des zu testenden Software-Systems. Um sie leichter herbeiführen zu können, werden Stubs für eine realisierte Operation implementiert.
Ein Stub simuliert also innerhalb einer Testumgebung Leistungen anderer Moduln. Dies erfolgt im wesentlichen durch Bereitstellung der Export-Schnittstellen und durch deren Versorgung mit Ausgabedaten. Die Daten werden nach festgelegten Algorithmen durch Verknüpfung der Eingabe-Daten der Schnittstellen untereinander und/oder mit Konstanten gewonnen oder interaktiv eingegeben.

3 TESTSCOPE

SCOPE hat im Rahmen des vom BMFT geförderten Verbundprojektes RASOP (Rationelle Software-Produktion) die Entwicklung des Testwerkzeuges TESTSCOPE begonnen. Das Werkzeug ist seit 1989 auf dem Markt und eignet sich für den Modul- und Integrationstest sowie den Test von Gesamtsystemen. Die zu testenden Programme müssen im Quellcode einer der unterstützten Programmiersprachen und Compilerversionen vorliegen.

TESTSCOPE erfüllt folgende Aufgaben:

- Der Schnittstelle des Testobjekts werden Eingangsdatensätze zugeführt, die Ausgangsdaten werden gespeichert und gegen Solldaten oder frühere Testergebnisse geprüft.
- Die Eingabe der Eingangsdaten und erwarteten Ergebnisse erfolgt im Dialog. Die Testumgebung wird vom Testwerkzeug aus der Schnittstellenspezifikation heraus generiert.
- Die Testumgebung und die Ein- und Ausgangsdaten werden in einem definierten organisatorischen Rahmen festgelegt, um den Test zu dokumentieren, zu archivieren und einsehbar bzw. reproduzierbar zu machen.
- TESTSCOPE unterstützt mit Hilfe dynamischer Metriken eine Qualitätsaussage über den durchgeführten Test.
- TESTSCOPE hilft bei der Fehlersuche durch Ablaufverfolgung, Schnittstellenprotokollierung und Aufrufverfolgung.
- Reportgenerierung für die Darstellung der Testergebnisse wie z.B.
  - Soll/Ist-Vergleiche mit erwarteten Ergebnisdaten oder früheren Testergebnissen,
  - Berichte über den Programmablauf, die erfolgten Aufrufe, die erzielte Testabdeckung und die Ausführungszeiten sowie
  - ein Testdurchführungsprotokoll.

3.1 TESTVORBEREITUNG

Die Testvorbereitung erfolgt in vier Verarbeitungsschritten:

- Erstellen der Schnittstellen-Spezifikation außerhalb des Testwerkzeugs,
- Einrichten eines Testobjektes in TESTSCOPE,
- Editieren von Testdaten mit dem Testdaten-Editor (TED),
- Spezifikation und Generierung des Tests.

Erstellen der Schnittstellen-Spezifikation

Die für den Test erforderlichen Schnittstellen-Spezifikationen werden in der (Fein-)Spezifikationsphase der zu erstellenden Software nach den Regeln der RASOP-Sprache einmal erstellt (s. Abb. 2). Für den Einsatz von TESTSCOPE bei nichtvorhandenen Schnittstellen-Spezifikationen steht ScopeSchnitt (nach der Implementierung) als Reverse-Engineering-Werkzeug zur Verfügung. Diese Komponente generiert die Schnittstellenspezifikationen aus den Sources heraus. (s. 3.9)

Einrichten eines Testobjektes und Testrahmengenerierung

Beim Einrichten eines Testobjektes in TESTSCOPE werden folgende Aktivitäten durchgeführt:

- Analyse der für das zu testende Objekt erforderlichen formalen Schnittstellen-Spezifikationen.
- Spezifikation einer Aufruffolge.
- Festlegung der Aktualparameter (optional) durch den Benutzer als Basis zur Bestimmung des Datenflußes innerhalb der Aufruffolge und Vorbereitung für die Testdateneingabe.
- Automatische Generierung des Testtreibers aus der Schnittstellen-Spezifikation und der zu testenden Aufruffolge.
- Generierung der Formulare für die typ- und datenflußgerechte Testdateneingabe.
- Spezifikation von Platzhaltern (Stubs).

Testdateneingabe

Unabhängig von der Testdurchführung werden die Testfälle für den Testtreiber sowie die Testdatensätze für die Platzhalter (Stubs) spezifiziert. Testfälle können sofort nach Vorliegen der Schnittstellenspezifikation, Testdatensätze für die Platzhalter nach der Generierung editiert werden. Testfälle werden im Dialog über Formulare eingegeben und auf Typgerechtigkeit überprüft, wobei die Eingabe von Fehler-Testfällen - falls es die jeweilige Sprache erlaubt - nicht unterbunden wird (s. Abb. 1). Für die Platzhalter können darüberhinaus Testversorgungsstrategien spezifiziert werden.

Die Daten- und Kommentareingabe ist bildschirmorientiert, maus- und cursorgesteuert. Die Kommandoeingabe erfolgt über Popup-Menüs.

Ein Überblick über einige Möglichkeiten des Testdaten-Editors:

- Einrichten, Editieren, Löschen, Kopieren, Listen von symbolisch benannten Testfällen
- Cursor- und mausgesteuerte Kommentareingabe mit Funktionen wie Einfügen, Löschen von Sätzen, Markieren, Kopieren und Zwischenspeichern von Abschnitten
- Help-Funktionen
- Formulargesteuerte Testdateneingabe mit
  - Positionier-Funktionen zum schnellen Weiterschalten in den Formularen,
  - Ausfüllkommandos zur automatischen Besetzung von Variablen mit voreingestellten oder spezifizierbaren Defaultwerten,
  - Kopieren von komplexen Datenstrukturen,
  - Überprüfung der eingegebenen Daten auf Typgerechtigkeit,

  Listen und Drucken von Daten sowie Kommentaren eines Testfalls, ohne die gerade begonnenen Arbeit abzubrechen.

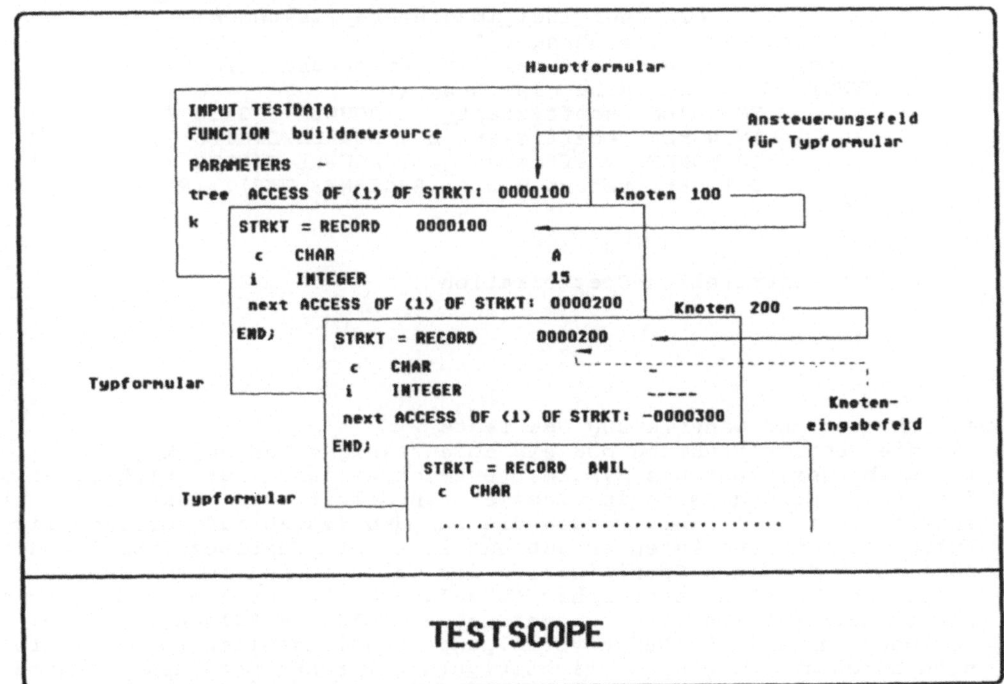

Abb. 1 Testdaten-Eingabe

```
UNIT quadrat_c : MODULE

COMPILATION_UNIT /home/users/tester/stefan/quadr/quadrat.c;
LANGUAGE_IS C;

IMPORT  FUNCTION  addieren, subtrahieren, multiplizieren,
                  dividieren FROM grund_c;

EXPORT TYPE GLEICHUNGSTYP = (
                keine_loesung = 0,
                lineare_gleichung = 1,
                ein_oder_zwei_reelle_loesungen = 2,
                ein_oder_zwei_imaginaere_loesungen = 3,
                beliebig_viele_loesungen = 4 );
            ERGEBNIS_TYP = RECORD
                  loesung1 : DOUBLE DIGITS 7;
                  loesung2 : DOUBLE DIGITS 7;
                  typ : GLEICHUNGSTYP;
                  END;
/* berechnung der quadratischen Gleichung :
   koeffixient_a * x*x + koeffizient_b * x + koeffizient_c */
/* 1. quadratische_gleichung = 0 :
      a. if (( a = 0) and  (b = 0) and (c = 0))
          return_wert.typ = beliebig_viele_loesungen;
      b. if (( a = 0) and  (b = 0) and (c <> 0))
         return_wert.typ = keine_loesung;
      c. if ((a = 0) and (b <> 0))
         return_wert.typ = lineare_gleichung;
      d. if (a <> 0)
         return_wert.typ = ein_oder_zwei_reelle_loesungen ..
                  ein_oder_zwei_imaginaere_loesungen;
    2. quadratische_gleichung = 1 :
       ueber oder unterlauf bei der berechnung; */
     FUNCTION quadratische_gleichung (
             IN NOREF  koeffizient_a : DOUBLE DIGITS 7,
             IN NOREF  koeffizient_b : DOUBLE DIGITS 7,
             IN NOREF  koeffizient_c : DOUBLE DIGITS 7,
             OUT REF  return_wert : ERGEBNIS_TYP): INTEGER ;
END_UNIT
```

Abb. 2 Schnittstellen-Spezifikation

Spezifikation und Generierung des Tests

Für die Testdurchführung muß ein ablauffähiges Testobjekt, d.h. ein in sich geschlossenes System, erzeugt werden. Zur Sicherstellung dieser Forderung wird in einem ersten Schritt der Test im Dialog spezifiziert. Hierbei werden die für den Testablauf erforderlichen Informationen und Daten erfaßt und in einer Testspezifikationsdatei abgelegt. Für die Spezifikation der Testprotokollierung können z.B. statische Metriken, statischer Ablaufgraph, Aufrufbäume und -Matrizen sowie Aufrufstatistiken, dynamische Ablaufverfolgung, C1-Testabdeckung, dynamische Aufrufverfolgung, Schnittstellenprotokollierung, nichtdurchlaufene Zweige, nichtaufgerufene Funktionen usw. ausgewählt werden. Für die Protokollierung der später auswertbaren Daten wird von dem Grundsatz ausgegangen, ohne Benutzerwunsch keine großen Datenmengen zu erzeugen, die die verfügbaren Ressourcen überschreiten könnten.

Nach der Spezifikation des Tests erfolgt die Generierung des Testobjekts. Hier werden einerseits ggf. die Platzhalter (gemäß spezifizierter Funktionsweise) erzeugt, andererseits die Instrumentierungen für die Erfassung der spezifizierten Daten eingebaut sowie die erforderlichen Compiler/Linkprozeduren generiert bzw. vervollständigt und das Testobjekt (ablauffähiges Image) erstellt.

3.2 TESTDURCHFÜHRUNG

Die Testdurchführung läuft ohne Eingriff des Benutzers automatisch ab. Die allgemeine Testdurchführung ruft für jeden auszuführenden Testfall den generierten testobjektspezifischen Testtreiber auf und dieser die in der Aufruffolge spezifizierten Operationen. Alle nicht besetzten Eingabedaten werden mit einem speziellen Bitmuster initialisiert, damit nicht erfolgte Initialisierungen bei der Testdurchführung und Auswertung erkannt werden können. Die Eingabedaten werden gemäß dem spezifizierten Datenfluß besetzt.
Führt ein Testfall zu Laufzeitfehlern, so werden alle bis zu diesem Zeitpunkt angefallenen Daten übernommen und die Testdurchführung mit dem nächsten Testfall fortgesetzt.
Die Testdurchführung erzeugt ein Testprotokoll über durchgeführte Testfälle mit Angaben über Abbruchfehler, ggf. letzter aufgerufener Funktion und letztem durchlaufenem Zweig.

3.3 TESTAUSWERTUNG

Die Auswertung erfolgt über die Selektion im Menü. Zur Vorbereitung der Auswertung werden die Testfälle, die Auswertungskriterien und die Moduln spezifiziert. Die eigentlichen Auswertungen werden vom Menü aus gestartet und laufen unabhängig im Batch ab. Für eine Testdurchführung können beliebig viele unterschiedliche Auswertungen simultan erzeugt werden. Auf die Auswertungsergebnisse kann über die Menüführung zugegriffen werden.

Die Bewertung der Ergebnisse kann erfolgen
- im Dialog durch Einsehen der Auswertung im View-Zustand und/oder
- durch Überprüfung des gedruckten Auswertungsprotokolls.

3.3.1 STATISCHE ANALYSE

Die statische Analyse liefert über ausgewählte Moduln
- die Ablaufgraphen
- Aussagen über die Komplexität nach McCabe, Verschachtelungstiefe und -grad, Anzahl der Statements, Kommentierungsgrad, Anzahl der Sprünge etc.
- statische Aufrufbäume in allen Hierarchiestufen.

Ablaufgraph

Der Instrumentierer erzeugt aus dem Programm-Modul einen Ablaufgraphen. Dieser kann über die Auswertung ausgegeben werden und enthält neben den Konstruktbezeichnungen, den Testpunkten und ihren Nachfolgern die Zeilennummer in der Original-Quelle in Tabellenform.

Statistik

Hierbei werden die Verschachtelungstiefe, ein Verschachtelungsgrad und die Komplexität nach McCabe sowie die Anzahl der Statements, der nichtleeren Kommentarzeilen und Gotos mit Sprungweiten und Rückwärtssprüngen ausgegeben.
Die zyklomatische Zahl von McCabe ist ein Maß für die strukturelle Komplexität eines Programms. Das Programm wird durch den Kontroll-

flußgraphen dargestellt, die Knoten im Graphen entsprechen den bedingten Anweisungen, die Kanten dem möglichen Kontrollfluß zwischen den Knoten. Die Definition des Maßes lautet

$$v(G) = e - n + 2p$$

wobei G der Kontrollflußgraph des Programms, e die Anzahl der Kanten, n die Anzahl der Knoten und p die Anzahl der unabhängigen Programmkomponenten bedeuten. Da die zyklomatische Zahl keine Aussage über den Grad der Verschachtelung macht, ist der Verschachtelungsgrad, wodurch Operationen mit gleicher zyklomatischer Zahl unterschieden werden können, eine Ergänzung zur zyklomatischen Zahl. Das Maß basiert auf dem Konzept der Postdominanz und wurde von M. Schmidt /Schmidt 85/ entwickelt.

Aufrufbaum

TESTSCOPE bietet statische Aufrufbäume und Aufrufmatrizen (s. Abb. 3) sowie Aufrufstatistiken, wie z.B. Aufrufwahrscheinlichkeiten (nach Mohanty) einer Operation, Pfadlängen, Testbarkeit, hierarchische und strukturelle Komplexität der Aufrufgraphen.

```
SCOPE Statischer Aufrufbaum  V3.21                  Seite   3
Project:             /home/susers/tester/project
Testobject:          quadrat
Modul:               quadrat             Mon Mar  2 23:06:56 1992

-------------------------------------------------------------
Statische Aufruf-Matrix des Moduls quadrat
Wurzel der Aufrufhierarchie ist Procedur quadratische_gleichung
-------------------------------------------------------------

             | q| a| s| m| d|| s| e| l| f|
             | u| d| u| u| i|| q| x| o| a|
             | a| d| b| l| v|| r| p| g| b|
             | d| i| t| t| i|| t| 1| 1| s|
             | r| e| r| i| d||  | 0| 0|  |
             | a| r| a| p| i||  |  |  |  |
             | t| e| h| l| e||  |  |  |  |
             | i| n| i| i| r||  |  |  |  |
             | s|  | e| z| e||  |  |  |  |
             | c|  | r| i| n||  |  |  |  |
-------------|--|--|--|--|--||--|--|--|--|
 quadratische|\ | C| C| C| C|| C| o| o| C|
-------------|--|--|--|--|--||--|--|--|--|
 addieren    |  |\ |  |  |  ||  | C| C| C|
-------------|--|--|--|--|--||--|--|--|--|
 subtrahieren|  |  |\ |  |  ||  | C| C| C|
-------------|--|--|--|--|--||--|--|--|--|
 multiplizier|  |  |  |\ |  ||  |  | C| C|
-------------|--|--|--|--|--||--|--|--|--|
 dividieren  |  |  |  |  |\ ||  |  | C| C|
-------------------------------------------
```

Abb. 3 Aufrufmatrix

Die Aufrufwahrscheinlichkeit ist ein Maß für die Häufigkeit, mit der ein Knoten im Aufrufgraphen aufgerufen wird, und hängt ab von der Anzahl der Pfade in der diese Operation enthalten ist sowie von der jeweiligen Pfadtiefe /Mohanty 79/. Die Definition der Aufruf-Wahrscheinlichkeit basiert auf der Annahme, daß alle direkten Aufrufe, die von einer Operation aus erfolgen, gleich wahrscheinlich sind.
Die Testbarkeit eines Aufrufgraphen leitet sich aus der Testbarkeit der einzelnen Aufrufpfade ab. Die Testbarkeit eines Pfades geht davon aus, daß alle Knoten entlang des Pfades erreicht und damit aufgerufen werden. Sie berechnet sich aus der Anzahl der Knoten und der Wahrscheinlichkeit, dass ein Knoten erreicht wird:

$$T(Wi) = 1 / \sum_{j=1}^{a(i)} (1 / p(j))$$

T(Wi) Testbarkeit des Pfades i
a(i) Anzahl der Knoten im Pfad i
p(j) Wahrscheinlichkeit (bezogen auf Pfad i), daß Knoten j erreicht wird

Die Testbarkeit des gesamten Aufrufgraphen ergibt sich aus

$$TP = 1 / (1/N * \sum_{i=1}^{N} (1 / T(Wi)))$$

N Anzahl Pfade und T(Wi) Testbarkeit des Pfades i.

Die hierarchische Komplexität macht eine Aussage über die durchschnittliche Breite des Aufrufgraphen, die strukturelle Komplexität beschreibt die mittlere Anzahl der Aufrufe pro Knoten im Aufrufgraphen.

3.3.2 DYNAMISCHE ANALYSE

Die dynamische Ablaufanalyse beinhaltet

- Programmablaufbericht
- Aufrufverfolgungsbericht
- Aufrufstatistik
- Ausführungszeitenbericht.

Programmablaufbericht
Hier wird pro Testfall der Programmablauf als Ablaufgraph dargestellt. Dabei ist die Ausgabe über einen Testfall oder ausgewählte Testfälle als Summenreport selektierbar. Die einzelnen Berichte werden nur erzeugt, wenn sie über die Testoptionen angewählt wurden.

- **Testdeckung**
  Die C1-Testdeckung gibt Auskunft darüber, wieviel Prozent der möglichen Programmzweige tatsächlich ausgeführt wurden.
  Es werden nicht vorhandene ELSE-Zweige, leere Schleifen sowie Schleifenumgehungszweige berücksichtigt.
- **Testfallrelevanz**
  Die Testfallrelevanz bewertet die Anzahl der durchlaufenen Zweige und weist die relevanten Testfälle aus.
- **Durchlaufhäufigkeiten, Durchlaufspuren**
  Die Durchlaufspuren werden als Ablaufgraph dargestellt und die Durchlaufhäufigkeit für jeden Zweig ausgewiesen.
- **Nichtdurchlaufene Zweige**
  Die nicht durchlaufenen Zweige können in einem getrennten Report ausgegeben werden.

Aufrufverfolgungsbericht
Alle Unterprogrammaufrufe werden gemäß dem Programmablauf mit Angabe ihres Moduls und optional mit Lebensdauerangabe einer jeden Operation für jeden Testfall dargestellt.

Aufrufstatistik
Hierbei werden in Listenform die Anzahl der Aufrufe jeder Operation sowie die Anzahl der Aufrufe in einer und der gesamten Aufrufhierarchie mit der Pfadtiefe und der Rekursionstiefe ausgewiesen. Die erreichte S0-Testabdeckung (prozentualer Anteil der aufgerufenen zu den vorhandenen Operationen) wird angegeben.
Die Aufrufstatistik kann über einen oder mehrere Testfälle erstellt werden.

Ausführungszeitenbericht
Hier werden in Listenform die Gesamtlebensdauer und die Ausführungszeiten der einzelnen Operationen sowie der prozentuale Anteil an der Gesamtausführungszeit ausgegeben. Zusätzlich wird eine Zeitstatistik in Balkenform relativ zur größten Ausführungszeit einer Operation erzeugt.

Die dynamische Datenanalyse beinhaltet

- Protokoll einer oder mehrerer Schnittstellen
- Vergleich der Ausgabedaten mit den zu erwartenden Ergebnisdaten; diese Werte werden in den Testfällen optional spezifiziert.
- Vergleich zu einem früher durchgeführten Test mit denselben Testdaten.

3.4 UPDATE eines TESTOBJEKTS

Testobjekte und Testläufe können geändert werden, Testläufe können kopiert sowie neue erzeugt werden. Die Funktionalität ist ähnlich wie bei der Generierung, wobei hier nur die Änderungen übernommen werden.

3.5 TESTORGANISATION

Projekte, Testobjekte, Testläufe, Testfälle, Testergebnisse sowie die Testumgebung werden verwaltet.
Projekte können kopiert und umbenannt werden. Testobjekte können umbenannt, kopiert und gelöscht werden; Testläufe können gelöscht werden. Das Ändern oder Kopieren von Testläufen erfolgt über die Update-Funktion.
Editierte Testfälle können kopiert und gelöscht werden. Testdurchführungen und Testreports können gelöscht werden.

In einem Zustandsprotokoll werden die Testobjekte und Testläufe - mit Angabe des Bearbeitungszustandes -, editierte und ausgeführte Testfälle sowie vorhandene Reports aufgelistet.

3.6 ARCHIVIERUNG, DE-ARCHIVIERUNG von Testobjekten

Archiviert werden nur diejenigen TESTSCOPE-internen Informationen, die notwendig sind, um bei einer De-Archivierung das Testobjekt automatisch zu restaurieren und für den Regressionstest vorbereiten zu können.

3.7 REVERSE-ENGINEERING ScopeSchnitt

Für die Schnittstellen-Rückführung von C-Programmen in eine Schnittstellen-Spezifikation wird die Komponente ScopeSchnitt eingesetzt. Sie dient insbesondere dazu, Alt-Software zu dokumentieren und für den Test vorzubereiten

3.8 TESTDATEN-INTERFACE TDI

TDI dient der externen Testdatenerstellung. Damit können außerhalb von TESTSCOPE generierte oder editierte Testdaten verarbeitet werden. Zusätzlich wird es möglich, Testdaten nach Schnittstellen-Änderungen wiederzuverwenden sowie zwischen verschiedenen Rechnertypen zu transferieren.

3.9 TESTSCOPE-B für den Regressionstest

Für die Durchführung von Regressionstests im Batch steht als Ergänzung ein weiteres Werkzeug TESTSCOPE-B zur Verfügung. Es unterstützt alle batchfähigen Kommandos von TESTSCOPE. Zur Unterstützung für die Erstellung der Kommandosequenzen kann von TESTSCOPE ein Kommando-Script für TESTSCOPE-B während einer TESTSCOPE-Sitzung erstellt werden.

3.10 TESTSCOPE 'White-Box' für den System-/Abnahme-Test

Als weiteres Werkzeug wird TESTSCOPE 'White-Box' für den System- und Abnahme-Test angeboten. Es unterstützt den ablaufbezogenen Test ganzer Software-Systeme - ohne Schnittstellen-Spezifikation und Testfall-Editierung - und erlaubt dynamische Ablauf- und Aufrufanalysen aller im System vorhandenen Programme. Die Analysen entsprechen den Ergebnissen von TESTSCOPE.
TESTSCOPE 'White-Box' unterstützt die Programmiersprachen C und Basic.

4. EINSATZERFAHRUNGEN und WEITERENTWICKLUNG

TESTSCOPE ist ein portables Testwerkzeug und seit Anfang 1989 unter UNIX und seit 1991 unter OS/2 für die Sprache C verfügbar. Das System ist offen gegenüber der Anbindung applikationsspezifischer Testsupportfunktionen und dem Anschluss von Testdatengenerierungen, ausbaubar auf weitere Programmiersprachen und anschließbar an Entwicklungswerkzeuge.

TESTSCOPE wird von Großfirmen bei deren Software-Entwicklung, in eigenen Kundenprojekten und bei der Weiterentwicklung von TESTSCOPE selbst eingesetzt.

TESTSCOPE ist derzeit primär auf den Test von Moduln (Operationen und Folgen von Operationen) und für eine Teil-Integration sowie den Test von Gesamt-Systemen ausgelegt. Ab Sommer 1992 stehen graphische Darstellungen der Ablaufgraphen, der Aufrufbäume und der Programmablaufberichte sowie ein Schnittstellentrace zur Verfügung. Es sind weitere Komponenten geplant, die den Test von Dialog-Software und die Verarbeitung einer Testspezifikation verstärkt unterstützen. Außerdem sind die spezielle Überwachung von ausgewählten Datenzuständen des Testobjektes mit Hilfe von Assertions und der Test eines unvollständigen Testobjektes (fehlende Operationen) durch die automatische Generierung von Platzhaltern (Stubs) vorgesehen. Die Anbindung an EPOS - das die von TESTSCOPE benötigten Schnittstellenspezifikationen generiert - steht bereits zur Verfügung. Weitere Anbindungen an Entwicklungswerkzeuge sind in Planung.

5. SYSTEME

TESTSCOPE ist derzeit unter UNIX System V für die Sprache C verfügbar. Das System ist mit einer nichtgraphischen Oberfläche (Curses) und einer graphischen (XWindows X11) lieferbar - bisher implementiert auf SCO-XENIX, SUN, APOLLO, DEC-Workstation, MX300, R3000, HP9000, TARGON und OS/2.

6 LITERATUR

/Boehm 78/
Boehm B. Characteristics of Software Quality, Amsterdam, New York 78
/Goffart,Schneider.Tontsch 87/
Goffart A.,Schneider M.,Tonsch F.: RASOP - Verbundprojekt Rationelle Softwareproduktion - Softwareenwicklungsumgebung für Mikrorechner Technische Akademie Esslingen, Lehrgang 9394/ 06.278, 1987
/Haller 82/
Haller R., Pelkmann U., Rittenauer B.: Systematischer Modultest mit ADORA, IKD'82 Berlin
/Mohanty 79/
Mohanty S.N., Models and Measurements for Quality Assessment of of Software, Computing Surveys, Voll 11, No. 3, 1979
/McCabe 82/
McCabe T.J., Structured Testing, IEEE Cataloq No. EH0200-6
/Myers 79/
Myers G., The Art of Software Testing, John Wiley & Sons, New York, 1979
/Schmidt 85/
Schmidt M., Ein Komplexitätsmaß basierend auf Entscheidung und Verschachtelung in: Qualitätssicherung und Zuverlässigkeit, Nachrichtentechnische Gesellschaft (Hrsg.), VDI-Verlag GmbH, Düsseldorf 1985
/Sneed 88/
Sneed H.,Software-Testen, Stand der Technik. Informatik-Spektrum 11(6), 303-311, 1988
/Pelkmann 89/
Pelkmann U.: Warum wir Software-Analyse-Werkzeuge brauchen, Design&Elektronik, Ausgabe 25, 12.12.1989

Der Software-Analyse-Baukasten — Ein Bericht aus der universitären Ausbildung

Ralf Haselhorst
Technische Universität Braunschweig
Abteilung Programmiersprachen
Gaußstr. 11
3300 Braunschweig

1. Einleitung

An der TU Braunschweig wird im Studiengang Informatik im Rahmen der Programmierausbildung im vierten Semester ein Programmierpraktikum angeboten. In diesem Praktikum müssen die Studenten in kleinen Gruppen (3-4 Personen) ein kleines Projekt bearbeiten, wobei die Phasen der Software-Entwicklung von der Problemanalyse über das Pflichtenheft und den Entwurf bis zur Codierung und den Test durchlaufen werden. Dabei wird mehr Wert auf das Vermitteln der allgemeinen Prinzipien des Software-Engineering als auf das Lehren spezieller Methoden gelegt.

Wünschenswert ist, daß die Studenten dabei auch mit der Benutzung von Software-Engineering-Werkzeugen vertraut gemacht werden, wobei es zunächst relativ schwierig ist, geeignete Werkzeuge für die frühen Phasen der Software-Entwicklung — Problemanalyse, Spezifikation und Entwurf — zur Verfügung zu stellen.

Ein mit den Mitteln des Compilerbaus mit nicht zu großem Aufwand zu realisierendes Teilgebiet dieser Tool-Unterstützung sind Werkzeuge, die Studenten und Betreuer beim Test und der Analyse der Programme unterstützen.

Die Analyse der Programme soll dabei bereits nach dem Entwurf einsetzen. Da es in Programmiersprachen wie MODULA-2 und Ada eine explizite Trennung zwischen Schnittstelle und Implementierung einzelner Module gibt, lassen sich einzelne Analysen über die Modularisierung eines Systems (gemessen an Modulkopplung und Modulbindung) bereits dann durchführen, wenn die Schnittstellen spezifiziert sind. Dies ist spätestens nach dem Entwurf der Fall, so daß zu diesem Zeitpunkt die Schnittstellen der einzelnen Module bereits im Rahmen einer Analyse überprüft und bewertet werden können. Ein solches Tool erleichtert auch den Betreuern die Arbeit, da es im allgemeinen sehr mühsam ist, die Modulstruktur eines Systems von Hand zu ermitteln bzw. zu überprüfen.

Ein weiteres Ziel ist es, den Studenten Test- und Debugging-Hilfen zur Verfügung zu stellen. Bei den Testhilfen kann es sich z.B. um Werkzeuge handeln, die die Zweig-Überdeckung (C1) bei der Durchführung eines Testes überwachen. In studentischen Projekten ist es aufgrund der zur Verfügung stehenden Zeit weder möglich noch sinnvoll, einen bestimmten Grad der C1-Überdeckung als Testende-Kriterium zu verlangen. Es kann den Studenten jedoch deutlich gemacht werden, wie sinnvoll das systematische Testen von Programmen ist und welch geringer Teil des implementierten Codes beim normalen *Ausprobieren* ausgeführt wird. Da die Compiler heutzutage in der Regel über sehr gute Debugger verfügen, soll hier das Rad nicht neu erfunden werden. Es sollen jedoch Tools zur Verfügung gestellt werden, die den Studenten durch das Verfolgen von Anweisungen und Variablenbelegungen die Möglichkeit geben, den Programmablauf nachzuvollziehen, ohne sich in die relativ komplizierte Bedienung eines Debuggers einarbeiten zu müssen. Dies kann sowohl beim Finden von Fehlern als auch bei der Bewertung der mit einem Programm durchgeführten Tests eine Hilfe sein.

Ein weiterer Weg, die Analyse von Software zu unterstützen, ist das Anbieten von Dokumentationshilfen, die das Review der erstellten Software erleichtern. Möglichkeiten bieten sich hier bei Pretty-Printern, Index- und Inhaltsverzeichnisgeneratoren (Cross-Referencer) etc. Zum Teil können die Analyseaktivitäten auch automatisiert werden, indem man Tools einsetzt, die die Einhaltung von Programmierrichtlinien überwachen oder bestimmte Eigenschaften der Software durch die Berechnung von Metriken untersuchen.

Da die Aufgaben im Praktikum an der TU-Braunschweig mehrfach bearbeitet werden, bietet sich die Möglichkeit, Methoden zur Analyse von Software-Qualität auf ihre Eignung zu untersuchen, indem man den intuitiven Eindruck, den man von den einzelnen Studentenlösungen hat, mit den Ergebnissen der Software-Maße vergleicht. Dadurch kann es möglich sein, aus der Vielzahl der existierenden Software-Maße (siehe z.B. [Zuse91], [Dumk91]) einige geeignete auszuwählen, die über bestimmte Aspekte der Software brauchbare Aussagen machen. Zudem kann anhand noch überschaubarer aber trotzdem schon relativ großer Projekte die Leistungsfähigkeit von Testverfahren untersucht werden, um auch hier aus der großen Anzahl von existierenden Verfahren ([DMMP87], [Ligg90], [Myer89]) für bestimmte Bereiche der Software-Entwicklung geeignete auszuwählen.

Da die Methoden der rechnergestützten Software-Bewertung zur Zeit durchaus noch umstritten sind, werden diese Untersuchungen nur in einzelnen Gruppen durchgeführt, um Erfahrungen zu sammeln. Es ist auch darauf zu achten, daß die Ergebnisse einer rechnergestützten Software-Analyse nicht als das Maß aller Dinge angesehen werden und die abschließende Beurteilung weiterhin dem Menschen vorbehalten bleibt.

2. Anforderungen

Aus dem oben genannten Umfeld dieses Projektes ergeben sich eine Reihe von Anforderungen, die an die Werkzeuge gestellt werden.

Da die Ausbildungssprache MODULA-2 ist, sind die Analysewerkzeuge für diese Programmiersprache erstellt worden. Außerdem wird für die Implementierung der Werkzeuge MODULA-2 verwendet, da sie den Studenten auch als Quelltexte zur Verfügung gestellt werden sollen. Dadurch können sie auch als Beispiellösungen für das Programmierpraktikum dienen. Außerdem hat diese Übereinstimmung zwischen der Implementierungssprache der Analyse- und der zu analysierenden Programme den Vorteil, daß die Möglichkeit besteht, die implementierten Werkzeuge durch sich selbst zu analysieren. Auf diese Weise entsteht mit der Zeit auch eine große Menge an Testdaten.

Da das Programmierpraktikum nicht nur auf einem Betriebssystem, sondern in verschiedenen Umgebungen abgewickelt wird, ist eine einfache Portierbarkeit der Programme erforderlich. Dadurch wird es möglich, daß die Studenten das Programmierpraktikum zu Hause am eigenen Rechner bearbeiten und dort ebenfalls die Analysewerkzeuge verwenden.

Weiterhin sollen die Werkzeuge klein und einfach bedienbar bleiben, damit die Studenten nicht mit einer schwer zu durchschauenden Menge von Möglichkeiten überhäuft werden. Es sollen ihnen statt dessen mehrere kleine Tools angeboten werden, von denen sie sich selbst die geeigneten auswählen. Dies macht es auch möglich, die Akzeptanz der einzelnen Werkzeuge zu überprüfen und so Anregungen für weitere Entwicklungen zu erhalten.

Aufgrund der großen Anzahl von existierenden Verfahren für den Software-Test und die Software-Analyse ist es sinnvoll, in relativ kurzer Zeit erste Prototypen von Werkzeugen erstellen zu können. Diese dienen dann dazu, für eine Verwendung im Programmierpraktikum ins Auge gefaßte Verfahren in ersten Experimenten auf ihre Eignung für bestimmte Analysen zu untersuchen.

Aus den bisher beschriebenen Anforderungen wird deutlich, daß eine Reihe von Werkzeugen entstehen soll, die bis zu einem bestimmten Punkt immer auf einer identischen Basis, dem Quelltext des Programmes, arbeiten. Es ist daher klar, daß bestimmte Komponenten der Analysewerkzeuge sich sehr ähnlich sein werden. Es wird deshalb angestrebt, diese in allen Werkzeugen wiederverwenden zu können. Die Komponenten für die einzelnen Analysephasen müssen also von Anfang an so entworfen und implementiert werden, daß sie die Anforderungen, die an die verschiedenen Analysewerkzeuge gestellt werden, erfüllen können.

3. Realisierung

Mit den oben beschrieben Anforderungen bieten sich für die Quelltextanalyse idealerweise Compilergeneratoren an. Jedoch gibt es relativ wenige solcher Werkzeuge, die als Quelltext MODULA-2 erzeugen. Es wurden insbesondere die *Compiler Generation Tools* der GMD Karlsruhe [GrEm90] und *Coco* [ReMö87] betrachtet. Für die angestrebten Ziele besonders geeignet ist das Werkzeug der GMD, da es eine Vielzahl von Tools (Parsergeneratoren, Komponenten zur Verwaltung, Auswertung und Transformation von attributierten Bäumen etc.) bietet. *Coco* erschien weniger geeignet, da der Entwickler von Analysewerkzeugen auch bei Verwendung dieses Werkzeuges noch sehr viel Programmierarbeit zu leisten hat. Der Einsatz der Werkzeuge der GMD scheiterte jedoch daran, daß es nicht gelang, den erzeugten Code mit akzeptablem Aufwand auf Rechner außerhalb der UNIX-Welt zu portieren.

Aus diesem Grund sollten die benötigten Werkzeuge manuell implementiert werden. Um jedoch zu vermeiden, daß für jedes neue Analysewerkzeug und jeden neuen Quelltextinstrumentierer ein auf die speziellen Bedürfnisse des Programmierers zugeschnittener Parser, Symboltabelle, Syntaxbaum etc. implementiert wird, wurde das Konzept eines Software-Analyse-Baukastens entworfen, der die wesentlichen Bausteine eines Analysewerkzeuges mit einer geeigneten Schnittstelle für den Entwickler dieser Werkzeuge zur Verfügung stellt. Die notwendigen Komponenten entsprechen im wesentlichen denen, die man im Compilerbau benötigt, müssen jedoch um einige Fähigkeiten erweitert werden. So ist die vollständige Rekonstruierbarkeit des untersuchten Quelltextes unverzichtbar, um zum Beispiel Stilanalysen durchführen zu können. Die Kommentare sollen erhalten bleiben, damit zukünftige Werkzeuge die Möglichkeit haben, in diesen enthaltene Steuerbefehle auszuwerten und formale Kommentare (z.B. für die Programm-Verifikation) zu analysieren. Weiterhin müssen alle Datenstrukturen leicht erweiterbar sein, damit bei speziellen Anwendungen weitere Daten in die vorgegebenen Strukturen eingefügt werden können. Die einzelnen Komponenten sollen sowohl allein als auch gemeinsam mit anderen verwendbar sein, wobei einige aufeinander aufbauen müssen. Um die gemeinsame Verwendung von Komponenten sinnvoll zu ermöglichen, ist es erforderlich, Bezüge zwischen diesen zu schaffen (z.B. zwischen abstraktem Syntaxbaum und Symboltabelle).

Im Idealfall soll die Entwicklung eines Software-Analysewerkzeugs mit Hilfe des Baukastens dann so aussehen, daß der Entwickler die erforderlichen Bausteine verwendet und sich die gewünschten Strukturen aufbauen läßt. Anschließend implementiert er sein Werkzeug, indem er die fertigen Strukturen mit den vorgegebenen Zugriffsprozeduren bearbeitet, ohne daß Kenntnisse über deren inneren Aufbau notwendig sind.

3.1. Scanner und Parser

Als Basis für alle Werkzeuge wurde ein um semantische Aktionen erweiterbarer Parser erstellt, der nach dem Prinzip des rekursiven Abstiegs arbeitet. Er erhält vom Scanner alle über den untersuchten Quelltext verfügbaren Informationen. Die meisten dieser Informationen (z.B. die Quelltextposition eines zu einem Token gehörenden Lexems) sind für die eigentliche Syntaxanalyse nicht nötig, können jedoch von weiteren Werkzeugen genutzt werden. Das Verfahren des rekursiven Abstiegs wurde gewählt, da es am ehesten für die manuelle Implementierung eines Parsers geeignet ist. Außerdem sind bei diesem Verfahren die Vorgänge beim Parsen sehr einfach zu verstehen, so daß hier die wenigsten Probleme bei späteren Erweiterungen des Parsers zu erwarten sind.

Damit ein Entwickler den Parser für seine Zwecke erweitern kann, stehen ihm drei Ebenen von Protokoll-Prozeduren zur Verfügung, die ihm die Beschaffung von Informationen über den Parse-

```
ProcedureHeading = "PROCEDURE" ident [ FormalParameters ] .

PROCEDURE ProcedureHeadingParser() : BOOLEAN;
BEGIN
   InProcedureHeading; (* obere Ebene der Protokoll-Prozeduren *)
   Dummy:=ReadToken(procedure);
   GoodReadprocedure; (* mittlere Ebene der Protokoll-Prozeduren *)
   IF NOT ReadToken(ident) THEN
      (* Fehlerbehandlung *)
      ...
   END;
   GoodReadident; (* mittlere Ebene der Protokoll-Prozeduren *)
   IF NextToken.TokenNumber=rundauf THEN
      IF NOT FormalParametersParser() THEN
         (* Fehlerbehandlung *)
         ...
      END;
   END;
   OutProcedureHeading; (* obere Ebene der Protokoll-Prozeduren *)
   RETURN TRUE;
END ProcedureHeadingParser;
```

Abbildung 1: *EBNF-Produktion für die Prozedurdefinition und Realisierung durch den rekursiven Abstieg mit eingefügten Protokoll-Prozeduren.*

Vorgang ermöglichen. Die unterste Ebene ist die Token-Schnittstelle im Scanner. In dieser Ebene wird immer eine Prozedur aufgerufen, wenn der Scanner ein gültiges Token erkannt hat. Hier kann es analysiert werden, ohne daß der syntaktische Zusammenhang bekannt ist. Auch für Kommentare wird ein Token geliefert und die Prozedur der Token-Schnittstelle aufgerufen. Da diese sich jedoch nur schwer in einen syntaktischen Zusammenhang einordnen lassen, wird die Information nicht an den Parser weitergereicht. Dies führt dazu, daß nur in dieser Ebene die Kommentare bearbeitet werden können. Die Entscheidung, zu welchem Konstrukt sie von ihrer Bedeutung her gehören, bleibt so dem Entwickler einer Anwendung überlassen, wobei es auch möglich ist, die Kommentare vollständig zu ignorieren.

Die mittlere und die obere Ebene der Protokoll-Prozeduren sind in Abbildung 1 dargestellt. In der mittleren Ebene befinden sich Prozeduren, die immer dann aufgerufen werden, wenn der Parser ein erwartetes Token konsumiert hat. Die oberste Ebene dient dem eigentlichen Verfolgen des rekursiven Abstiegs. Diese Prozeduren werden jeweils dann aufgerufen, wenn das Parsen einer Produktion begonnen bzw. beendet wird. In den Protokoll-Prozeduren der mittleren und der oberen Ebene kann der Entwickler die benötigten semantischen Aktionen eintragen, ähnlich wie dies auch bei der Spezifikation für Compilergeneratoren der Fall ist.

Es existieren auch Protokoll-Prozeduren, die ein sinnvolles Fortsetzen der Analyse ermöglichen, wenn ein syntaktischer Fehler im zu analysierenden Programm aufgetreten ist. Diese wurden hier jedoch aus Vereinfachungsgründen weggelassen. Außerdem wird in der Regel davon ausgegangen, daß nur syntaktisch korrekte Programme analysiert werden sollen. Insbesondere bei einer Portierung der Werkzeuge für einen neuen MODULA-2-Compiler bietet die ausführliche Fehlerbehandlung jedoch eine große Hilfe.

Die Prozedurdefinitionen der Protokoll-Prozeduren werden in einer separaten Schnittstellenbeschreibung vorgenommen. Die eigentliche Programmierung dieser Prozeduren erfolgt dann in der zur Definition gehörenden Implementierung. In dieser Implementierung kann der Entwickler eines Analysewerkzeuges die von ihm benötigten semantischen Aktionen programmieren. Er hat dabei Zugriff auf alle über das aktuelle Token vorhandenen Informationen. Durch die vollständige (auch textuelle) Trennung zwischen Implementierung und Schnittstelle müssen keine Änderungen mehr am eigentlichen Parser vorgenommen werden. Für eine Erweiterung des Parsers sind also außer dem Wissen, wie der rekursive Abstieg funktioniert und an welchen Stellen der *Produktionen* die Protokoll-Prozeduren aufgerufen werden, keine Kenntnisse über die Details der Implementierung nötig. Dies grenzt mögliche Fehlerquellen ein und garantiert, daß keine Fehler nachträglich in den Parser eingebaut werden.

Ein Nachteil dieser Vorgehensweise ist, daß alle Variablen, die in den Protokoll-Prozeduren manipuliert werden sollen, im gesamten Parser global bekannt sein müssen, da die Protokoll-Prozeduren nicht sinnvoll mit Parametern versehen werden können. Diese Tatsache erfordert von späteren Entwicklern ein sehr hohes Maß an Programmierdisziplin. Viel wichtiger ist jedoch der Nachteil, daß die so deklarierten Protokoll-Prozeduren global im Parser gültig sind und nicht lokal in den Prozeduren, die die einzelnen Produktionen realisieren. Dies führt dazu, daß der beim rekursiven Abstieg implizit vorhandene Stack verloren geht. Der Entwickler ist also gezwungen, seinen eigenen Stack aufzubauen, falls er diesen benötigt. Dieser Nachteil ist jedoch auch in Compilergeneratoren (siehe [ReMö87]) vorhanden und wird von uns in Kauf genommen, da der Parser nur Basis für den Baukasten sein soll und durch die Verwendung weiterer Bausteine für den eigentlichen Entwickler von Analysewerkzeugen mehr oder weniger überflüssig wird, da dieser übergeordnete Strukturen für seine Analyse nutzt.

Trotz der genannten Nachteile lassen sich mit diesem Parser schon einfache Analysewerkzeuge realisieren, die auf keine Typinformationen und wenige Kontextinformationen angewiesen sind. So ist es zum Beispiel möglich, eine einfache aber aussagekräftige Statistik über die in einem Programm verwendeten Anweisungen und deren Schachtelungstiefe aufzustellen, die Metrik von McCabe zu berechnen oder einen Pretty-Printer zu implementieren. Im Anhang wird ein einfaches Beispiel für die Verwendung der Protokoll-Prozeduren angegeben.

3.2. Der abstrakte Syntaxbaum

Um umfangreichere Analysen oder aufwendigere Programmtransformationen durchführen zu können, muß ein abstrakter Syntaxbaum (ASB) zur Verfügung stehen. Auch dieser soll die Möglichkeit bieten, die ursprüngliche Form des Quelltextes vollständig zu rekonstruieren, was zunächst im Widerspruch zum eigentlichen Zweck eines ASB steht. Für die Analysephasen soll jedoch sowohl die für strukturorientierte Analysen vorteilhafte abstrakte Darstellung des Programmes, als auch der Zugriff auf den ursprünglichen Quelltext möglich sein. Um dies zu gewährleisten wird ein ASB verwendet, der um eine Tokenliste erweitert wird [Deut89]. Diese Tokenliste enthält praktisch den gesamten ursprünglichen Quelltext einschließlich der Kommentare und ist über Verweise in beide Richtungen mit dem ASB verbunden (Abb. 2).

Dieser ASB wird durch einen abstrakten Datentyp realisiert, der über drei verschiedene Ebenen von Zugriffsprozeduren verfügt. Die erste Ebene dient nur seinem Aufbau, wobei zwischen zwei Versionen gewählt werden kann. Die eine ist der vollständige ASB einschließlich der Tokenliste, während die andere ohne die Tokenliste auskommt. In diesem Fall wird jedoch ein Teil der Informationen, der sich sonst in der Tokenliste befindet, in die eigentlichen Knotenattribute verlagert, um nicht sämtliche Zusatzinformationen zu verlieren.

Die Prozeduren zum Aufbau des ASB werden in die Protokoll-Prozeduren des Parsers eingebaut und sind nicht für den späteren Entwickler gedacht. Dieser kann nur über eine Prozedur, die immer dann aufgerufen wird, wenn der fertig im Baum eingebaute Knoten attributiert wird, auf die Erstellung des ASB Einfluß nehmen, indem er zu diesem Zeitpunkt die Knotenattribute um die von ihm gewünschten Informationen ergänzt.

Die zweite und dritte Ebene der Zugriffsprozeduren sind für den Entwickler von Analysewerkzeugen vorgesehen. Die zweite Ebene stellt Navigationsprozeduren zur Verfügung, mit denen er den Baum traversieren kann, sowie Zugriffprozeduren auf die Attribute des Baumes. Dabei kann der

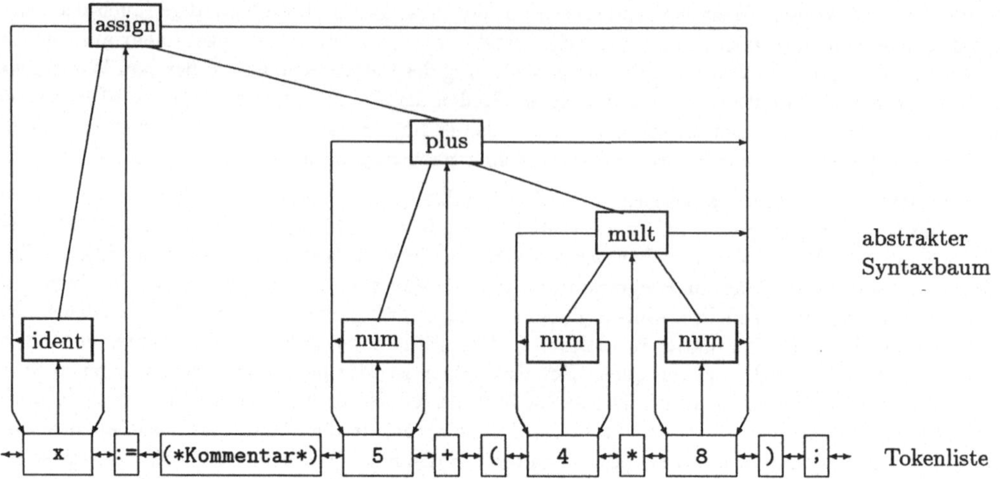

Abbildung 2: *Um die Tokenliste erweiterter abstrakter Syntaxbaum für den Quelltextausschnitt* `x := (*Kommentar*) 5 + ( 4 * 8 ) ;`

Entwickler nur auf die von ihm selbst eingefügten Attribute lesend und schreibend zugreifen. Alle anderen Attribute erlauben nur lesenden Zugriff. Wenn sich der Entwickler auf die Benutzung dieser Prozeduren beschränkt, bleibt der Baum garantiert immer in sich und zur Tokenliste konsistent, da es keine Möglichkeit gibt, verändernd auf ihn zuzugreifen.

Die dritte Ebene von Zugriffsprozeduren erlaubt es, den ASB zu transformieren. Dabei ist es möglich, Knoten oder Teilbäume zu löschen, neu einzufügen, zu kopieren oder im Baum zu verschieben. Unzulässige Operationen werden in gewissem Maße von der Baumverwaltung abgefangen, so daß die syntaktische Korrektheit des ASB immer gewährleistet bleibt. Der Entwickler ist jedoch trotzdem in großem Maße für die Konsistenz des Baumes selbst verantwortlich. Insbesondere wenn ein ASB mit Tokenliste verwendet wird, muß er selbst die Konsistenz zwischen Tokenliste und ASB erhalten.

Die dritte Ebene wurde geschaffen, um möglichst einfach gezielte Veränderungen an einem Quelltext vornehmen zu können, z.B. um ihn mit Zählern zu instrumentieren oder Mutanten für die Mutationen-Analyse zu erzeugen. Dabei kommt auch die relativ komplizierte Handhabung des ASB mit Tokenliste nicht so sehr zum Tragen, da bei derartigen Anwendungen der aus dem ASB erzeugte Quelltext keine Ähnlichkeit mit dem Original haben muß und daher in der Regel gleich auf die Tokenliste verzichtet werden kann. Diese wird eher benötigt, wenn z.B. Programmierrichtlinien überprüft oder Stilanalysen vorgenommen werden sollen, wobei keine Veränderungen des Quelltextes erforderlich sind.

Für den Aufbau des ASB existieren bereits fertige Protokoll-Prozeduren für den Parser, so daß dieser nur entsprechend gebunden werden muß. Wenn der so konfigurierte Parser aufgerufen wird, wird der ASB aufgebaut und der Entwickler eines Analysewerkzeuges kann diese Struktur über die entsprechenden Zugriffsprozeduren nutzen, ohne sich mit der internen Repräsentation beschäftigen zu müssen. Diese muß ihm jedoch bekannt sein, wenn er die Knoten des ASB parallel zum Aufbau um eigene Informationen ergänzen will, da er dann darauf achten muß, dieses nur bei bereits vollständig aufgebauten Knoten zu tun.

Mit dem ASB steht bereits ein sehr mächtiges Werkzeug zur Verfügung, das es ermöglicht, sehr umfangreiche Quelltextanalysen und -transformationen vorzunehmen. Für die Basis eines vollständigen Analysewerkzeugs fehlen jetzt allerdings noch die Typinformationen, die bisher nur sehr mühsam aus dem Kontext ermittelt werden können.

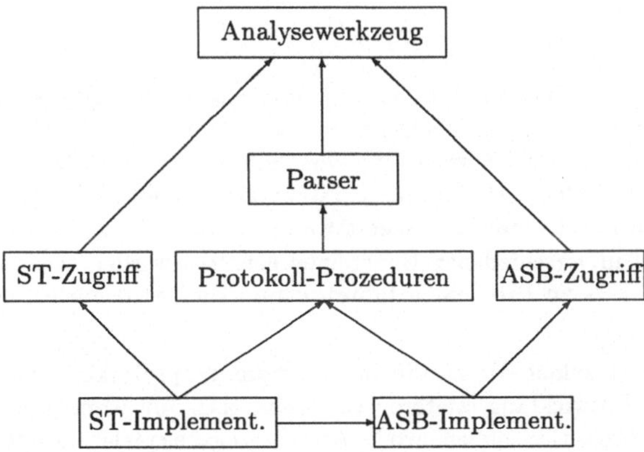

Abbildung 3: *Systemhierarchie eines mit dem Software-Analyse-Baukasten erstellten Analysewerkzeugs (ST ≙ Symboltabelle, ASB ≙ abstrakter Syntaxbaum).*

3.3. Symboltabelle

Die für den Baukasten entwickelte Verwaltung der Typinformationen entspricht im wesentlichen einer üblichen Symboltabelle. Die Realisierung erfolgte durch einen abstrakten Datentyp mit zwei Zugriffsebenen. Die erste Ebene dient wie beim abstrakten Syntaxbaum dem Aufbau der Symboltabelle und ist nicht für den Entwickler der Analysewerkzeuge gedacht. Er kann jedoch die eingetragenen Attribute um eigene Informationen ergänzen (z.B. Verwendungsstellen der Identifier). Die zweite Ebene dient der Benutzung dieser Informationen, wobei der Entwickler nur auf die von ihm selbst ergänzten Informationen lesend und schreibend zugreifen kann. Auf alle anderen Informationen hat er nur lesenden Zugriff, so daß die Konsistenz der Symboltabelle wie beim abstrakten Syntaxbaum immer gewährleistet ist.

Der Aufbau der Symboltabelle erfolgt wieder durch die Protokoll-Prozeduren des Parsers, die bereits entsprechend ausgefüllt sind. Da das Typsystem von MODULA-2 keine korrekte Ein-Pass-Analyse erlaubt, wird sie mit dem Aufbau des abstrakten Syntaxbaumes verknüpft und die Knoten des abstrakten Syntaxbaumes werden mit den Verweisen in die Symboltabelle attributiert. Prinzipiell ist auch eine Nutzung der Typinformationen während des Aufbaus möglich, jedoch muß sich der Entwickler dann der Tatsache bewußt sein, daß die ermittelten Informationen nicht immer korrekt sind.

3.4. Zusammenfassung

Der Aufbau eines Werkzeugs mit Hilfe des Software-Analyse-Baukastens soll jetzt so aussehen, daß der Entwickler die von ihm benötigten Datenstrukturen auswählt und mit Hilfe des Parsers aufbauen läßt. Anschließend nutzt er diese mit den vorgegebenen Zugriffsprozeduren. Falls er weitere komplexe Strukturen benötigt, kann er sich diese mit Hilfe der Protokoll-Prozeduren des Parsers parallel zu den vorgefertigten aufbauen oder er erzeugt sie in einem weiteren Pass, in dem er nur die vorgefertigten Strukturen benutzt. Bei der ersten Vorgehensweise läßt es sich jedoch nicht immer vermeiden, daß Kenntnisse über den Aufbau der vorgegebenen Datenstrukturen vorhanden sein müssen, wenn diese mit der eigenen verknüpft werden sollen. Durch die Verwendung des Baukastens kann sich der Entwickler auf die eigentlichen Probleme konzentrieren und muß sich nicht mit den Routinetätigkeiten des Compilerbaus auseinandersetzen.

Die typische Systemhierarchie eines mit dem Software-Analyse-Baukasten aufgebauten Werzeugs ist in Abbildung 3 dargestellt. Ein Pfeil von A nach B bedeutet dabei, daß B Objekte aus A importiert.

4. Ausblick

Erste Beispielanwendungen haben gezeigt, daß das von uns angestrebte Baukasten-System prinzipiell tragfähig ist. Es eröffnet die Möglichkeit, mit relativ geringem Aufwand Analysewerkzeuge und Quelltextinstrumentierer zur Untersuchung von Software zu erstellen. Problematisch könnte in Zukunft der Overhead werden, der dadurch entsteht, daß die einzelnen Bausteine sowohl einzeln als auch in Kombination mit anderen eingesetzt werden sollen. Dies führt dazu, daß relativ viele Informationen redundant in verschiedenen Bausteinen gehalten werden, was insbesondere beim Einsatz des Baukastens auf PCs zu Problemen führen kann. Hier wird noch über geeignete Lösungen nachgedacht.

Neben der Entwicklung einzelner Tools, die im Programmierpraktikum eingesetzt werden sollen, ist für die Zukunft die Entwicklung weiterer Bausteine z.B. für Kontrollflußgraphen, Datenflußanalysen etc. geplant. Weiterhin sollen große Anwendungsbeispiele erstellt werden, um das System eingehender zu untersuchen und mögliche Schwachpunkte aufzudecken. Geplant sind dafür ein Mutationenanalyse-System und ein MODULA-2-Interpreter.

Außerdem soll ein Software-Test- und Analyse-System entwickelt werden, mit dem die vollständige Analyse (sowohl statisch als auch dynamisch) von Programmsystemen ermöglicht wird. Dabei sollen verschiedene Test- und Analysemethoden angeboten werden, um Vergleiche der Leistungsfähigkeit der einzelnen Methoden durchführen zu können.

Anhang

In diesem Beispiel für die Verwendung der Protokoll-Prozeduren soll eine Liste aller in einem Modul definierten Prozeduren/Funktionen erstellt werden, die jeweils die Definitionszeile, den Namen der Prozedur/Funktion und die Anzahl der Parameter enthält. Am Ende werden noch die Anzahl der definierten Prozeduren/Funktionen sowie die maximale, minimale und durchschnittliche Parameteranzahl ausgegeben.

Im oberen Teil von Abbildung 4 sind die entsprechenden Produktionen aus der MODULA-2-Grammatik aufgeführt [Wirt91]. Darunter sind die vollständigen Protokoll-Prozeduren angegeben. Am Ende der Abbildung befindet sich die Ergebnisausgabe für ein Beispielmodul.

In den *In*-Prozeduren wird jeweils der aktuelle Kontext der folgenden Produktionen gemerkt. In den *Out*-Prozeduren wird dieser wieder zurückgesetzt. Wären an dieser Stelle geschachtelte Strukturen möglich, so müßte explizit ein Stack auf- bzw. abgebaut werden, da der implizite Parser-Stack durch die globalen Protokoll-Prozeduren nicht wiedergegeben wird. In der Prozedur `InProcedureHeading` wird zusätzlich der Zähler für die Prozedur-Parameter auf Null gesetzt und in `OutProcedureHeading` werden die Daten für die gerade analysierte Prozedur in eine Liste eingetragen (`Insert(...)`). Die eigentlichen Berechnungen erfolgen in der Prozedur `GoodReadIdent`, in der abhängig vom Kontext entweder die Parameter gezählt oder der Prozedurname und die weiteren Daten durch Auslesen der entsprechenden Token-Information ermittelt werden. Die für diese Aktionen benötigten Prozeduren und Variablen werden aus einem Modul der Anwendung importiert. Dadurch ist trotz der Kommunikation über globale Variablen eine gewisse Kapselung möglich. Von dieser Möglichkeit der Kapselung wurde z.B. beim Zähler für die Anzahl der Prozedur-Parameter und bei der Liste der Prozedur-Informationen Gebrauch gemacht. Eine bessere Implementierung hätte auch die Informationen über die Definitionszeile und den Prozedurnamen über Zugriffsprozeduren gekapselt.

Um diese Statistik zu erstellen, mußten ungefähr 200 Zeilen MODULA-2 programmiert werden, wobei etwa die Hälfte auf die Verwaltung der dynamischen Liste und die Ausgabe des Ergebnisses entfallen. Auch etwas aussagekräftigere Programmanalysen lassen sich mit Hilfe des Parsers durchführen, allerdings sind dann in der Regel mehr Protokoll-Prozeduren betroffen, so daß von Seiten des Programmierers mehr Übersicht erforderlich ist.

```
ProcedureHeading = "PROCEDURE" ident [ FormalParameters ] .
FormalParameters = "(" [ FPSection { ";" FPSection } ] ")" [ ":" qualident ] .
FPSection        = [ "VAR" ] IdentList ":" FormalType .
IdentList        = ident { "," ident } .
```

```
PROCEDURE InProcedureHeading;
BEGIN
   SetProduction(ProcedureHeading);
   ResetCounter
END InProcedureHeading;

PROCEDURE OutProcedureHeading;
BEGIN
   ResetProduction(ProcedureHeading);
   Insert(ActualName, ActualLine,
          ReturnCounter())
END OutProcedureHeading;

PROCEDURE InFormalParameters;
BEGIN
   SetProduction(FormalParameters)
END InFormalParameters;

PROCEDURE OutFormalParameters;
BEGIN
   ResetProduction(FormalParameters)
END OutFormalParameters;

PROCEDURE InIdentList;
BEGIN
   SetProduction(IdentList)
END InIdentList;

PROCEDURE OutIdentList;
BEGIN
   ResetProduction(IdentList)
END OutIdentList;

PROCEDURE GoodReadIdent;
BEGIN
   IF InProduction(ProcedureHeading) AND
      InProduction(IdentList)             THEN
      IncrementCounter
   ELSIF InProduction(ProcedureHeading) AND
         NOT InProduction(FormalParameters) THEN
      StrAssign(TokenLast.TokenText, ActualName);
      ActualLine := TokenLast.y;
   END (* IF *);
END GoodReadIdent;
```

```
Definitionszeile / Name / Parameter-Anzahl
2 / ErsteProzedur / 0
5 / ZweiteProzedur / 3

Definierte Prozeduren/Funktionen  :  2
Maximale Parameter-Anzahl         :  3
Minimale Parameter-Anzahl         :  0
Durchschnittliche Parameter-Anzahl:   1.5
```

Abbildung 4: *Beispiel für die Verwendung der Protokoll-Prozeduren des Parsers.*

Literatur

[ASUl88] AHO, V.A., SETHI, R., ULLMAN, J.D. [1988]. *Compilers — Principles, Techniques, and Tools*, Addison-Wesley, Reading, Mass.

[Deut89] DEUTER, M. [1989]. *Entwicklung einer Komponente zur Verwaltung von Syntaxbäumen*, Diplomarbeit, Technische Universität München.

[DMMP87] DEMILLO, R.A., MCCRACKEN, W.M., MARTIN, R.J., PASSAFIUME, J.F. [1987]. *Software Testing and Evaluation*, Benjamin Cummings, Menlo Park, Cal.

[Dumk91] DUMKE, R. [1991]. *Software-Metrie*, Bericht, Technische Universität Magdeburg.

[GrEm90] GROSCH, J., EMMELMANN, H. [1990]. *Werkzeuge für den Übersetzerbau*, Compiler Generation Report No. 21, GMD Forschungsstelle an der Universität Karlsruhe.

[Ligg90] LIGGESMEYER, P. [1990]. *Modultest und Modulverifikation – State of the Art*, BI-Wissenschaftsverlag, Mannheim.

[Myer89] MYERS, G.J. [1989]. *Methodisches Testen von Programmen*, 3. Aufl., R. Oldenbourg Verlag, München.

[Plag91] PLAGGE, F. [1991]. *MODULA-2 Scanner und Parser mit allgemeiner Anwenderschnittstelle*, Studienarbeit an der Abteilung für Programmiersprachen, Technische Universität Braunschweig.

[ReMö87] RECHENBERG, P., MÖSSENBÖCK, H. [1987]. *Ein Compiler-Generator für Micro-Computer*, Carl Hanser Verlag, München.

[Traw92] TRAWNY, M. [1992]. *Entwurf und Implementierung eines abstrakten Syntaxbaumes für MODULA-2*, Studienarbeit an der Abteilung für Programmiersprachen, Technische Universität Braunschweig.

[Wirt91] WIRTH, N. [1991]. *Programmieren in MODULA-2*, 2. Aufl., Springer-Verlag, Berlin.

[Zuse91] ZUSE, H. [1991]. *Software Complexity Measures and Methods*, Walter de Gruyter, Berlin.

Testmethoden und Testdatengewinnung für den Integrationstest modularer Softwaresysteme

Andreas Spillner
Universität Bremen
Studiengang Informatik
Postfach 330 440
W 2800 Bremen 33

1. Einleitung

Testen ist die in der Praxis gebräuchlichste Methode der Softwareprüfung. Die Prüfung eines Testobjektes kann auf unterschiedliche Weise durchgeführt werden, wobei ein Testobjekt eine Prozedur, ein Modul oder ein System - oder Teile davon - sein kann. Auf drei Methoden zum Testen von Software wird näher eingegangen:

- Die *statische Analyse*, bei der das Testobjekt nicht ausgeführt, sondern von einem anderen Programm oder einer Person überprüft und genauer analysiert wird. Möglicherweise vorhandener fehlerhafter Gebrauch von Bezeichnern kann nachgewiesen werden.
- Die *symbolische Ausführung*, bei der das Testobjekt mit symbolischen Werten interpretiert wird. Die Datenabhängigkeiten der Ein-/Ausgabefunktion des Testobjektes werden ermittelt.
- Die *dynamische Ausführung*, bei der das Testobjekt mit Testdaten versehen wird und zum Ablauf kommt, wobei das resultierende Ein-/Ausgabeverhalten sowie der Programmablauf dokumentiert werden. Unterschiedliche Grundlagen zur Auswahl der jeweiligen auszuführenden Programmteile können gewählt werden. Der Kontrollfluß eines Testobjektes wird geprüft, indem möglichst vollständige Überdeckungen der einzelnen Programmteile angestrebt werden. Ein datenflußbezogener Test wird durchgeführt, wenn die einzelnen zu testenden Programmteile anhand des Datenflusses ermittelt werden.

1.1. Modularisierung und Integrationstest

Das Prinzip der Modularisierung hat sich in der Softwaretechnik als möglicher Weg zur Bewältigung der Komplexität von umfangreichen Systemen durchgesetzt ([11], [12]). Der entscheidende Unterschied zwischen kleineren und umfangreichen, modularisierten Softwaresystemen liegt nicht unbedingt im Umfang des produzierten Programmtextes, sondern in der Anzahl der an der Entwicklung beteiligten Personen. Kleinere Programme werden von einer Person entwickelt und getestet. Bei großen Systemen sind eine Vielzahl von Entwicklerinnen und Entwicklern beteiligt, welches einen erheblichen Mehraufwand an Koordinierung erfordert. Hierin liegt eine nicht zu unterschätzende Fehlerquelle, wenn Absprachen nicht eingehalten oder mißverstanden werden.

Die Modularisierung bringt beim Test von umfangreichen Systemen folgenden Vorteil: Der Test teilt sich in zwei Hauptphasen auf, den Modultest und den Integrationstest. Der Integrationstest prüft das korrekte Zusammenarbeiten der einzelnen Teile eines Softwaresystems und wird nach abgeschlossenem Modultest durchgeführt. Dabei werden die einzelnen Moduln des Systems schrittweise integriert, und das erweiterte Subsystem wird getestet, bis das Gesamtsystem vollständig ist. Auf den Modultest wird im weiteren nicht näher eingegangen (s. hierzu [6]).

Schnittstellen zwischen den einzelnen Teilen eines Systems können beispielsweise durch den Aufruf von anderen Programmteilen, durch die Parameterübergabe bei Aufrufen, über Dateien oder durch gemeinsame globale Variablen realisiert sein. Diese Verbindungen in einem komplexen System müssen genau spezifiziert sein und nach der Realisierung überprüft werden. Ihre Komplexität und Anzahl sollte gering gehalten werden, denn die gewählte Systemstruktur hat direkten Einfluß auf die Testbarkeit des Systems und besonders auf die Durchführung des Integrationstests. Eine Systemstruktur muß vorliegen, welche die Definition von Teilsystemen erlaubt, damit die einzelnen Untersuchungen sich auf diese Teilsysteme beschränken lassen und somit der Testaufwand in einem vertretbaren Rahmen bleibt. Andernfalls ist eine Restrukturierung des Systems anzuraten.

Die meisten bisher entwickelten Testmethoden gehen nicht auf spezielle Schnittstellenprobleme ein. Überlegungen zum Integrationstest diskutieren häufig nur die verschiedenen Integrationsstrategien (*top-down, bottom-up, sandwich* usw.), berücksichtigen eher das Vorgehen beim schrittweisen Zusammenfügen eines komplexen Systems, gehen aber nicht auf die Auswahl von Testfällen ein, die speziell bei der Integration ausgeführt werden sollten ([8], [1]). Bereits vorhandene Ansätze anderer Autoren zum Integrationstest sind in [3], [4], [5] und [7] beschrieben.

Die in der Vergangenheit entwickelten Softwaretestmethoden verfolgen verschiedene Zielsetzungen und ergänzen einander: Jedes dieser Verfahren ist geeignet, bestimmte Fehler, deren Ursachen ähnlich sind, eher und umfassender nachzuweisen als andere. Gemeinsam ist ihnen jedoch, daß sie primär für den Test kleinerer, überschaubarer Programme erarbeitet wurden und für diesen Zweck auch mit Erfolg einsetzbar sind. Sie versagen dagegen bei der Anwendung auf zunehmend größer werdende Komponenten und Subsysteme im Verlauf der Integration. Sie nutzen nicht die Strukturierung des Systems für eine Zerlegung des Testvorgangs.

Im folgenden werden spezielle Methoden zum Test der Schnittstellen vorgestellt, die eine konkrete Unterstützung bei der Ermittlung der Testdaten anbieten. Einzelne Modultestverfahren werden auf die Anforderungen des Integrationstests übertragen und angepaßt. Ziel ist dabei die Aufdeckung von Fehlern, die nur bei der Integration des Systems und nicht beim Modultest nachweisbar sind. Voraussetzung ist der abgeschlossene Modultest, die Beseitigung der dabei aufgedeckten Fehler und die Bereitstellung der Informationen aus den Modultests. Untersucht werden sequentielle Softwaresysteme in prozeduralen Sprachen, die das Modulkonzept unterstützen (z.B. MODULA-2).

Ein Zitat von Nagl soll die Problematik verdeutlichen ([9, S. 42]): *Kein größeres Programmsystem ist richtig! Diese Meinung wird heute von allen Fachleuten geteilt. ... Jedes Programmsystem ist irgendwo falsch und der Fehler wird irgendwo und irgendwann auftreten. Daß Systeme in der Praxis einigermaßen zuverlässig laufen, liegt daran, daß sich solche Systeme hauptsächlich auf bestimmten Ausführungspfaden aufhalten, andere Pfade selten oder so gut wie nie durchlaufen werden. Die obrige Aussage bedeutet nun, daß die Gewissheit besteht, daß irgendwann, nämlich z.B. aufgrund veränderter Eingabedaten ein anderer Ausführungspfad durchlaufen wird, ein Fehler auftreten wird.* Grundlegende Idee der folgenden Überlegungen ist die Beschränkung auf Testfälle, die mit hoher Wahrscheinlichkeit einen Fehler in den Schnittstellenverwendungen eines umfangreichen Systems nachweisen. Dadurch kann der erhebliche Testaufwand bei der Integration der Softwaresysteme eingeschränkt werden. Eine Annahme dabei ist, daß Fehler, die bei den *normalen* Programmabläufe auftreten, sozusagen nebenbei erkannt werden.

1.2. Allgemeine Beschreibung des Vorgehens

Grundlegende Ideen und verfolgte Ziele der hier vorgestellten Integrationstestmethoden sind:
- die Kombination der Testmethoden (statische Analyse, dynamische & symbolische Ausführung),
- die Möglichkeit der Beschränkung auf anomalieverdächtige Schnittstellenverwendungen und
- eine konkrete Unterstützung bei der Ermittlung der Testdaten.

Während der Durchführung des Modultests werden die externen Bezüge durch Stellvertreter simuliert und es entstehen Informationen über die jeweiligen externen Bezüge. Zu den Informationen gehört
- auf welchen Pfaden durch das Modul Stellvertreter aufgerufen werden und auf welchen nicht,
- welche unterschiedlichen Pfade zu einer Aufrufstelle eines Stellvertreters möglich sind, bei denen die Parameter unterschiedlich berechnet werden, und
- bei welchen Modultestdaten welche Stellvertreter mit welchen Parameterwerten zur Ausführung kommen.

Diese Informationen aus dem Modultest werden beim Integrationstest verwendet.

Die Einzelinformationen jedes Moduls werden zu Integrationsinformationen zusammengefügt. Dabei werden nur die Informationen verwendet, die in einem direkten Zusammenhang mit der jeweiligen Schnittstelle stehen. Es entsteht eine große Informationsmenge aus der diejenigen Informationen herausgefiltert werden müssen, bei denen ein Fehlernachweis mit großer Wahrscheinlichkeit gelingt. Eine Beschränkung auf anomale Schnittstellenverwendungen wird vorgenommen, oder falls ein ausgiebiger Test verlangt ist, kann auch jede mögliche Verwendung einer Schnittstelle einem Test unterzogen werden. Abstufungen des Testumfangs lassen sich je nach Testanforderung definieren.

Der alleinige statische Nachweis von anomalen Programmstellen reicht oft nicht aus. Es ist dann noch nachzuweisen, daß die gefundenen Anomalien auch tatsächlich zur Ausführung kommen können. Die Ermittlung von Integrationstestdaten zur Ausführung der betreffenden Schnittstellen ist ein großes Problem, besonders wenn vor dem Aufruf viele andere Schnittstellen zur Aufführung kommen, welche Veränderungen der Parameterwerte bewirken.

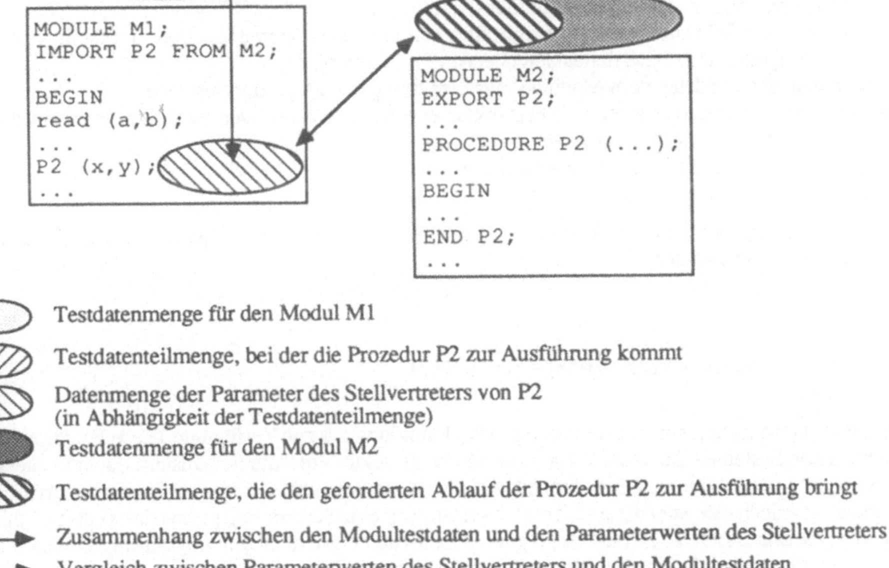

Abb. 1: Integrationstestdatenermittlung unter Verwendung der Modultestdaten

Bei der Ermittlung der Integrationstestdaten wird auf die Testfälle des Modultests zurückgegriffen. Beim jeweiligen Test des einzelnen Moduls ist bekannt, welche Modultestdaten zur Ausführung welcher Modulpfade führten und welche Stellvertreter der Schnittstellen mit welchen Parameterwerten zur Ausführung gekommen sind. Diese Einzelinformationen über die jeweiligen Moduln sind für die Integrationstestdatenermittlung zusammenzuführen. Wenn beispielsweise eine bestimmte Schnittstelle zur Ausführung kommen soll, d.h. Pfade unterschiedlicher Moduln kombiniert werden, ist folgendes Vorgehen möglich (Abb. 1): Aus der Gesamtmenge der Modultestdaten des aufrufenden Moduls wird die Modultestdatenteilmenge ausgewählt, die den Pfad zum Stellvertreter der entsprechenden Schnittstelle zur Ausführung bringt. Diese Teilmenge ist die Ausgangsmenge für die Ermittlung der Integrationstestdaten. Zu jedem Modultestdatum lassen sich die entsprechenden Parameterwerte dieses Stellvertreters der Schnittstelle ermitteln. Die Menge der Parameterwerte des Stellvertreters wird mit der Modultestdatenteilmenge kombiniert, die beim Modultest des aufgerufenen Moduls den dort geforderten Pfad zur Ausführung bringt. Sind Übereinstimmungen vorhanden, sind Integrationstestdaten ermittelt, welche den geforderten Programmpfad durch die beiden Moduln ausführen. Sind mehrere Schnittstellen auszuführen, ist das Vorgehen auch für die weiteren Schnittstellen in entsprechender Weise durchzuführen, d.h. die Menge der Ausgangsmodultestdaten wird bei jeder Hinzunahme einer Schnittstelle weiter eingeschränkt, bis die Integrationstestdaten ermittelt sind, die den geforderten Programmablauf vollständig zur Ausführung bringen.

Oft lassen sich die benötigten Integrationstestdaten nicht einfach aus den Modultestdaten ableiten. Für diese Fälle ist die symbolische Interpretation des geforderten Programmablaufs vorzunehmen. Mit ihrer Hilfe können weitere Integrationstestdaten ermittelt werden, oder es treten widersprüchliche Angaben im Pfadprädikat auf, welche die Nichtausführbarkeit dieses Programmablaufs belegen. Der Aufwand bei der symbolischen Interpretation ist sehr hoch, aber vertretbar, da die auszuführenden Programmteile vorgegeben sind und nur der jeweilige Pfad symbolisch interpretiert werden muß.

Als letzter Schritt ist das Testobjekt mit den ermittelten Testdaten zur Ausführung zu bringen. Die gelieferten Ausgabedaten bzw. das Programmverhalten sind mit den erwarteten zu vergleichen, um mögliche Fehler nachzuweisen. Dieses Vorgehen unterscheidet sich nicht von dem beim Modultest und bedarf daher keiner näheren Erörterung.

Zusammenfassend läßt sich das Vorgehen beim Integrationstest wie folgt skizzieren:

- statische Untersuchung des einzelnen Moduls zur Ermittlung der Programmteile, die in Beziehung zu den einzelnen Schnittstellen stehen (vom Modultest durchzuführen),
- Kombination der Informationen zur Ermittlung von anomalen Verwendungen und damit Auswahl der zu testenden Programmteile bzw. der entsprechenden Programmpfade,
- Verwendung der Testdaten vom Modultest zur Ermittlung der Integrationstestdaten,
- symbolische Interpretation zur Ermittlung weiterer Integrationstestdaten bzw. der Nachweis der Nichtausführbarkeit der anomalen Schnittstellenverwendung,
- Durchführung der Testfälle mit den ermittelten Testdaten und
- Kontrolle und Auswertung der Testläufe.

Im weiteren werden zwei Modultestverfahren auf die Anforderungen des Integrationstests übertragen und das Vorgehen beispielhaft erläutert.

2. Kontrollflußbasierter Integrationstest

Programmsysteme stellen eine meist umfangreiche Funktionalität zur Verfügung. Diese Funktionalität wird bei modularisierten Systemen durch das Zusammenwirken einzelner Prozeduren realisiert, die von unterschiedlichen Moduln bereitgestellt werden. Diese Prozeduren können in unterschiedlichen Abfolgen zur Ausführung kommen, meist ist jedoch eine spezifizierte Abfolge systemweit einzuhalten. Beispielsweise muß die Initialisierungsphase von Variablen stets zu Beginn des Systemablaufs und nur einmal zur Ausführung kommen oder bei der Bearbeitung von Dateien ist eine bestimmte Reihenfolge vorgegeben.

Zum Test der Einhaltung der Abfolgen von Prozeduraufrufen werden die kontrollflußbasierten Modultestmethoden auf die Anforderungen des Integrationstests übertragen. Bei den Modultestverfahren wird versucht, viele Programmteile (Anweisungen, Zweige oder Pfade) in den verschiedenen Kombinationsmöglichkeiten auszuführen. Beim Integrationstest werden die Schnittstellen geprüft, d.h. die unterschiedlichen Abfolgen der Aufrufe von importierten Prozeduren sind zu prüfen. Dabei werden nicht die Abfolgen in einem Modul geprüft, dies ist Aufgabe des Modultests, sondern (teil-)systemweit sollen alle Abfolgen von importierten Prozeduren ermittelt und getestet werden.

2.1. Benötigte Informationen vom Modultest

Beim Modultest sind die unterschiedlichen Möglichkeiten der Ausführung der Schnittstellen festzustellen. Dies ist in folgender Schreibweise festzuhalten (in Anlehnung an [10]):

{*name* s | t}	Start bzw. Terminierung des untersuchten Moduls bzw. der Prozedur *name*,
P-»Q	nach P wird stets Q ausgeführt,
P->Q	es existiert (mindestens) ein Pfad von P nach Q.

Zur Erläuterung die Beispiele 1a und 1b:

```
MODULE main;
FROM M1 IMPORT P1,P2,P3;
VAR a,b,c,x,y : INTEGER;
BEGIN
 read (x,y);
 a:=x+10;
  IF x>y
  THEN b:=a+10; P1(b)
  ELSE b:=a-10; P2(b)
  END;
 c:=b+a;
 P3(c,x)
END main.
```

Bei Ausführung von main wird entweder die externe Prozedur P1 oder P2 aufgerufen und danach wird in jedem Fall die externe Prozedur P3 ausgeführt.

Dies bedeutet, daß es für main zwei mögliche Pfade mit folgenden externen Aufrufen gibt:

a) {main s} -> P1 -» P3 -» {main t}
b) {main s} -> P2 -» P3 -» {main t}

Beispiel 1a: Programmtext und -pfade durch ein Modul mit externen Aufrufen

```
MODULE M1;
EXPORT P1,P2,P3;
FROM M2 IMPORT P11,P21;
```

```
PROCEDURE P1
 (p:INTEGER);
VAR a:INTEGER;
BEGIN
 a:=p+3;
  IF (ABS(a) MOD 2=0)
   THEN P11(a)
  END;
END P1;
```

```
PROCEDURE P2
 (VAR p:INTEGER);
BEGIN
 p:=p-20;
 REPEAT
  P21(p);
  p:=p-1;
 UNTIL p<10;
END P1;
```

```
PROCEDURE P3
 (VAR p,q:INTEGER);
BEGIN
...
 {* ohne externen
    Aufruf *}
...
END P3;
```

```
END M1.
```

Pfadbeschreibungen:

{P1 s}->P11-»{P1 t}
{P1 s}->{P1 t}

{P2 s}-»P21->{P2 t}
{P2 s}-»P21->P21->{P2 t}

{P3 s}-»{P3 t}

Zusammengesetzte teilsystemweite Pfadbeschreibungen:

1) {main s} -> {P1 s} -> P11 -» {P1 t} -» {P3 s} -» {P3 t} -» {main t}
2) {main s} -> {P1 s} -> {P1 t} -» {P3 s} -» {P3 t} -» {main t}
3) {main s} -> {P2 s} -» P21 -> {P2 t} -» {P3 s} -» {P3 t} -» {main t}
4) {main s} -> {P2 s} -» P21 -> P21 -> {P2 t} -» {P3 s} -» {P3 t} -» {main t}

Werden von den Prozeduren P11 und P21 weitere externe Prozeduren aufgerufen, so sind die Pfadbeschreibungen mit diesen Angaben zu vervollständigen.

Beispiel 1b: Programmtexte der externen Prozeduren und die jeweiligen Pfadbeschreibungen

Diese Informationen sind über jedes Modul des Systems zu ermitteln und für den Integrationstest entsprechend aller Kombinationsmöglichkeiten zusammenzusetzen. Treten Aufrufe innerhalb von Schleifen auf, brauchen unter dem Gesichtspunkt der Abfolgen von externen Schnittstellen nur die Schleifenumgehung (bei *While*-Schleifen), der einmalige und ein weiterer Schleifendurchlauf berücksichtigt werden. Weitere Durchläufe ergeben keine weiteren Unterschiede in der Abfolge der Schnittstellenaufrufe (s. Beispiel 1b, Prozedur P2).

Sind sämtliche Abfolgen von Schnittstellen (teil-)systemweit ermittelt, müssen aus der Vielzahl von Pfaden, diejenigen ermittelt werden, die nicht der Spezifikation entsprechen. Diese Pfade sind dann durch entsprechende Testdaten auszuführen. Die statische Ermittlung der Pfade ist noch keine Garantie dafür, daß diese Pfade auch ausführbar sind (s. [15]). Sind keine Verstöße festzustellen oder sind keine einzuhaltenden Abfolgen spezifiziert, kann auf eine Weiterführung der Untersuchung verzichtet werden.

2.2. Dynamische Ausführung

Die Ermittlung der Integrationstestdaten für eine komplette Abfolge durch das System soll anhand des Beispiels (1a und 1b) verdeutlicht werden. Zur Ausführung des ersten Pfades durch das System werden aus den Modultestdaten von main (x,y) diejenigen ermittelt, die zur Ausführung von P1 führen (linker Teil der Tabelle 1). Die bei diesen Testdaten berechneten Werte der Parameter der Schnittstelle (P1(b)) werden mit den Modultestdaten von P1 verglichen (rechter Teil der Tabelle). Sind identische Werte vorhanden (und nur diese sind hier aufgeführt), werden aus diesen wiederum diejenigen ausgewählt, die zur Ausführung der nächsten Schnittstelle (P11(a)) führen. Die Menge der Ausgangstestdaten wird weiter eingeschränkt (auf die Testfälle Nr. 1, 3 und 5). Diese Integrationstestdaten bringen die Teilabfolge {main s}->{P1 s} -> {P11} zur Ausführung. Die Einbeziehung weiterer Schnittstellen wird solange wiederholt, bis Integrationstestdaten ermittelt sind, die den geforderten kompletten Programmpfad zur Ausführung bringen.

Nr	x	y	P1 (b)
1	**1**	**0**	**21**
2	0	-1	20
3	**11**	**10**	**31**
4	10	9	30
5	**-9**	**-10**	**11**
6	10	-10	30
7	900	0	920
8	0	-900	20

Nr	b=p	P11 (a)
1	**21**	**24**
2, 8	20	–
3	**31**	**34**
4, 6	30	-
5	**11**	**14**
7	920	-

Tabelle 1: Modultestdaten für main und P1

Daß die Parameterwerte der Stellvertreter mit den Modultestdaten der entsprechenden Prozeduren übereinstimmen, wird nur in Ausnahmefällen vorkommen. Werden allerdings die Modultestdaten nach der Äquivalenzklassenmethode gewonnen, so müssen nicht die exakten Werte übereinstimmen, sondern es muß festgestellt werden, in welche Äquivalenzklasse die entsprechenden Parameterwerte fallen. Mit den Modultestdaten dieser Klasse sind die Untersuchungen fortzuführen. Ist auch dieses Vorgehen erfolglos, muß der Modultest mit den entsprechenden Testdaten ausgeführt werden, um festzustellen welche Daten zur Ausführung des Programmpfades benötigt werden.

Eine weitere Möglichkeit zur Integrationstestdatenermittlung ist die symbolische Interpretation des Programmpfades. Das Vorgehen soll ebenfalls am Beispiel demonstriert werden. Der auszuführende Programmpfad wird symbolisch interpretiert, d.h. die Werte der lokalen Variablen werden durch die Testdaten und die interpretierten Anweisungen bestimmt, wobei die symbolische Interpretation von Feldern, Strukturen, Zeigern usw. nur - wenn überhaupt - sehr eingeschränkt möglich ist. Bei den Pfadverzweigungen werden die jeweils gültigen Bedingungen in dem Pfadprädikat vermerkt. Das Pfadprädikat beschreibt alle Bedingungen konjunktiv verknüpft, welche für die Testdaten für diesen Pfad einzuhalten sind.

Die Tabelle 2 enthält den zu interpretierenden Programmpfad (in Fettdruck), die jeweiligen symbolischen Werte der Variablen (in Großbuchstaben), die externen Aufrufe mit den symbolischen Parameterwerten und den jeweiligen Pfadprädikaten. Nach Interpretation der Programmteile des Teilpfades {main s} -> {P1 s} -> {P11} ergibt sich das Prädikat: (X>Y) & (ABS(X+23) MOD 2=0). Sämtliche Werte der Integrationstestdaten (x,y), die dieses Pfadprädikat erfüllen, bewirken die Ausführung des Teilpfades.

Programmstück	x	y	a	b	c	Aufruf	Pfadprädikat
`MODULE main;`							
`FROM M1 IMPORT P1,P2,P3;`							
`VAR a,b,c,x,y : INTEGER;`							
`BEGIN`							-
`read (x,y);`	X	Y					
`a:=x+10;`			X+10				
`IF x>y`							
`THEN b:=a+10;`				X+10+10			X>Y
P1(b)						P1(X+20)	
`ELSE b:=a-10;`							
P2(b)							
`END;`							
`c:=b+a;`					2X+30		
`P3(c,x)`						P3(2X+30,X)	
`END main.`							

Programmstück	p	a	Aufruf	Pfadprädikat
`PROCEDURE P1`				X>Y
`(p:INTEGER);`	X+20			
`VAR a:INTEGER;`				
`BEGIN`				
`a:=p+3;`		X+20+3		
`IF (ABS(a) MOD 2=0)`				
`THEN P11(a)`			P11(X+23)	ABS(X+23) MOD 2=0
`END;`				
`END P1;`				

Tabelle 2: Symbolisch interpretierter Programmpfad im Modul main und der Prozedur P1

Der komplette Programmpfad ist symbolisch zu interpretieren, um die gewünschten Integrationstestdaten zu erhalten. Danach ist das Programm mit diesen Daten auszuführen und eine Auswertung der Testläufe vorzunehmen, um zu entscheiden, ob ein Fehler vorliegt. Bei umfangreichen Prädikaten kann es vorkommen, daß sich widersprechende Teilprädikate ermittelt werden. Es gibt dann keine Integrationstestdaten, die diesen Pfad zur Ausführung bringen. Diese fehlerhafte Abfolge von Aufrufen kann in diesen Fällen nicht vorkommen.

2.3. Spezielle Probleme

Bei Prozeduren, die sich auf unterschiedliche Objekte beziehen, die durch die Parameter bestimmt werden, ist die Einbeziehung und Unterscheidung der Prozeduraufrufe nach diesen Objekten unabdingbar für den kontrollflußbasierten Integrationstest (z.B. bei Prozeduren zur Dateiverwaltung, bei denen die zu bearbeitende Datei über einen Parameter angegeben wird). Datenflußuntersuchungen sind nötig, um festzustellen welche Prozeduraufrufe sich auf welche Objekte beziehen. Nur die Aufrufreihenfolgen, die sich jeweils auf ein Objekt beziehen, müssen getestet werden.

Oft wird die Kommunikation über globale Variablen realisiert. Ein Test der Verwendung der globalen Variablen kann erst bei der Integration der beteiligten Systemteile erfolgen. Dieser Aspekt ist bisher unberücksichtigt geblieben. Globale Variablen haben aber meist einen Einfluß auf den weiteren Programmablauf. Folgende Erweiterungen sind nötig: Beim Modultest sind neben den Parameterwerten der Stellvertreter auch die Werte der globalen Variablen beim Aufruf der Stellvertreter zu vermerken. Gibt es zu einer Aufrufstelle unterschiedliche Verwendungen einer globalen Variablen auf unterschiedlichen Pfaden, so sind diese Pfade beim Integrationstest zu berücksichtigen. Dies bedeutet, daß es Pfade geben kann, die sich nicht in den jeweiligen Prozeduraufrufen sondern in der Verwendung der globalen Variablen unterscheiden. Hierzu ist eine Datenflußanalyse der globalen Variablen durchzuführen und die Pfadangaben müssen erweitert werden. Die Anzahl der zu untersuchenden

Pfade durch ein Programm nimmt je nach Anzahl und Verwendung der globalen Variablen zu. Auf globale Variablen sollte verzichtet werden, da der Testaufwand sich erheblich erhöht.

3. Datenflußbasierter Integrationstest

An einem weiteren Verfahren soll das prinzipielle Vorgehen beim Integrationstest kurz beschrieben werden. Grundlage für den datenflußbasierten Integrationstest sind Modultestverfahren, die den Datenfluß analysieren. Die datenflußbezogenen Testmethoden sind in der Lage, folgende Anomalien oder Fehler im Datenfluß aufzuzeigen:

- das Lesen einer Variablen ohne gültigen Wert (*undefined reference*) und
- das fehlende Lesen einer Variablen mit gültigem Wert (*dead definition*).

undefined reference	dead definitions	

`VAR x : INT;`
`BEGIN y:=x;`
`...`
	`...`
	`x:=x+4;`
	`x:=y;`
	`...`
		`VAR x:INT;`
		`BEGIN ...`
		`   x:=0;`
		`END;`

x wird gelesen, ohne vorher eine Wert erhalten zu haben	der Wert x+4 wird nicht verwendet	die letzte Definition von x wird ohne Verwendung ungültig

Beispiel 2: Datenflußanomalien

Drei Arten der Verwendungen von Variablen werden unterschieden:

- die Definition einer Variablen (Variable steht auf der linken Seite einer Zuweisung, *definition -d*),
- die lesende Verwendung einer Variablen (*reference - r*) und
- es wird unterschieden, ob der Wert einer Variablen ungültig ist oder wird (*undefinition - u*).

Wird bei Ausführung eines Programmstücks eine Variable mit einem undefinierten Wert gelesen (Reihenfolge der Verwendung: *ur*) oder wird ein Wert einer Variablen nicht verwendet (*dd* oder *du*), liegt eine Datenflußanomalie vor. Werden im Modul externe Prozeduren aufgerufen, kann die Untersuchung beim Modultest nicht weiter durchgeführt werden; dies ist Aufgabe des Integrationstests. Das Vorgehen wird im folgenden beschrieben.

3.1. Benötigte Informationen vom Modultest

Aus dem Modul, das den Aufruf der externen Prozedur enthält, werden Informationen über die Verwendungen der aktuellen Parameter direkt vor und nach dem Aufruf benötig. Aus dem Modul, das die Prozedur zur Verfügung stellt, sind Informationen über die Verwendung der formalen Parameter nach Prozedureintritt und vor der Rückkehr zum Aufrufer bereitzustellen. Diese Informationen können in folgender Schreibweise dargestellt werden:

u | d | r	Parameterwert ist undefiniert, hat definierten Wert oder wird lesend verwendet
{P(i) c}	Aufrufstelle (*call*) der Prozedur P bezüglich des i-ten Parameters
{P(i) s}	Start der Prozedur P bezüglich des i-ten Parameters
{P(i) t}	Terminierung der Prozedur P bezüglich des i-ten Parameters
->	die betreffende Verwendung des Parameters ist auf (mindestens) einem Pfad gegeben
-»	die betreffende Verwendung des Parameters wird stets ausgeführt, es gibt keine Alternative.

Die Pfadbeschreibungen für die Parameter der Prozedur P setzen sich wie folgt zusammen:
aus dem Modul, das P aufruft:

u | d | r ->|-» {P(i) c}	Verwendung des i-ten aktuellen Parameters vor dem Aufruf
{P(i) c} ->|-» u | d | r	Verwendung des i-ten aktuellen Parameters nach dem Aufruf

aus dem Modul, das P zur Verfügung stellt:

{P(i) s} ->|-» u | d | r	Verwendung des i-ten formalen Parameters nach dem Start
u | d | r ->|-» {P(i) t}	Verwendung des i-ten formalen Parameters vor der Terminierung.

In Analogie zum kontrollflußbasierten Verfahren sind alle möglichen Kombinationen von unterschiedlichen Parameterverwendungen auf den Pfaden zu den Aufrufstellen, innerhalb der Prozedur und nach dem Aufruf zu berücksichtigen.

```
...                                 PROCEDURE P1(VAR x:INTEGER);
VAR i:INTEGER;                      VAR y:INTEGER;
BEGIN                               BEGIN
   IF k=10                            read (y);
   THEN i:=k                           IF y>10
   END;                                THEN y:=x
  P1(i);                               ELSE x:=10
   ...                                 END; ...
```

Parameterverwendungen vor dem Aufruf und in der aufgerufenen Prozedur

d -> {P1(1) c}	{P1(1) s} -> r
u -> {P1(1) c}	{P1(1) s} -> d

Kombinationen der unterschiedlichen Möglichkeiten und die festgestellten Anomalien

d -> {P1(1) c} = {P1(1) s} -> r	korrekte Verwendung
d -> {P1(1) c} = {P1(1) s} -> **d**	**Nichtverwendung eines übergebenen Wertes**
u -> {P1(1) c} = {P1(1) s} -> **r**	**ein undefinierter Wert wird gelesen**
u -> {P1(1) c} = {P1(1) s} -> d	keine Anomalie erkennbar

Beispiel 3: Kombinationen der unterschiedlichen Parameterverwendungen

Im Beispiel wird die Schnittstelle zwischen dem Prozeduraufruf und dem Start der Prozedur untersucht. Die Parameterverwendungen an der Schnittstelle zwischen der Terminierung der Prozedur und der Rückkehr zum Aufrufer müssen auch überprüft werden. Die Untersuchungen sind für jeden Parameter einer Prozedur an jeder möglichen Aufrufstelle durchzuführen. Im Gegensatz zum kontrollflußbasierten Integrationstest, der das Gesamtsystem oder Teile davon prüft, bezieht sich der datenflußbasierte Integrationstest eher auf eine einzelne Schnittstelle.

Oft werden die statisch ermittelten Anomaliehinweise bereits ausreichen, um mögliche Fehler an der Schnittstelle zu korrigieren, und auf eine Ausführung der Schnittstelle kann verzichtet werden.

3.2. Dynamische Ausführung

Beim dynamischen Integrationstest kann eine Beschränkung auf anomale Verwendungen der Parameter vorgenommen werden. Auch hier wird auf die Testdaten des durchgeführten Modultests zurückgegriffen. Im Vergleich zum Vorgehen beim kontrollflußbasierten Test werden erheblich mehr Informationen benötigt. Bei einem externen Aufruf reicht es nicht mehr aus, nur Modultestdaten zur Verfügung zu stellen, die diesen Aufruf zur Ausführung bringen, sondern für jeden Pfad zu und von einem Prozeduraufruf, der eine Parameterverwendung beinhaltet, müssen die jeweiligen Modultestdaten bekannt sein. Entsprechendes gilt für die Verwendungen der formalen Parameter beim Start und der Terminierung einer externen Prozedur.

Die konkrete Ermittlung der Integrationstestdaten erfolgt analog zum Vorgehen beim kontrollflußbasierten Integrationstest. Sind die entsprechenden Testdaten nicht zu ermitteln, muß der Programmpfad symbolisch interpretiert werden. Dadurch lassen sich weitere Testdaten bestimmen oder der Nachweis wird erbracht, daß die geforderte Kombination der Pfade nicht ausführbar ist.

3.3. Spezielle Probleme

Wird ein Wertparameter übergeben, kann die Datenflußanalyse bereits auf Modulebene durchgeführt werden. Wird ein übergebener Parameter nicht in der aufgerufenen Prozedur verwendet, sondern an eine andere externe Prozedur weitergereicht, ist diese Prozedurschnittstelle in die Untersuchung mit einzubeziehen.

Sind globale Variablen vorhanden, erhöht sich der Testaufwand. Die globalen Variablen werden wie weitere Werte in den Parameterlisten behandelt, d.h. bei jedem Aufruf und jeder Rückkehr von einer externen Prozedur müssen die unterschiedlichen Verwendungen der globalen Variablen untersucht werden, sofern sie in der gerufenen Prozedur verwendet werden.

Zeiger, Strukturen und Felder als Parameter erhöhen den Untersuchungsaufwand. Bei Zeigern ist ein schrittweises Vorgehen erforderlich. Die korrekte Verwendungen des Zeigers und der Variablen auf den der Zeiger verweist, sind unabhängig voneinander zu überprüfen. Werden Strukturen als Parameter übergeben, muß die Untersuchung für die Gesamtstruktur und für jedes einzelne Strukturelement durchgeführt werden. Bei einzelnen Feldelementen muß ermittelt werden, welche Elemente in den jeweiligen Programmteilen verwendet werden; dies ist allerdings sehr schwierig, da die symbolische Interpretation von Indizes meist zu keinen konkreten Angaben führt. Weitere Überlegungen zur Lösung dieser Probleme sind nötig.

Ausführliche Erläuterungen zu den beiden Verfahren und Ansätze zum wert- und funktionsbezogenen Integrationstest sind in [13] beschrieben.

4. Zusammenfassung

Die beiden vorgestellten Integrationstestmethoden haben den großen Vorteil, daß die Testfälle auf statisch festgestellte Anomalien beschränkt werden können. Bei anderen Methoden zum Integrationstest ist dies leider nicht möglich. Durch diese Einschränkung verringert sich der Testaufwand und die Wahrscheinlichkeit steigt, Fehler aufzuzeigen, wie sie im Zitat von Nagl beschrieben sind.

Ein weiterer Vorteil des Vorgehens ist die konkrete Unterstützung bei der Ermittlung der Integrationstestdaten. Die beschriebene Übernahme von Modultestdaten ist allerdings oft nicht trivial. Formale Verfahren zur Ermittlung der Testdaten müssen entwickelt werden. Aus den Schwierigkeiten bei der Ermittlung von Integrationstestdaten ergeben sich die beschriebenen Anforderungen an die Durchführung des Modultests. Eine anscheinende Verlagerung der Probleme des Integrationstests auf den Modultest findet aber nicht statt. Die benötigten Informationen aus der Durchführung des Modultests werden dort bereits benötigt und können somit auch für den Integrationstest zur Verfügung stehen. Nach einem umfangreich durchgeführten Modultest ist der Integrationstest durch die Vielzahl der bereitgestellten Informationen relativ leicht durchzuführen.

Neben den Anforderungen an den Modultest ergeben sich Anforderungen an die Strukturierung des Systems. Je einfacher die einzelnen Schnittstellen und die Architektur des Systems realisiert sind, je leichter ist der Integrationstest durchzuführen. Zeit, die beim Entwurf eines gut strukturierten Systems *verloren geht*, wird beim Integrationstest wieder eingeholt.

Eine Werkzeugunterstützung zur Durchführung des Integrationstests ist unabdingbare Voraussetzung zur Bearbeitung der großen Informationsmengen und zum strukturierten Vorgehen bei der Durchführung der Integrationstests. In einem Projekt an der Universität Bremen ([2]) wurde neben den Entwicklungen von Integrationstestmethoden auch ein Werkzeug zur Unterstützung der statischen Methoden prototypisch realisiert ([14]). Bisher wird das Werkzeug im universitären Bereich eingesetzt.

Danksagung

Karin Vosseberg, Peter Liggesmeyer und Jens Herrmann möchte ich für viele hilfreiche Kommentare zu einer vorläufigen Version dieser Arbeit danken.

Literatur

1. Beizer, B.: Software System Testing and Quality Assurance. Van Nostrand Reinhold Company, New York, 1984, 358 S.
2. Franck, R.; Spillner, A.; Herrmann, J.: *Methods and Tools for Testing-in-the-Large*. In Hall, P.A.V. (ed): SE 90 - the British Software Engineering Conference, Brighton, England, Cambridge University Press, 1990, S. 209-222
3. Harrold, M.J.; Soffa, M.L.: *Interprocedural Data Flow Testing*. In: Kemmerer, R.A. (ed): *Proceedings of the ACM SIGSOFT'89 - 3rd Symposium on Software Testing, Analysis, and Verification (TAV 3)*. Key West, Florida, 1989, S. 158-167
4. Jorgensen, P.C.: MM-Paths: *A White-Box Approach to Software Integration Testing*. 3rd Annual Phoenix Conference on Computers and Communications, Proceedings, Phoenix, AZ, USA, 1984, S. 181-185
5. Leung, H.K.N.; White, L.J.: *A Study of Integration Testing and Regression Testing*. Technical Report TR 89-21, Department of Computer Science, The University of Alberta, Edmonton, Alberta, Canada, 1989, 25 S.
6. Liggesmeyer, P.: *Modultest und Modulverifikation - State of the Art*. Angewandte Informatik, Band 4, BI-Wissenschaftsverlag, Mannheim, Wien, Zürich, 1990, 321 S.
7. Linnenkugel, U.; Müllerburg, M.: *Test Data Selection Criteria for (Software) Integration Testing*. Proceedings of the 1st International Conference on Systems Integration, IEEE, 1990
8. Myers, G.J.: *The Art of Software Testing*. John Wiley & Sons, New York, 1979, 177 S.
9. Nagl, M.: *Softwaretechnik: Methodisches Programmieren im Großen*. Springer Compass, Springer Verlag, Berlin, 1990, 388 S.
10. Olender, K.M.; Osterweil, L.J.: *Specification and Static Evaluation of Sequencing Constraints in Software*. In: Clarke, L.A. (ed): *Proc.: Workshop on Software Testing*. Banff, Canada, 15.-17. July 1986, IEEE Computer Society, 1986, S. 14-22
11. Parnas, D.L.: *On the Criteria to be used in Decomposing Systems into Modules*. Communications of the ACM, Vol. 15, No. 12, 1972, S. 1053-1058
12. Parnas, D.L.; Clements, P.C.; Weiss, D.M.: *The Modular Structure of Complex Systems*. IEEE Transactions on Software Engineering, Vol. SE-11, No. 3, 1985, S. 259-266
13. Spillner, A.: *Dynamischer Integrationstest modularer Softwaresysteme*. Dissertation, Fachbereich Mathematik/Informatik, Universität Bremen, 1991, 120 S.
14. Spillner, A.: *Der Integrationstest als Maßnahme zur Qualitätssicherung modularer Softwaresysteme*. In W. Zorn, K. Bender (Hrsg.): TOOL'91, 2. Internationale Fachmesse und Kongreß für Software- und Datenbank-Management, 26.-28. November 1991, Karlsruhe, VDE-Verlag GmbH, Berlin, Offenbach, S. 281-290
15. Woodward, M.R.; Hedley, D.; Hennell, M.A.: *Experience with Path Analysis and Testing of Programs*. IEEE Transaction on Software Engineering, Vol SE-6, No 3, May 1980, S. 278-286

Abnahmetest großer Systeme - Methoden, Organisation und Werkzeuge

Klaus Hauptmann
Diplom-Mathematiker, Software-Ingenieur
Geschäftsstelle Telematik
Danet GmbH
Otto-Röhm-Strasse 71
6100 Darmstadt

1. Einleitung

Innovative Mobilfunknetze bestehen nicht nur aus hochentwickelter Funktechnik, sondern auch aus einer Vielzahl kommunizierender Computer samt Software (siehe z.B. /Mann91/). Ein Arbeitsfeld der Danet GmbH aus Darmstadt ist der Abnahmetest solcher Systeme. Die Erfahrungen in diesem Projekt und mit dem Test von OSI-Kommunikationssystemen bilden den Hintergrund für die folgenden Überlegungen. Aufgrund der Vertraulichkeit dieser Projekte können hier keine konkreten Einzelheiten dargestellt werden. Die Beispiele und Begriffe sind bewußt allgemein gewählt.

2. Wozu dient ein Abnahmetest ?

Der Abnahmetest, auch kurz Abnahme genannt, ist ein wichtiger Schritt im Lebenszyklus eines SW-Projekts. Der Auftraggeber legt eine Spezifikation fest und dann realisiert der Auftragnehmer das gewünschte SW-System. Nach der Fertigstellung wird es dem Auftraggeber zur Abnahme vorgelegt. Dieser kann dann prüfen, ob das gelieferte System der Spezifikation und seinen Wünschen entspricht. Manchmal werden auch innerhalb einer Firma Abnahmetests durchgeführt, etwa wenn unabhängige Teilsysteme von anderen Abteilungen realisiert werden.

Der Abnahmetest erfolgt grundsätzlich aus Benutzersicht, d.h. der Code liegt nicht vor, er wird nicht inspiziert und liefert auch keine Grundlage für Testüberdeckungsmaße. Von den Auftragnehmern wird erwartet, daß sie ihre SW-Entwicklung nach modernsten Methoden betreiben, einschließlich Code-Reviews, Unit-, Integrations- und Systemtests.

Drei Ziele bestimmen die Durchführung eines Abnahmetests:

- Fehler aufdecken
- Vollständigkeit der Lieferung überprüfen
- Exemplarisches Überprüfen der Korrektheit

Wichtigstes Ziel des Abnahmetests ist das Finden möglichst vieler Fehler, damit diese Fehler noch vor der Inbetriebnahme behoben werden können und so den ordnungsgemäßen Betrieb nicht stören. Darüberhinaus wird durch den Abnahmetest sichergestellt, daß die geforderten Funktionalitäten vollständig geliefert wurden.

Eine exemplarische Prüfung der Korrektheit der Implementierung ist ebenfalls möglich, dagegen ist eine Prüfung auf vollständige Korrektheit unmöglich. Dies dürfte den meisten Testern bekannt sein, mehr hierzu in /Myers82/.

Daraus ergibt sich, daß nur der Testlauf erfolgreich ist, der einen Fehler findet. Aus kommerzieller Sicht ist dagegen ein Abnahmetest erfolgreich, der nur wenige Fehler aufdeckt. So ist es das gemeinsame Ziel der Auftragnehmer und der Auftraggeber den Abnahmetest schnell und mit wenig Fehlern abzuschliessen. Der Auftragnehmer bekommt sein Geld erst nach einem im kommerziellen Sinn erfolgreichen Abnahmetest und der Auftraggeber möchte den Abnahmetest schnell abschließen, um möglichst schnell den Betrieb aufnehmen zu können.

Dieser Widerspruch zwischen der technischen Notwendigkeit einen Fehler als Erfolg zu sehen, und der kommerziellen Notwendigkeit einen Fehler als Behinderung zu sehen, stellt besondere Anforderungen an das für den Abnahmetest verantwortliche Management.

Die Resultate eines Tests hängen in erheblichen Maße von der Motivation der Mitarbeiterinnen und Mitarbeiter ab, die den Test durchführen.

3. Abnahmetest eines großen Systems

Es läßt sich mit Sicherheit trefflich darüber streiten, ab wann ein SW-System groß oder komplex zu nennen ist. Anhaltspunkte könnten etwa die Seitenzahl der Spezifikation, die Anzahl der verschiedenen Bildschirmmasken oder der Realisierungsaufwand in Mitarbeitermonaten sein.

Wenn sich mehr als zwei Mitarbeiter zwei oder mehr Monate ausschließlich mit dem Abnahmetest beschäftigen, lohnt es sich meiner Erfahrung nach genauer über die Organisation des Abnahmetests und sinnvolle Methoden nachzudenken. In einigen Projekten sind mehr als 20 Mitarbeiter mehrere Monate mit dem Abnahmetest beschäftigt. In diesen Projekten ist eine explizite Planung des Abnahmetests unerläßlich.

4. Vorbereitungsphase

Zur Vorbereitung der Testdurchführung werden zwei Dokumente erstellt. Die Testspezifikation beschreibt die Ziele, die mit dem Abnahmetest erreicht werden sollen, der Testplan wird hieraus entwickelt und beschreibt mögliche Wege zur Erreichung dieser Ziele.

Die Funktionale Spezifikation des zu prüfenden Systems ist auch das Referenzdokument für den Abnahmetest. So ist beispielsweise eine Abweichung des realisierten Systems von der Funktionalen Spezifikation ein Fehler.

In der Vorbereitungsphase arbeitet sich ein Teil des Testteams in die Funktionale Spezifikation ein und erwirbt auf diesem Weg Know-How über die künftige Anwendung. Dabei werden nebenbei Fehler und Unklarheiten in der Funktionalen Spezifikation erkannt, da nun neue Mitarbeiter die Funktionale Spezifikation zum ersten Mal lesen. Die Autoren der Spezifikation und die Mitarbeiter, die das System realisieren sollen, haben zumeist schon mehrere Versionen der Funktionalen Spezifikation gelesen und übersehen daher manchmal auch offensichtliches. Leider stellt sich diese Form der Betriebsblindheit auch bei den Testmitarbeitern ein, sobald sie sich längere Zeit mit dem System beschäftigen. Sofern es der Zeit- und Kostenplan erlaubt, kann zu diesem Zeitpunkt auch ein richtiger Review der Funktionalen Spezifikation durchgeführt werden. Aus Sicht des Gesamtprojekts liegt aber der Zeitpunkt hierfür zu spät.

4.1 Testspezifikation

Neben der Einarbeitung ist die Testspezifikation zu erstellen. In dieser wird spezifiziert, was getestet werden soll. Sie enthält drei Dinge:

- **Gutfälle**
- **Testideen**
- **Geschäftsvorfälle**

Ein **Gutfall** beschreibt zusammenfassend eine Funktion des Systems, er entspricht damit zumeist einer Kapitelüberschrift der Funktionalen Spezifikation. Wenn zum Beispiel eine Robotersteuerung zu testen ist, die auch das Heben und Senken des Roboterarms als Funktion enthält, so ist

```
Heben des Roboterarms
```

ein typischer Gutfall. Die Gutfälle können durch systematisches Durchgehen der Funktionalen Spezifikation ohne großes Nachdenken gewonnen werden. Ihr Sinn besteht darin sicherzustellen, daß in dem gelieferten System alle Funktionen getestet werden, daß also überhaupt alle Funktionen geliefert wurden.

Eine **Testidee** ist dagegen schon anspruchsvoller. Es gibt natürlich keine klaren Regeln, was eine gute Testidee ist. Im Prinzip ist alles erlaubt. Ziel ist es natürlich, mit der Realisierung der Testidee möglichst viele Fehler mit möglichst geringem Aufwand zu finden. Für das Roboterbeispiel wären mögliche Testideen:

```
Roboterarm zweimal heben
```

```
Roboterarm zehnmal heben
```

```
Roboterarm 100.000 mal heben
```

Einer Testidee liegt häufig ein vermuteter Fehler zu Grunde (error guessing), in diesem Beispiel etwa die Abnutzung. Klassische Methoden für das Finden von Testideen sind die Äquivalenzklassenbildung von Eingabedaten, Grenzwertbetrachtungen und Permutationen der möglichen Parameter.

```
Roboterarm in der Position oben erneut heben
```

```
Roboterarm in der Position unten erneut senken
```

Ein Hilfsmittel zur Entwicklung weiterer Testideen ist die gemeinsame Betrachtung mehrerer Funktionen, die inhaltlich zusammengehören können, aber nicht müssen.

```
Roboterarm heben und gleichzeitig Greifer öffnen
```

```
Roboterarm heben, während das Backup-Programm läuft
```

Geschäftsvorfälle versuchen dagegen die spätere Anwendung zu erahnen. In Szenarien werden typische Arbeitsabläufe beschrieben, weitgehend unabhängig von der Funktionalen Spezifikation. In manchen Projekten liegt eine Sammlung solcher Geschäftsvorfälle bereits als Ergebnis der Anforderungsanalyse vor. Es kommt auch vor, daß ein aus Anwendersicht wünschenswerter Ablauf nach der Funktionalen Spezifikation nicht möglich ist. Ein Beispiel:

```
Der Roboter baut ein Gehäuse zusammen. Ein Stromausfall
führt zu einer Unterbrechung. Nachdem wieder Strom zur
Verfügung steht, wird das Gehäuse fertiggestellt.
```

4.2 Testplan

Sobald die Testspezifikation beendet ist, kann ein Testplan erstellt werden. Der Testplan beschreibt, wie der Test durchgeführt werden kann. Dabei ist natürlich darauf zu achten, daß die Ziele für den Test, die in der Testspezifikation festgelegt wurden, durch den Testplan realisiert werden.

Sinnvollerweise wird der Testplan als eine Menge von möglichst abgeschlossenen und unabhängigen Testfällen organisiert, deren Bearbeitung idealerweise auch in etwa gleich lang dauern sollte. Dies erleichtert dann die spätere Testdurchführung, wenn etwa 200 Testfälle auf 20 Tester aufgeteilt werden müssen.

Der Testplan ist zusammen mit der Funktionalen Spezifikation die Arbeitsgrundlage für den Test. Ein Testfall ist also eine konkrete Anleitung für den Tester, welche Schritte er tun soll. Auch die nach der Funktionalen Spezifikation zu erwartende Reaktion des Systems auf eine Aktion des Testers, sollte in der Beschreibung eines Testfalls nicht fehlen. Wie detailliert ein Testfall beschrieben werden sollte, läßt sich schlecht verallgemeinern. Umso größer die Kenntnisse und Erfahrungen der Tester sind, umso allgemeiner kann die Beschreibung sein.

Allgemein:

```
Funktion XYZ aufrufen
```

Konkreter:

```
Im Datei-Menü den Punkt ABC auswählen und dann im
Untermenü den Punkt XYZ
```

Ganz konkret:

```
Drücken der folgenden Tasten Alt-D, A, Return, X, Return
```

Auch die Beschreibung der erwarteten Reaktion des Systems kann unterschiedlich detailliert sein.

Es dürfte klar sein, daß sich komplexere Testfälle, die etwa einen ganzen Geschäftsvorfall realisieren, nicht sinnvoll auf der Ebene von einzelnen Tastendrücken formulieren lassen. Aber je allgemeiner ein Testfall formuliert ist, umso subjektiver ist die Ausführung des Tests. Testablauf und Testergebnis hängen von der Person des Testers ab. Dies ist natürlich unerwünscht, andererseits ist es auch eine Chance neue Fehler zu finden, wenn derselbe Testfall von einem anderen Tester erneut ausgeführt wird. Auch hier muß man sich bewußt sein, daß nur der Testfall erfolgreich bearbeitet wurde, der einen Fehler entdeckt hat.

Eine bewährte, und von uns erfolgreich angewendete Methode zur detaillierten Beschreibung von Testfällen, ist TTCN (tree tabular combined notation), ein ISO-Standard, der sich besonders zum Test von verteilten Anwendungen eignet /ISO9646/.

Der Testplan ist also eine Sammlung von Testfällen, die in geeigneter Form beschrieben sind. Welche Form geeignet ist, hängt von dem zu testenden System und den sonstigen Projektumständen ab. Zusätzlich ist vermerkt, wenn Testfälle voneinander abhängen, z.B. in der zeitlichen Reihenfolge.

Auch der Bezug zu der Testspezifikation muß hergestellt werden. Am einfachsten ist es, wenn vor jedem Testfall eine kleine Einleitung steht, in der die Gutfälle, Testideen oder Geschäftsvorfälle wiederholt werden, die durch diesen Testfall realisiert werden sollen.

5. Planung des Abnahmetests

Die Hauptaufgabe in der Planungsphase ist die Aufwandsschätzung und die Aufteilung der Testfälle auf die Mitarbeiterinnen und Mitarbeiter. Hierzu sollte der Aufwand pro Testfall nach möglichst einheitlichen Kriterien geschätzt werden. Später dienen diese Schätzungen als Basis für Normierungen und Vorhersagen. ("Es dauert immer doppelt solange, wie geplant.")

Auch die Zusammenarbeit zwischen Kunde und Lieferant muß vorbereitet werden, insbesondere in Hinblick auf Fehlermeldungen und Fehlerkorrekturen.

6. Testdurchführung

Sobald der Test beginnt hat das Testteam das zu testende System vor sich, die Funktionale Spezifikation und den Testplan. Der größte Teil des Teams kann sich erst jetzt mit dem System vertraut machen, einfache Testfälle können dabei hilfreich sein. Wichtig ist es, den Testern genügend Zeit für freies Testen zu geben und sie zu ermuntern, nach Fehlern zu suchen. Stures Abarbeiten der Testfälle liefert weniger Fehler, stellt also den Erfolg des Abnahmetests in Frage.

6.1 Test interaktiver Programme

Die Tester sitzen an den Computern und benutzen das System ebenso wie die zukünftigen Benutzer. Alle Tasten sind erlaubt, alles wird beobachtet. Es liegt an der Kreativität und der Erfahrung der Tester und den vorbereiteten Testfällen, wie der Test verläuft. Natürlich spielt auch die Qualität und Stabilität des gelieferten Systems eine Rolle. Ist das System zu schlecht, kann das die Testmannschaft demotivieren ("Warum soll ich diesen Rechtschreibfehler melden, es funktioniert doch sowieso nichts.").

6.2 Test anderer Programme

Der Test von nicht interaktiven Programmen ist schwieriger und erfordert qualifiziertere Mitarbeiter. Relativ einfach zu testen sind hier Batch-Prozesse (Hintergrund-Programme), die aus einer oder mehreren Eingabedateien eine oder mehrere Ausgabedateien erzeugen. Hierzu müssen nur Eingabedateien erstellt und Ausgabedateien überprüft werden. UNIX oder andere Programmierer-freundliche Systeme mit Werkzeugen wie AWK, SCCS, und emacs sind hier eine große Hilfe.

6.3 Automatisierung interaktiver Tests

Besonders wünschenswert sind Tools zur Automatisierung interaktiver Tests. Diese ermöglichen es, den Test interaktiver Programme wie den Test anderer Programme durchzuführen. Die Eingaben bzw. Reaktionen des Benutzers liegen als Dateien vor, mit diesen können auch die interaktiven Tests exakt reproduziert werden.

Mit diesen Werkzeugen haben wir leider keine guten Erfahrungen machen können. Am sinnvollsten erscheint uns aus heutiger Sicht ein PC- oder Workstation basiertes System, das ein herkömmliches Terminal ersetzt. Für das zu testende System ist dann nicht sichtbar, daß die Eingaben durch ein Testwerkzeug erfolgen. Auch werden keine Ressourcen (CPU, Speicher) auf dem Zielsystem durch das Testwerkzeug verbraucht. Dadurch ist ein Einfluß des Testwerkzeugs auf den Testling ausgeschlossen. Ein solches Testwerkzeug könnte dann z.B. auch zur Eingabe von Massendaten verwendet werden.

Noch besser wäre ein Testwerkzeug, das viele Benutzer an vielen Terminals simulieren kann, etwa über einen X.25 Anschluß. Auch ein einfaches Aufzeichnen einer interaktiven Sitzung ist nützlich.

Ein weitere wichtige Anwendung solcher Testwerkzeuge ist die automatische Wiederholung interaktiver Tests für neu gelieferte Versionen des SW-Systems (Regressionstest).

6.4 Interne Schnittstellen

Die internen Schnittstellen des zu testenden Systems, etwa Dateien mit Zwischenergebnissen oder die Aufrufschnittstelle zwischen Modulen werden während eines Abnahmetests normalerweise nicht betrachtet. Manchmal kann dadurch jedoch der Test wesentlich vereinfacht oder gar erst ermöglicht werden, wenn etwa eine komplizierte und kaum zu überblickende Aktion in mehreren Teilschritten einfacher zu verstehen und zu testen ist. Andererseits besteht dann die Gefahr, daß Designfehler, die zu einer falschen Dekomposition führten, unentdeckt bleiben.

6.5 Externe Schnittstellen

Die externen Schnittstellen eines Programmsystems müssen selbstverständlich getestet werden. Die Benutzerschnittstelle gehört hierzu ebenso wie Eingabe- und Ausgabedateien. Für Eingabedateien ist es zumeist sinnvoll Generatoren zu erstellen, die es den Testern ermöglichen die gewünschten Daten interaktiv zu erfassen und im richtigen oder auch bewußt falschen Format abzulegen. Für Ausgabedateien sind Analysatoren sinnvoll, die zum einen die formale, syntaktische Korrektheit der Ausgaben überprüfen und diese in ein für die Tester lesbares Format bringen.

7. Management der Testphase

Es ist üblich die Software-Entwicklung mit Projekt-Management Methoden zu gestalten. Meilensteine, Teilaufgaben und Ressourcenplanung sind hierzu hilfreich. Für Planung und Verfolgung des Testablaufs können die definierten Testfälle des Testplans dienen.

Ein Testfall befindet sich zu jedem Zeitpunkt in einem von vier Zuständen:

- **offen**
- **"in Arbeit"**
- **blockiert**
- **fertig**

Ein Testfall wird **offen** genannt, wenn noch kein Tester an diesem Testfall gearbeitet hat. Sobald die Bearbeitung begonnen hat, ist er **"in Arbeit"**. **Fertig** ist ein Testfall, wenn kein Tester mehr an diesem Testfall arbeitet. Fertig bedeutet nicht, daß mit Hilfe dieses Testfalls keine Fehler gefunden wurden. Treten dagegen so schwere Fehler auf, daß die Arbeit an diesem Testfall nicht fortgesetzt werden kann, so ist der Testfall **blockiert**. Ein Beispiel hierfür ist das Fehlen von Zwischenergebnissen, die in den nachfolgenden Schritten des Testfalls weiterverarbeitet werden sollen.

Jeder Tester meldet nun täglich den aktuellen Status der von ihm bearbeiteten Testfälle und die dafür benötigte Zeit.

Aus diesen Angaben lassen sich dann mit von uns entwickelten Programmen Statistiken erstellen, die den aktuellen Testabdeckungsgrad wiedergeben und Projektionen über den vermutlichen, weiteren Testaufwand erzeugen.

Diese Unterlagen informieren auch das Management über den Ablauf des Abnahmetests.

8. Fehlerverfolgung

Die wichtigste Aufgabe des Abnahmetests ist das Auffinden von Fehlern. Daher ist der Umgang mit gefundenen Fehlern besonders gründlich zu planen. Wichtig ist die schriftliche Dokumentation aller Fehler und natürlich auch eine schnelle Weiterleitung der Fehlermeldung an den Auftragnehmer.

Mit einer systematischen Verwaltung der Fehler können verschiedene Fragen zuverlässig beantwortet werden, wie z.B.: Wann trat der Fehler auf? Wann wurde er gemeldet? Wann wurde er behoben? Auch statistische Auswertungen und Fehlerkurven können so gewonnen werden.

Für diese Verwaltung der Fehler bietet sich der Computereinsatz an, zusammen mit E-Mail-Programmen oder noch besser spezialisierten Fehlerverwaltungsprogrammen, die eine strukturierte, schriftliche Kommunikation ermöglichen. Mit jedem neuen Fehler beginnt eine Folge von Kommentaren von Mitarbeitern des Auftragnehmers und des Testteams zu diesem Fehler. Diese Arbeitsweise ermöglicht es, viele Probleme gleichzeitig zu bearbeiten und trotzdem einen optimalen Informationsfluß sicherzustellen.

Die schriftlich dokumentierte Diskussion ist besonders nützlich. Ein solches Fehlerverwaltungssystem ist ein Beispiel für "Groupware", oder Computer Supported Cooperative Work /CSCW91/.

Zusätzlich zu der Diskussion werden strukturierte Daten zu den Fehlern erfaßt, die die Basis für statistische Auswertungen bilden (Eingangsdatum, Erledigtdatum, Priorität, betroffene Funktion, Bearbeitungsaufwand und andere).

Um den Stand der Diskussion eines Fehlers zu sehen, ohne alle Kommentare zu diesem Fehler lesen zu müssen, ist es sinnvoll, einen Status eines Fehlers zu definieren. Diesem Konzept liegt die Erfahrung eines Ping-Pong-Spiels zwischen Auftraggeber (Kunde) und Auftragnehmer (Lieferant) zu Grunde. Der Kunde meldet einen Fehler, der Lieferant nimmt dazu Stellung, der Kunde erwidert etwas, der Lieferant gibt einen neuen Kommentar, der Kunde akzeptiert. Eine Statusänderung tritt immer durch eine Entscheidung des Kunden oder Lieferanten ein. Dieses schematische Modell der Interaktion zwischen Kunden und Lieferant kann natürlich nicht alles modellieren. Es entspricht aber dem Verlauf der Diskussion der meisten Fehler.

9. Zusammenfassung und Ausblick

Für die Vorbereitung eines aufwendigen Abnahmetests hat sich die Erstellung von Testspezifikationen mit Gutfällen, Testideen und Geschäftsvorfällen bewährt. Der nächste Schritt ist das Schreiben eines Testplans mit Testfällen.

Die Testdurchführung kann durch Programme zur Verfolgung des Teststatus (offen, "in Arbeit", blockiert, fertig) und zur Fehlerverwaltung wirkungsvoll unterstützt werden.

Eine zukünftige Weiterentwicklung dieser Programme führt zu einer Integration auf der Basis einer relationalen Datenbank. Dann werden auch graphische Auswertungen möglich sein, die den Testaufwand (Mitarbeitertage) der Anzahl der gefundenen Fehler gegenüberstellen.

Noch offen ist die Automatisierung interaktiver Tests. Hierzu werden weitere Produkte untersucht und auch eigene Konzepte entwickelt.

10. Literatur

/CSCW91/ Collaborative Computing. Titelthema der Communications of the ACM im Dezember 1991.

/ISO9646/ ISO/IEC JTC 1, SC 21 Information Retrieval, Transfer and Management for OSI: OSI Conformance Testing Methodology and Framework, Part 1: General Concepts

/Mann91/ A. Mann: Der GSM-Standard. In: Informatik-Spektrum, Juni 1991(14), Seite 137

/Myers82/ Glenford J. Myers: Methodisches Testen von Programmen. Oldenbourg-Verlag, München, Wien 1982.

Testen in der Wartungsphase
Erfahrungen im Bereich des Regressionstests

Hans-Jürgen Löx
GRZ Genossenschafts-Rechenzentrale Norddeutschland GmbH
Raiffeisenstraße 12, 3160 Lehrte, OT Ahlten

1. Einleitung

Im Lebenszyklus eines Produkts wird grob zwischen der (Erst-) Entwicklung und der Wartung des Produkts unterschieden. Dabei teilt sich die Phase Wartung, vereinfacht dargestellt[1], in die Phasen Weiterentwicklung und (akute) Fehlerbehebung.

Diese Tatsachen müssen auch beim Regressionstests (Wiederholungstest) berücksichtigt werden.

Je länger der Lebenszyklus eines Produkts ist, desto bedeutender ist der Regressionstest für dieses Produkt. Die Bedeutung des Wiederholungstests nimmt auch mit der Komplexität des Produkts zu.

Die Planung, Steuerung und Kontrolle der Tests erfolgt über das Testmanagement, welches in das vorhandene Projektmanagement integriert wird. Dazu gehört auch das Änderungs- und Problemmanagement. Die Ausprägung und die Intensität der Nutzung des Testmanagements variiert in den definierten Teststufen[2]. Hier sind pragmatische Lösungen gefragt.

2. Einsatz des Regressionstests

2.1. Ziele

Die wichtigsten Ziele, die beim Einsatz des Regressionstests erreicht werden sollen, sind:
- o Jederzeit Nachvollziehbarkeit der Tests
- o Jederzeit Wiederholbarkeit der Tests

Dies hat Auswirkungen auf
- o die Revisionsfähigkeit der Tests,
- o die Verringerung des Testaufwands,
- o die Steigerung der Qualität der Software.

2.2. Erstentwicklung

Auch bei der Erstentwicklung eines Produkts spielt der Regressionstest eine bedeutende Rolle. In der Entwicklungsphase werden nämlich die Grundsteine für die Testmöglichkeiten in den späteren Phasen gelegt. Dies trifft insbesondere auf die Dokumentation und die Automatisierung von Tests zu.

---

[1] An dieser Stelle gibt es in der Literatur weitere Differenzierungen; z.B. WAL90, S.203

[2] Bei der GRZ/GAD sind folgende Teststufen definiert: Programmtest, technischer Anwendungstest, fachlicher Anwendungstest (1 und 2) und Integrationstest. In der Literatur (u.a. SCHM83/S.147ff, SNE88/S.214ff/S.256ff, WAL90/S.190ff, LIG90/S.18f) gibt es diverse ähnliche und andere Darstellungen der Teststufen bzw. -phasen.

Der Aufwand für den Aufbau wiederholbarer Tests ist zunächst, d.h. in dieser Phase, höher als ein *konventioneller* Testaufwand wäre.

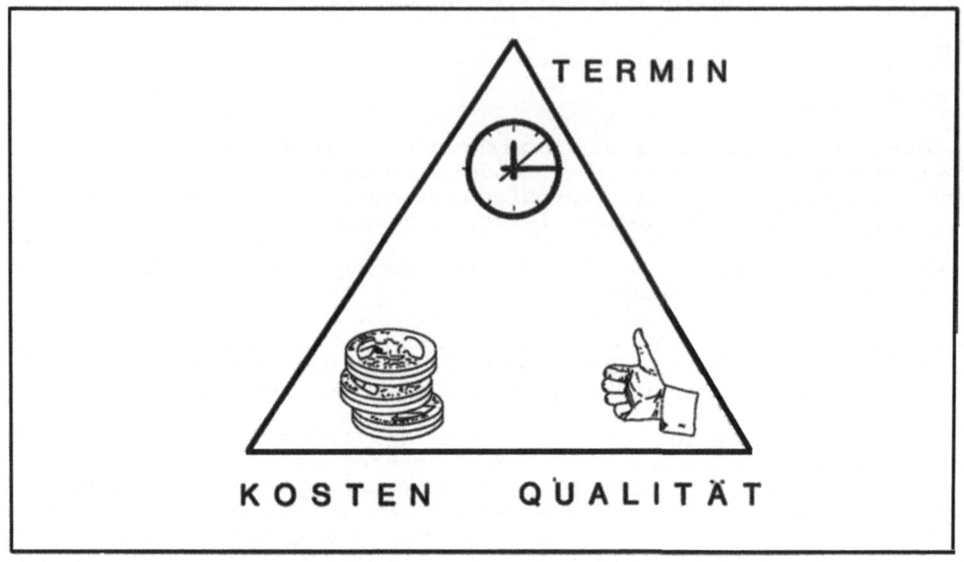

Bild 1: Möglicher Zielkonflikt - Termin, Kosten, Qualität

Eine oft unterschätzte (psychologische) Komponente ist die Akzeptanz auf allen betroffenen Ebenen.
Die Akzeptanz beim Tester ist unmittelbar abhängig von der vorhandenen Unterstützung (Methoden, Werkzeuge, Schulung, Beratung, ...). Den Betroffenen muß bewußt werden, daß Aktivitäten, die in dieser Phase in den Test gesteckt werden (z.B. Dokumentation, Aufbau wiederholbarer Testfälle, ...), in späteren Phasen zu einer Verringerung des Testaufwands führen. Das Bewußtsein allein genügt nicht, wenn diese Aufwände vom Management nicht mit eingeplant werden.

Der Aufwand für den Aufbau wiederholbarer Tests ist eine Investition in die Zukunft !

Gerade in dieser Phase werden die Zielkonflikte zwischen den Größen Termin, Qualität und Kosten deutlich (Bild 1).

Der Wiederholungstest kann in den verschiedenen Teststufen eingesetzt werden. In den fortgeschrittenen Testphasen[3] nimmt die Stabilität der Programme und der Umgebung (z.B. Datenstrukturen in Datenbanken) zu. Damit wird der Einsatz des Wiederholungstests effektiver als in dynamischen Umgebungen.

---

[3] Hier sind die Phasen oberhalb des Modul- bzw. Programmtests gemeint, z.B. der Integrationstest.

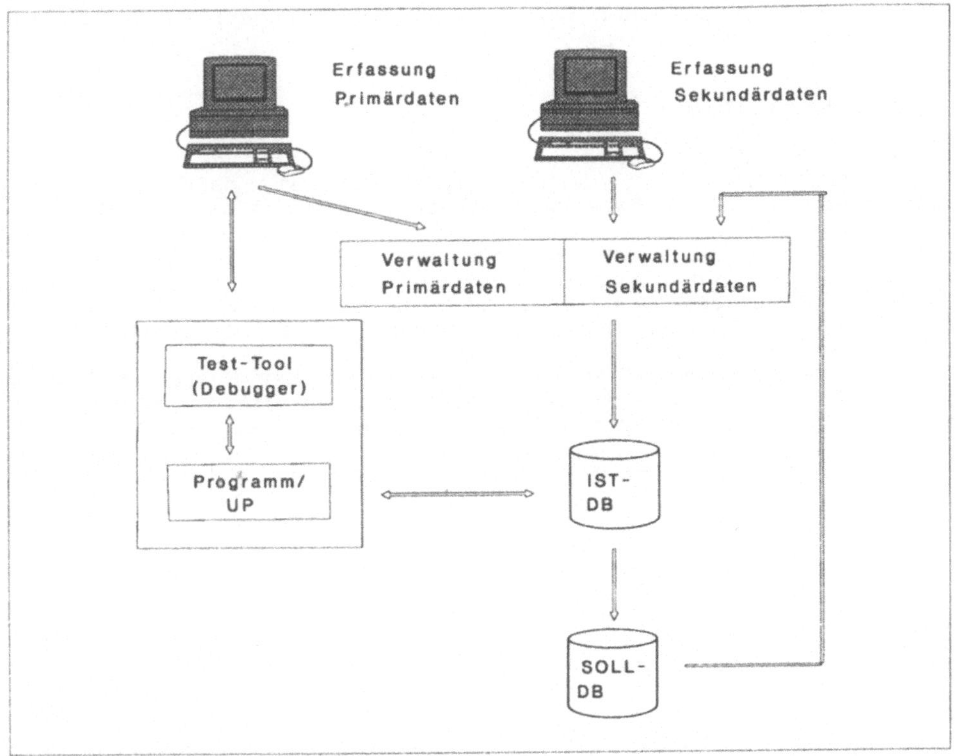

Bild 2: Vorbereitung des automatisierten Regressionstests

In Bild 2 wird dargestellt, wie ein Regressionstest vorbereitet wird. Zunächst werden die Sekundärdaten[4] in ein Verwaltungswerkzeug erfaßt. Danach werden diese Sekundärdaten in eine Datenbank geladen. Es folgt der Test, wobei die Primärdaten (hier: nur die Eingaben) in ein Verwaltungswerkzeug gespeichert werden. Der Test erfolgt unter Kontrolle eines Debuggers. Das Programm bzw. Unterprogramm kommuniziert mit den aktivierten Datenbanken (IST-Datenbank). Nach Beendigung des Tests werden die erzeugten Sekundärdaten, nach Prüfung auf Richtigkeit, als Soll-Ergebnis in das Verwaltungswerkzeug gebracht. Dieses ist eine vereinfachte Darstellung. Listen, Formulare, Dateien, ... usw. sind in der schematischen Darstellung nicht berücksichtigt. Die Verwaltung der Testdaten erfolgt weitgehend in einem neutralen Format. Die Testdaten sind im Verwaltungswerkzeug logisch gegliedert (Testobjekt, Testlauf, Testfall, Testdatenkombination).
Die eben beschriebene Vorgehensweise ist zur Zeit bei uns im Programmtest eingesetzt.

Je länger die Entwicklung des Produkts dauert, desto höher ist die Wahrscheinlichkeit, daß wiederholbare Tests, vor allem automatisch

4 Die Testdaten werden in Primär- und Sekundärdaten eingeteilt. Dabei werden Primärdaten bei Online-Programmen über den Bildschirm ein- und ausgegeben, bei Batch-Programmen als Parameter eingelesen. Die Sekundärdaten befinden sich vor allem in Datenbanken und Dateien.

wiederholbare Tests, schon in der Erstentwicklungsphase den gesamten Testaufwand verringern.

2.3. Weiterentwicklung

Bei der Weiterentwicklung eines Produkts empfiehlt es sich in Versionen bzw. Releasen zu denken. Dies bedeutet, daß immer ganze Programmpakete aus der Entwicklung/Test in die Produktion gehen.

In dieser Phase ist beim Test ein hoher Grad an automatisierter Testwiederholung anzustreben. Dies trifft vor allem auf den Test geänderter Funktionen zu. Aber auch nicht geänderte, vor allem betroffene, Funktionen müssen unter den neuen Systemumgebungen getestet werden.
Bei neuen Funktionen gelten die Vorgaben aus der Erstentwicklung, d.h. Testfälle müssen erstmals wieder manuell erfaßt werden, mit dem Ziel, diese später automatisiert zu wiederholen.

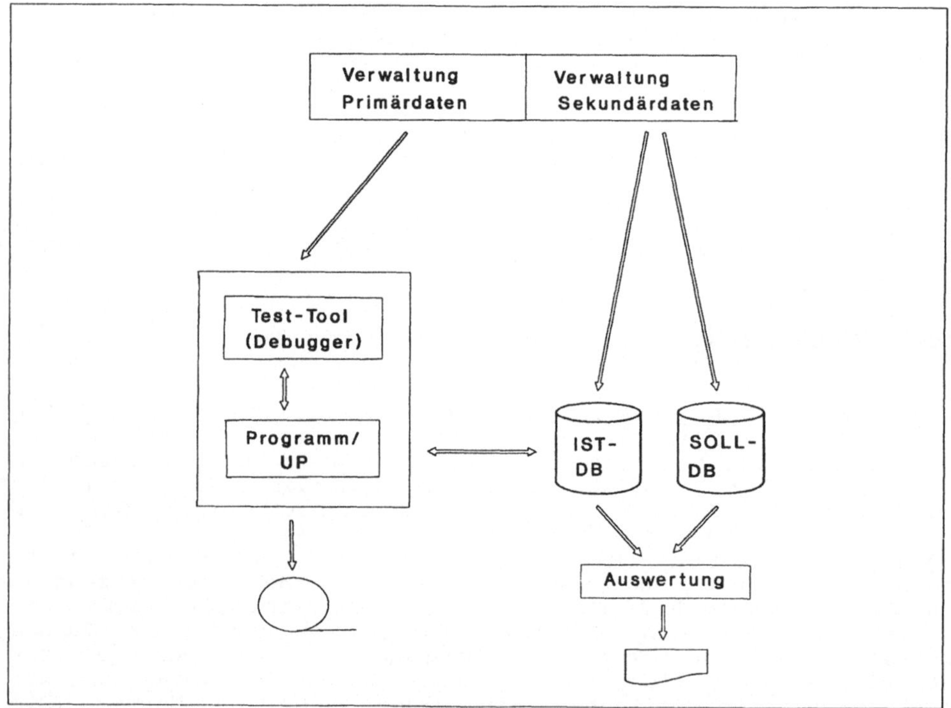

Bild 3: Ausführung des automatisierten Regressionstests

Die Ausführung des automatisierten Wiederholungstests wird schematisch[5] in Bild 3 beschrieben. Die automatisierten Wiederholungstests werden bislang im *Batch* ausgeführt.

---

5 Es wird auf eine detaillierte Darstellung der einzelnen eingesetzten Tools verzichtet. Dies würde hier den Rahmen sprengen bzw. zu spezifisch werden. Bei der Vorbereitung und Durchführung des automatisierten Regressionstest sind bei der GRZ/GAD folgende Tools eingesetzt: BCISIM (eigenes Produkt), BTS, Comparex, DataVantage, PRO-Utilites (DB2), Fileaid/TSO, SQS-TEST, XPEDITER,

Zunächst erfolgt die Versorgung der Sekundärdaten (Ist und Soll). Danach wird, gesteuert durch die Primärdaten, der Test durchgeführt. Die Ausgaben werden in Dateien gespeichert (keine Bildschirmausgaben). Nach Beendigung des Tests wird dieser ausgewertet. Dies erfolgt zum großen Teil maschinell (Datenbank-Vergleich), aber auch *manuell* (z.B. Listen, Formulare).
Die Steuerung des Regressionstests erfolgt über Test-Prozeduren. Diese sind flexibel änder- und ergänzbar. Daher stellt Bild 3 nur einen Teilausschnitt der vorhandenen Möglichkeiten dar.
Obige Vorgehensweise ist bei der GRZ/GAD im Programmtest im Einsatz.

2.4. Fehlerbehebung

Die Fehlerbehebung, vor allem in der Produktion, muß je nach Schwierigkeitsgrad des Fehlers, möglichst schnell durchgeführt werden. Dies bedeutet, daß hier ein hoher Zeitdruck vorhanden ist. Die Auswirkungen auf den Test sind offensichtlich. Es ist ein hoher Grad an automatischem Test anzustreben.
Idealerweise sind hier alle schon einmal durchgeführten Tests, die von dem Fehler direkt und indirekt betroffen sind, nochmals auszuführen.

2.5. Einführung des Regressionstests

Der Einsatz des Regressionstests, vor allem des automatisierten, erfordert eine sensible Einführungsstrategie.
Zunächst sind die Erwartungen der Betroffenen den realistischen Möglichkeiten entgegen zu stellen. Danach kann in einem Pilot-Projekt der Ersteinsatz erfolgen. Dort werden die Aufwände quantifiziert und der Nutzen ermittelt. Eine intensive methodische und werkzeugmäßige Betreuung ist notwendig, Schulungen müssen gehalten werden. Diese Zeiten sind anfangs nicht zu unterschätzen und entsprechend einzuplanen. Je nach Komplexität der Methoden und Werkzeuge muß entschieden werden, ob ein Masseneinsatz erfolgt, oder der Regressionstest von einer Gruppe von Spezialisten ausgeführt wird. Hier spielt vor allem auch das Profil des Testers eine Rolle (z.B. viel/wenig DV-Know-How).

2.6. Zusammenfassung

Der Wiederholungstest bei der GRZ/GAD erfolgt zur Zeit noch in hohem Maß manuell. Der automatisierte Regressionstest ist noch nicht in dem erwünschten Ausmaß eingesetzt und akzeptiert.

Die Gründe hierfür sind vielfältig. Allgemein kann man feststellen, daß der Einsatz des automatisierten Regressionstests unter anderem von folgenden Komponenten abhängt:

- o Aufwand
- o Zeit
- o Technische Unterstützung
- o Methodische Unterstützung
- o Erwartungen der Betroffenen
- o Stabilität / Variabilität des Produkts und der Testumgebung
- o Komplexität des Produkts
- o Beratung / Schulung
- o Einführungsstrategie

---

diverse eigene Utilities; das Ganze eingebunden in eine Benutzeroberfläche.

- o Teststufe
- o Know-How der Tester
- o Integration der Sekundärdaten beim Zusammenspiel mit den Primärdaten
- o Qualitätssicherung aus vorigen Phasen des Vorgehensmodells
- o Organisatorischen Regelungen

Zwischen obigen Komponenten gibt es zum Teil starke Überschneidungen und Abhängigkeiten. Diese Komponenten haben dann auch die entsprechende Auswirkung auf die Akzeptanz der Betroffenen.

Bewährt hat sich unsere Vorgehensweise bei der automatisierten Bereitstellung der Sekundärdaten bzw. beim automatisierten Test / Regressionstest von *Batch*-Programmen im Programmtest.

Die Regressionstests oberhalb der Stufe Programmtest werden zur Zeit vollständig manuell durchgeführt. Dieses zu beheben, wird unser nächstes Ziel sein.

Allgemein kann man feststellen, daß beim automatisierten Regressionstest noch lange nicht alles automatisch, sondern noch einiges manuell ausgeführt wird.

Zu bemängeln bleibt die noch nicht ausreichende Integration der Testwerkzeuge im gesamten *CASE*-Konzept. Dieses liegt daran, daß die Testwerkzeuge von verschiedenen Herstellern stammen und jeweils ihre Sicht des Tests kennen, jedoch nicht den globalen Anspruch der Integration, z.B. zu anderen Werkzeugen und Methoden, haben.
Viele Testwerkzeuge unterstützen den Wartungsfall nicht, insbesondere die Vorgehensweise in Releasen/Versionen. Dort sind nämlich unterschiedliche Test-Umgebungen zu definieren. Es ist jeweils ein mehr oder weniger hoher umgebungsspezifischer Anpassungsaufwand notwendig.
Der Einsatz der Werkzeuge muß gezielt und funktional erfolgen. Von einer breiten, unkoordinierten, Streuung ist abzuraten.

Eine Forderung von Testern ist die Generierung von Testfällen und Testdaten. Testfälle lassen sich, wenn überhaupt, nur unter hohem Aufwand generieren, da der Tester zunächst viel Know-How in ein entsprechendes Werkzeug stecken muß.
Die Generierung allgemein (z.B. von Testdaten) hängt von dem System[6], aus dem generiert werden soll, ab. Je formeller die Generierungsbasis (z.B. die Dokumentation in ***Repositories***) beschrieben ist, desto höher ist der Generierungsgrad. Hier entstehen dann auch die ersten Zielkonflikte. Es gilt die Dokumentation so zu schreiben, daß einerseits ein hoher Generierungsgrad erreicht wird, und, daß andererseits der Fachbereich diese Dokumentation lesen kann (z.B. zum Zweck der Qualitätssicherung). Damit stellt sich die Frage, aus welcher Ebene generiert werden soll (fachliche Spezifikation, technische Spezifikation, Pseudo-Code, ...).

Ein zentrales Problem beim Regressionstest ist die Bereitstellung der Sekundärdaten. Solange der Tester in seiner isolierten Testumgebung arbeitet, kann er dieses Problem mit gängigen Testwerkzeugen lösen. Sobald es jedoch Abhängigkeiten zu anderen Produktkomponenten gibt, die er nicht betreut, so wird das Testen schon komplexer. An dieser Stelle können dann noch organisatorische Maßnahmen greifen[7]. Ein komplexes System enthält jedoch

---

[6] D.h. von der dort eingesetzten formalen Sprache
[7] Z.B. Nummernkreise für die einzelnen Tester auf gemeinsam genutzte Datenbanken, damit ein koordinierter Test stattfinden kann.

starke Abhängigkeiten[8], die der Einzelne nicht mehr überblicken kann. Die Konsistenz der Testdaten muß jederzeit gewährleistet bleiben, damit integrative Tests[9] durchgeführt werden können. Zum Teil gibt es Produktkomponenten, die nicht der Nummernkreisverwaltung unterliegen können[10]. Auch diese Programme erwarten eine konsistente Datenbasis, die unter anderem durch unkontrolliertes Laden von abhängigen Sekundärdaten, zerstört werden kann.

Die Aussage *Wenn gekürzt wird, zuerst bei der Dokumentation, dann beim Test,* kann bestätigt und ergänzt werden um den Satz ... *und dann beim Regressionstest*.

Der Einsatz des automatisierten Regressionstests ist teststufenabhängig. Je weniger DV-Know-How die Tester haben, desto intensiver muß eine technische Unterstützung erfolgen. Gegebenenfalls sind hier organisatorische Maßnahmen notwendig, z.B. Tests durch eine eigene Spezialistengruppe durchführen zu lassen.

Der Einsatz des Testmanagements ist die institutionelle Voraussetzung für den erfolgreichen Einsatz des Tests bzw. Regressionstest. Diese Tatsache wird oft unterschätzt. Im Minimum ist eine Testplanung und eine Testabnahme notwendig.

3. Ausblick

Die Wiederverwendbarkeit von Software wird eine immer bedeutendere Rolle in der Softwareproduktion spielen. Dieses trifft auch auf die Wiederverwendung von Tests zu.

Stehen vordergründig reine Kostenaspekte im Mittelpunkt, so gilt es festzuhalten, daß die Qualität von Software, gerade im Hinblick auf die sich verschärfenden Gesetze in Richtung Produkthaftung bzw. im Hinblick auf die Erteilung von Testaten (Qualitätssiegel), immer mehr an Bedeutung gewinnt.

Der Aufwand in allen Phasen muß quantifiziert werden, damit zu gegebener Zeit der Nutzen bezüglich der Aufwandsverringerung (*break even point*) ermittelt werden kann.

Bei der Werkzeugunterstützung und der methodischen Unterstützung des Regressionstests müssen wir zukünftig eher den Mut zur 80%- statt zur 100%-Lösung haben. Dieses ist eine philosophische Frage für den Einzelnen, insbesondere für den Techniker, jedoch absolut nachvollziehbar unter wirtschaftlichen Aspekten.

Eine Integration obiger Unterstützungen in die gegebene *CASE*-Landschaft muß unbedingt gewährleistet werden, damit keine *stand alone* - Lösungen praktiziert werden.

Bei der Erarbeitung und Zusammensetzung von Methoden und Werkzeuge für den Einsatz des Regressionstest kann auch eine *bottom-up*-Vorgehensweise gewählt werden.
Dies bedeutet, daß bei der Erarbeitung einer Konzeption, darauf geachtet wird, was in der jeweiligen Umgebung möglich ist[11]. Dabei

---

[8] Z.B. Fremdschlüssel, Zähler, Datum, ...
[9] D.h. Tests, die die Integration von Teilkomponenten eines Produkts betreffen
[10] Z.B. die Nachverarbeitung, das Bestellwesen, das Controlling,...
[11] Sind die gewünschten Methoden/Tools im Haus / auf dem Markt vorhanden ? Lohnt sich eine Eigenentwicklung ? ... usw.

steht der funktionale Aspekt[12] im Vordergrund. Die Erarbeitung erfolgt mit den später Betroffenen.
Der *bottom-up*-Ansatz widerspricht oft dem Anspruch der absolut innovativen Vorgehensweise. Hier werden aber praktische, vor allem akzeptierte, Lösungen erarbeitet und es wird versucht, die vorhandene Kluft zwischen Theorie und Praxis zu überbrücken.

Eines der stärksten Argumente für eine objektorientierte Vorgehensweise ist die Wiederverwendbarkeit (RUM91). Es ist vorstellbar, daß diese Tatsache auch beim Test, speziell beim Regressionstest, ausgenutzt wird. Dabei ist auch der Test konventioneller Systeme (z.B. 3GL) gemeint. Hier ist also ein noch relativ weites und offenes Gebiet für zukünftige Aktivitäten vorhanden ...
Allerdings muß diese *black-box* mit Leben gefüllt werden, damit keine unerfüllbaren Erwartungen aufgebaut werden[13].

Literaturverzeichnis

/LIG90/
Liggesmeyer P.: Modultest und Modulverifikation "State of the Art", BI Wissenschaftsverlag 1990

/RUM91/
Rumbaugh J., Blaha M., Premerlani W., Eddy F., Lorensen W.: Object-Oriented Modeling and Design, Prentice-Hall 1991

/SCHM83/
Schmitz P., Bons H., van Megen R.: Software-Qualitätssicherung - Testen im Software-Lebenszyklus, Vieweg Verlag, 2.Auflage 1983

/SNE88/
Sneed H.M.: Software Qualitätssicherung, Rudolf Müller 1988

/WAL90/
Wallmüller E.: Software-Qualitätssicherung in der Praxis, Hanser 1990

[12] WAS soll erreicht werden ? NICHT: WIE soll dieses erreicht werden ?

[13] Hier sei auf die Lücke der allgemeinen Erwartungen an und der Leistungen von Expertensystemen hingewiesen ...

Testen paralleler Betriebssysteme

L. Eichler
Gesellschaft für Mathematik und Datenverarbeitung, GMD FIRST
Hardenbergplatz 2
W-1000 Berlin 12

1. Einführung

In diesem Aufsatz wird ein Weg aufgezeigt, Betriebssystemsoftware in Zukunft etwas besser testbar zu gestalten. Nach einer kurzen Einführung in die Problematik der Betriebssystementwicklung im Bereich massiv paralleler Systeme wird eine Strategie vorgeschlagen, für den Fall einer objektorientierten System(re-) implementierung mögliche, neue Wege zur Qualitätssicherung der entstehenden Software zu beschreiten. Auf der Grundlage des programmiersprachlichen Konzeptes der Vererbung sind die Software-Eigenschaften „Testbarkeit" sowie „Diagnostizierbarkeit" leichter zu erreichen als mit herkömmlichen Methoden.

Nach dem Abwägen offensichtlicher und scheinbarer Vor- und Nachteile des vorgestellten Modells wird der Übergang zur Praxis behandelt. Dies wird durch die übersichtsartige Beschreibung eines als Prototyp implementierten Diagnosesystems für Hardwarekomponenten erfolgen, dessen Struktur so gewählt wurde, daß das Testen von Systemsoftware damit prinzipiell möglich ist.

Den Abschluß bilden eine Anzahl offener Fragen sowie ein Resumeé, das auf Reaktion hofft.

2. Merkmale paralleler Betriebssysteme

Parallele Betriebssysteme, die in gewissem Maße als Nachfolger der verteilten Betriebssysteme angesehen werden können, verfügen über eine Reihe von Merkmalen und Eigenschaften, die sich eminent auf ihre Testbarkeit und Diagnostizierbarkeit auswirken:

- **Einsatzgebiet Parallelrechner**
  Dieses Arbeitsumfeld erzwingt den Einsatz umfassender Testwerkzeuge, da schon Systeme mit einigen 10 Knoten kaum noch manuell testbar sind. Die Erfahrung beispw. mit dem SUPRENUM System zeigt, daß Systeme mit 100 und mehr Knotenrechnern unbedingt automatische Testunterstützung benötigen. Tendenziell sollte hier bemerkt sein, daß heute entworfene Parallelrechner über tausende Rechenkomponenten verfügen sollen [4].
- **Genereller Einsatz von Mechanismen des entfernten Prozeduraufrufs**
  Auf Grund der Menge der eingesetzten Hardware ist eine komplette Vernetzung mit Hilfe physikalisch gemeinsamen Speichers nicht möglich, so daß an dessen Stelle generell entfernte Prozeduraufrufmechanismen (Remote Procedure Calls, RPC [10]) eingesetzt werden. Bei diesen erfolgt ein Prozeduraufruf nicht lokal sondern mit Hilfe des Versendens von Nachrichten an einen anderen Prozeß, der den eigentlichen Dienst erbring. Es gibt zwar eine Reihe von Methoden des Testens und Bewertens (Monitorings) solcher nachrichtenbasierter Systeme, die eigentliche Problematik liegt jedoch auch hier in der extremen Menge der anfallenden Daten.
- **Verwendung möglichst weniger TRAP-Schnittstellen**
  Traps dienen der Kombination eines Prozeduraufrufs mit einem Statuswechsel von niedrigeren Prozeßprivilegien zu höheren - in konventionellen Betriebssystemen sind Systemaufrufe (systemcalls) damit implementiert. Dieser Punkt verstärkt nur noch den vorherigen insofern, als sich Trap-Schnittstellen normalerweise einfacher beobachten lassen als RPC-Schnittstellen. Elemente wie Pro-

tokollfehler, Timeouts oder nicht mögliche Dienstauflösung entfallen bei Trap-gesteuerten Systemen im Normalfall.

- **Unterstützung moderner Konzepte**
  Moderne Programmierkonzepte erfordern auch im Betriebssystembereich immer wieder neue Konzepte. Virtually Shared Memory, Fehlertoleranzaspekte, Skalierbarkeit und objektorientierte Sichtweisen beeinflussen die Testbarkeit nicht unerheblich. Wie im folgenden kurz skizziert wird, kann jedoch gerade die Objektorientierung im Bereich der Betriebssystementwicklung entscheidend helfen, eine gesunde Basis für die Systemtestbarkeit zu schaffen.

2.1. Virtually Shared Memory

Der Einsatz des virtuell gemeinsamen Speichers (VSM, z.B. [3]) wird z.Zt. international als sinnvolle Möglichkeit angesehen, moderne, parallele Architekturen mit älteren Software-Entwurfsprinzipien zu kombinieren. Prinzip dieser Technik ist die Erhöhung der Ortsflexibilität der im gesamten (Arbeits- und Massen-) Speicher gehaltenen Daten. Damit ergibt sich jedoch auch ein bei komplexen Anwendungen erheblicher Suchaufwand nach einzelnen Datenobjekten, was sich negativ auf die Testbarkeit auswirkt. Demzufolge werden Testwerkzeuge Mechanismen zur Datenverfolgung erhalten müssen.

2.2. Fehlertoleranzaspekte

Die im Bereich der Betriebssystementwicklung eingesetzten Fehlertoleranzmechanismen [5] wie die Migration, die Rekonfiguration oder, beispw. in der PEACE-Systementwicklung, das dynamische Laden erhöhen deutlich verschiedene Leistungsparameter wie Verfügbarkeit, Auslastung und Zuverlässigkeit. Unangenehmerweise erzeugen sie, ähnlich dem VSM, eine nur minimale System-Determiniertheit.

Daraus können verschiedene Schlußfolgerungen gezogen werden: Einerseits kann eine Reproduzierbarkeit von Fehlern, die sich nicht auf eben diese Mechanismen beziehen, dadurch wiederhergestellt werden, daß die Fehlertoleranzmechanismen abschaltbar gestaltet werden. Andererseits können letztere selbst oft nicht als Fehlerquelle ausgeschlossen werden oder werden gar als solche erkannt. In diesem Fall müssen auf verhältnismäßig einfache Weise Beobachtungsstrategien wie Audit trail, Dienstspiegelung oder Record/Replay-Mechanismen implementierbar und vor allem konfigurierbar sein.

Durch einen geeigneten Bezug zwischen einem Datum, seinen geforderten Fehlertoleranzaspekten und seinen Testmöglichkeiten ließen sich diese Fragestellungen bestmöglich auf Konfigurationsfragen reduzieren. Kann auch hier die objektorientierte Sichtweise bei der Programmierung entscheidende Hilfestellung liefern?

2.3. Skalierbarkeit

Unter der Skalierbarkeit von Betriebssystemen versteht man die Möglichkeit, jeder Anwendung die jeweils von ihr benötigte Betriebssystemkomplexität zur Verfügung zu stellen. Dies beginnt bei Ein-Prozeß-Systemen ohne Adreßraumschutz mit lokal-prozeduralem Betriebssystemzugang und endet bei nachrichtenbasierten Mehrbenutzer-Systemen mit vollem Speicher- und Filesystemschutz. Die Zuweisung der jeweils gewünschten Betriebssystemform sollte praktikablerweise dynamisch erfolgen.

Die Frage, die sich mit der Entwicklung dieses Betriebssystemkonzeptes in Hinsicht auf seine Testbarkeit stellt, ist, ob die diversen Betriebsarten auch über verschiedene Diagnosezugänge verfügen müssen, oder ob es möglich ist, diese zumindest bezüglich ihrer Schnittstellen zu generalisieren.

3. Objektorientierung als Lösung?

Wie im folgenden gezeigt wird, kann unter bestimmten Voraussetzungen die objektorientierte Sichtweise [6] eine Basis liefern für eine sinnvolle und effektive Testschnittstelle.

Die Zielvorstellung ist es, jedem beliebigen Objekt die Eigenschaft „testbar" oder, noch weiter gefaßt, sogar die Eigenschaft „diagnostizierbar" zu vererben.

Diese Überlegung führt konsequent zu dem folgenden Wunschszenario:

1) Jedes beliebige Objekt kennt nicht nur seinen Ist-Zustand, sondern auch bestmöglich seinen Soll-Zustand.

2) Bei Soll-/Ist-Differenzen kann das Objekt selbst bewerten, weshalb seiner Ansicht nach die Inkonsistenzen entstanden sind und diese Meinung einer „höheren Instanz" signalisieren.

3) Diese höhere Instanz bestimmt aus einer Sammlung von Inkonsistenzbemerkungen eine wahrscheinliche Fehlerursache.

Im folgenden werden diese drei Szenarienteile und mögliche Lösungsansätze diskutiert.

3.1. Zustandsbeschreibung

Diesem Punkt wird bislang bei einigen Programmiersprachen durch Mechanismen wie beispw. *Assertions* Rechnung getragen. Bei Sprachen, die über solche Konzepte nicht von Hause aus verfügen, können sie meist „nachimplementiert" werden, beispw. in C/C++ mit Hilfe des Präprozessors [1].

Diese Assertions verifizieren zur Laufzeit eines Programmoduls bestimmte Invarianten wie beispw. das Nichtauftreten von Fehlercodes nach einem Dienstaufruf, Grenzen von Variablenwerten etc. Dabei können sie sowohl in der Implementierung des Klienten als auch in der des Servers auftauchen (s. Bild 1); analog gilt das gleiche auch für lokal gebundene Funktionen.

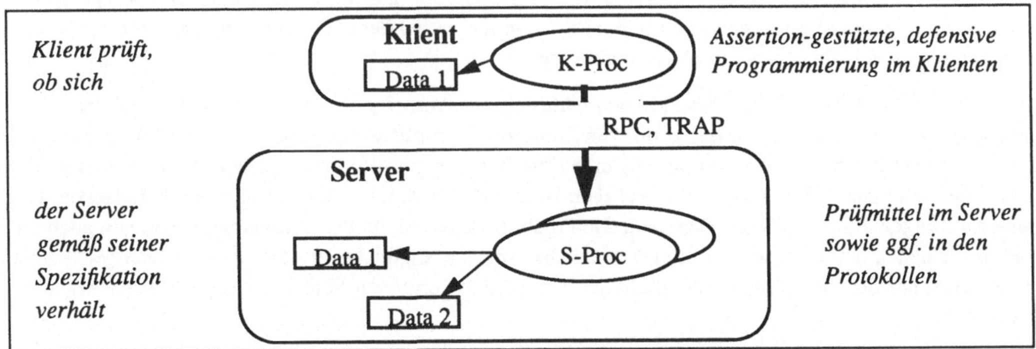

Bild 1 (Entfernt) prozeduraler Servertest gestern

Um diesem *redundant checking*, wie in [6] beschrieben entgehen zu können, wird ein Vertrag zwischen dem Aufrufer und dem gerufenen Modul geschlossen, in dem definiert wird, welcher Seite welche Prüfungen obliegen. Diese Form der Programmierung RPC-basierter Systeme wird durch den Einsatz sogenannter RPC-Stubgeneratoren unterstützt, da hier durch die Verwendung eines (korrekten) Werkzeuges ein solcher Vertrag automatisch zustande kommen kann. Die gelieferte Unterstützung beschränkt sich jedoch auf das Erzeugen von Programmcode für das Marshalling von Argumenten, die Prüfung und Weitergabe von Returnwerten sowie die dynamische Auflösung von Diensten.

Diagnoseprobleme gibt es hier z.B. bei der Implementierung von Klienten, die aus einem Adreßraum heraus mit mehreren leichtgewichtigen Prozessen denselben Dienst benutzen. Soll auf der Klientenseite eine Historie von Dienstanforderungen und den dazugehörigen Antworten erfolgen und im Fehlerfall jeder Klientenprozeß „seine" Historie bewerten, muß der entsprechende Klientenstub[1] eine eigene Klientenverwaltung implementieren. Somit wäre dessen Implementierung davon abhängig, ob er von einem oder mehreren Klientenmoduln benutzt wird.

Der Einsatz der objektorientierten Sichtweise kann in diesem Beispiel insofern helfen, als die gewünschte Historieninformation objektlokal gehalten werden kann. Dies führt dazu, daß bei einer klientenseitig bemerkten Fehlfunktion im Objekt selbst die für diesen Klienten relevanten Daten vorliegen.

Die Vererbung der Eigenschaft „testbar" würde zusätzlich dafür sorgen, daß in den serverlokalen Objektteilen die jeweils vom Serverimplementierer oder Stubgenerator als notwendig erachtete Debuginformation gehalten wird. Weitergehende Informationen, beispw. über zeitliche Zusammenhänge mehrerer Dienstanforderungen verschiedener Klienten können somit vom Server eingeholt werden.

Der von einem Testsystem ausnutzbare Unterschied zwischen Klient und Server liegt darin, daß beim Server die bei ihm vorhandenen Objekte untereinander verkettet sein können und somit eine konzentrierte Ausgabe der Debuginformation erfolgen kann. Die klientenseitigen Objektteile werden sich jedoch normalerweise nicht gegenseitig kennen, selbst wenn sie durch leichtgewichtige Prozesse, also solche, die alle in demselben Adreßraum liegen, verwaltet werden.

Etwas diffizil wird es beim Einsatz replizierter Server, da sich diese auch nicht gegenseitig kennen müssen.

3.2. Lokale Fehleranalyse

Die Einschränkung „seiner Ansicht nach" der zweiten Wunschregel „Bei Soll-/Ist-Differenzen kann das Objekt selbst bewerten, weshalb seiner Ansicht nach die Inkonsistenzen entstanden sind und diese Meinung einer „höheren Instanz" signalisieren" ist auch gleichzeitig der Kernpunkt dieser Forderung. Nur in den seltensten Fällen dürfte es innerhalb einer Funktion möglich sein zu erkennen, weshalb etwas fehlerhaft ablief. Bekommt beispw. eine Funktion ein Argument übergeben und reicht sie dieses, ggf. modifiziert, an eine hierarchisch tiefer liegende Funktion weiter, ist bei deren Scheitern nicht unbedingt klar, ob es vielleicht an dem durchgereichten Argument lag.

Wie schon in (s. Kap. 3.1.) erwähnt, können natürlich vor Aufruf einer Funktion alle übergebenen Argumente gemäß der Spezifikation der gerufenen Funktion überprüft werden. In diesem Fall müßte aus Effizienzgründen bei Argumentweiterreichung eine Entscheidung getroffen werden, entweder nur hierarchisch ganz oben oder ganz unten (also direkt vor dem Aufruf der Funktion, die das Argument benutzt) die Parameterprüfungen durchzuführen. Dies ist jedoch nicht praktikabel, da bei Software-Änderungen auch Aufrufhierarchien modifiziert werden können und dadurch umfangreiche Prüfänderungen erfolgen müßten. Also bleibt nur die Möglichkeit, innerhalb der letztendlich gerufenen Funktion die gelieferten Argumente zu prüfen.

Gerade bei der Verwaltung präemptiver Betriebsmittel wie bspw. Speicherplatz ist es ein ganz normaler Fall, daß eine Anforderung (spezifikationsgemäß) abgelehnt werden muß. Demnach muß auf den höheren Ebenen der Rückgabewert der gerufenen Funktion geprüft werden. Damit gelangt exaktes „Wissen" über die Spezifikation der gerufenen Funktion in die höhergelegenen Schichten.

Im Bereich der Betriebssystementwicklung, in dem sich auf Grund von Reaktionen auf Hardware-Konzeptänderungen relativ häufig Schnittstellenänderungen ergeben, resultiert der oben beschriebene Umstand

---

1. *Definition: Klientenstub ist der zum Klienten lokal dazugebundene Serverrepräsentant, der Serverstub ist der zum Server gebundene Klientenrepräsentant (s. [14]).*

oft in sogenannten Kompatibilitätsbibliotheken, die eine ältere Schnittstelle auf eine neuere abbilden sollen. Die Erfahrung zeigt, daß solche Bibliotheken - einmal angelegt - ewig existieren.

Alternativ dazu existieren genügend Programme, die einen Fehler-Returnwert nicht erkennen oder ignorieren.

Selbst wenn ein Rückgabewert als Fehlersignalisierung erkannt wird, bleibt immer noch die Frage offen, auf welcher Ebene diese Erkenntnis nach außen signalisiert werden soll. Beispielsweise könnte bei der Implementierung eines Programms zweifach die Situation auftauchen, daß eine Datei nicht vorhanden ist:

1) Das Programm versucht, eine Datei zu finden, in der für es bestimmte Initialisierungswerte stehen. Ohne diese Datei kann das Programm nicht korrekt arbeiten.

2) Das Programm soll eine Benutzerdatei ändern, die jedoch nicht vorhanden ist. Das Programm soll in diesem Fall die Datei erstellen.

Im ersten Fall wäre es wünschenswert, daß diejenige Systeminstanz, die für die Datei verantwortlich ist, eine entsprechende Meldung ausgibt und das Programm terminiert. Damit braucht man sich zum einen während der Anwendungsprogrammierung nicht mit diesem Spezialfall zu befassen, zum zweiten ist sichergestellt, daß das Fehlen der Datei unmittelbar bemerkt wird und drittens resultiert hierbei ein erfolgloser Leseversuch jeder beliebigen Datei immer in derselben parametrisierten Fehlermeldung - ein Fakt, der für deren maschinelle Verarbeitung essentiell ist.

Im zweiten Fall sollte dagegen keine Meldung erfolgen und schon gar nicht das Programm terminiert werden.

Diese Reaktionsunterscheidungen lassen sich sehr einfach mit Hilfe der Objektorientierung lösen, beispw. mit Hilfe virtueller Funktionen. Ein Objekt der Klasse FILE könnte sich wie im ersten Fall verhalten. Ein applikationsspezifisches Objekt FILE2 dagegen würde die Eigenschaften von FILE erben, aber eine eigene Ausnahmebehandlungsmethode implementieren. Damit wäre zum einen die notwendige Unterscheidung zwischen 1) und 2) geschaffen, zum anderen aber sichergestellt, daß weder Meldungen über Pseudofehler erfolgen, noch, daß Meldungen vergessen werden.

Sinnvoll wäre dabei eine Unterscheidung in eine Funktion zur Fehlermeldung und eine für die Fehlerreaktion, wie sie in C++ beispw. mit dem catch/try/throw-Komplex experimentell erfolgt.

Die Auswertung der Fehlermeldungen wird dadurch nicht einfacher als sie bei den jetzigen Systemen ist, man erhält jetzt jedoch auf Grund der zuverlässig erfolgenden Signalisierungen zumindest die Gelegenheit für eine bessere Fehleranalyse als bei Systemen, bei denen Fehlermeldungen verloren gehen.

3.3. Übergreifende Fehleranalyse

Die Bewertung der Fehlermeldungen ist z.Zt. noch die Aufgabe der testenden Person. Auf Grund ihres (Experten-) Wissens kann sie Entscheidungen fällen bezüglich der Signifikanz jeder einzelnen Fehlermeldung. Alle bspw. nach dem Preparata-Modell [12] als zumindest nicht falsch (im Sinne von „nicht zutreffende Einschätzung der Fehlersituation") erkannten Meldungen sollten nun, gemeinsam betrachtet, zu einer Fehlerdiagnose führen.

Im Bereich der parallelen Systeme muß auf Grund der Vielzahl der Meldungen der Testingenieur[1] durch einen entsprechenden Werkzeugsatz entlastet werden, der einen Großteil routinebehafteter Vorentscheidungen für ihn trifft. Insbesondere sind hier zu nennen:

---

1. *Feminin oder Maskulin*

- Das Zusammenfassen ähnlicher Meldungen
  (beispw. gleicher Betriebssystemdienst und Fehlercode aber unterschiedlicher Dienstklient),
- Das Erkennen und Zusammenfassen von Folgefehlermeldungen
  (die *n*-te Fehlermeldung eines Klienten, die Fehlermeldung eines Klienten bezüglich eines Dienstes, dessen Server zeitlich vorher eine Fehlermeldung herausgebracht hat) und
- Die Bewertung des Systemgesamtzustandes
  (Existenz und Lokalität von Objektinstanzen, Prozeßzustandsanomalien wie Deadlocks, Protokollzustandsanomalien wie Warten auf Nachrichten von nichtexistenten Einheiten etc.).

Die letzten beiden Punkte sind sicherlich die am schwersten zu erreichenden, da dazu zwischen dem Testsystem und dem Testling eine Schnittstelle geschaffen werden muß, die genauso unabhängig vom Dienst wie von der Betriebssystemversion wie von der Konfiguration ist.

Die Konfigurationsunabhängigkeit läßt sich am einfachsten mit der Objektorientierung erreichen, da dabei nur die Lokalität eines Objektes von Interesse sein sollte, nicht jedoch die Frage, wieviele Server sich noch mit anderen Instanzen derselben Objektklasse befassen. Fehler in der Abbildung zwischen Objektinstanz und verarbeitendem Server müssen bei entsprechender Implementierung durch die Auswertung der restlichen, o.g. Informationen auffallen.

Damit gelangt man beim Testen eines Betriebssystemdienstes zu einem relativ neuen Weltbild. Bislang wurde normalerweise davon ausgegangen, daß ein Betriebssystemserver wie jede andere Prozedur dadurch getestet werden kann, daß seine Konformität gegenüber seiner Spezifikation geprüft wird:

Durch den Einsatz von Objekten treten sowohl der Server als auch der Klient in den Hintergrund des Interesses, da nun nicht mehr die Gesamtfunktionalität in Server- und Klientenfunktionalität aufgetrennt wird, sondern die Klassenfunktionalität geprüft wird (s. Bild 2). Dies ist schon allein deshalb wesentlich, da durch den Vererbungsmechanismus Abhängigkeiten einer Klasse von mehr als einem Server entstehen können. Die Einbeziehung dieser verschachtelten Abhängigkeiten würde den Testaufwand des Gesamtsystems immens erhöhen. Demnach müssen erbbare Klassen so definiert und implementiert werden, daß nach hinreichendem Testen dieser Klasse sichergestellt ist, daß sich ihre Funktionalität nicht ändern kann, wenn ihre Eigenschaften an weitere Objektklassen vererbt werden.

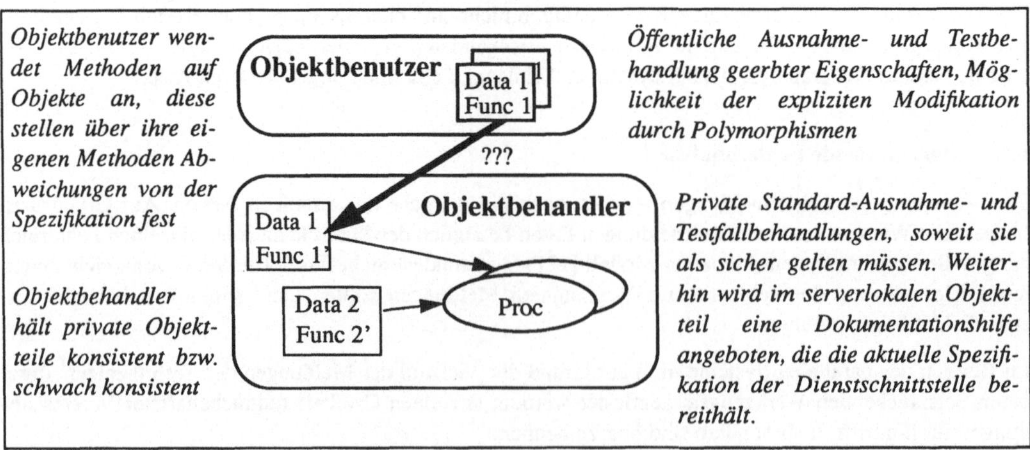

Bild 2 Objektorientierter Klassentest morgen

Dazu gehört auf alle Fälle, daß die Verwendung klassenstatischer Variablen bei der Implementierung „verboten" wird. Da diese Form von Variablen den im klassischen Sinne globalen Variablen entspricht, scheint hier wieder ein Bezug zu altbekannten Softwareengineering Regeln hergestellt werden zu können.

Eine weitere Forderung, die die Frage der Versionsunabhängigkeit klären könnte, würde bestimmen, daß jedes Objekt eine Methode anbietet, welche die jeweils relevanten Teile der Klassenspezifikation zugänglich macht. Im Klienten-Server-Sinne würde dies bedeuten, daß jeder Server eine Art Manual-RPC anbietet, wobei die dabei generierten Informationen wieder leicht maschinenverständlich gehalten werden müssen. Da auch die Test- und Diagnosezugänge Inhalt dieser Klassenspezifikation sind, gelangt das Testsystem verhältnismäßig leicht an die von ihm benötigten Daten.

Der Umstand, daß diese manuelle Methode nur die *jeweils relevanten* Informationen liefern soll, hängt mit der im folgenden zu klärenden Frage nach Testgranularitäten, zusammen.

4. Testgranularität

Wie dem tendenziell nicht unerwarteten, dennoch einigermaßen erschreckenden Testergebnis in [7] zu entnehmen ist und auch die Erfahrungen vergangener Projekte gezeigt haben, reicht oft eine sehr geringe Testgranularität aus, Systemfehler reproduzierbar aufzuzeigen. Die Granularität in [7] bezog sich auf den Versuch, einen Testling mit beliebigen Eingabesequenzen aus dem für ihn definierten Zustandsraum hinauszubewegen (Bild 3 a):

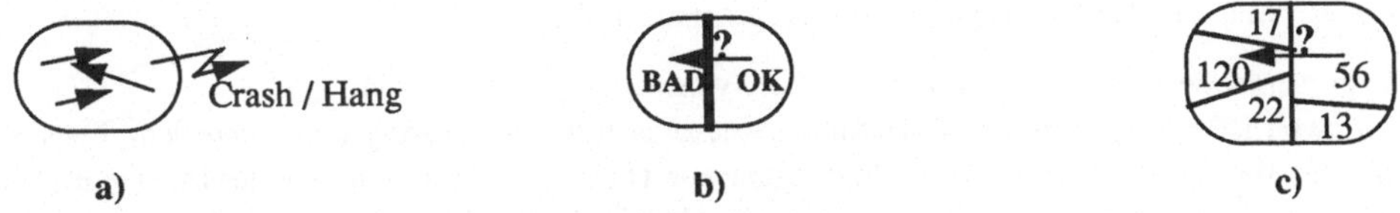

Bild 3 Testgranularität 1 bis n

Bezogen auf unsere Betriebssystemtests hieße das, mit Hilfe beliebiger Aktionen auf den Datenobjekten zu versuchen, einen Systemzustand herbeizuführen, der keine weiteren Aktionen auf diesen oder anderen Objekten erlaubt. In der Tat ist es bspw. immer wieder erstaunlich, wieviele „Systemhänger" ein relativ simples Testprogramm erzeugt, das beliebige Nachrichten an beliebige Empfänger versendet.

Das Hauptproblem an dieser Granularitätsstufe ist die geringe Aussagekraft für diejenige Person, die die fehlerhafte Implementierung korrigieren soll (s. Kap. 3.2.).

Die nächste Stufe in der Granularität wäre die Unterscheidung zwischen aktuell erlaubten und nicht erlaubten Zuständen innerhalb eines Objektes (Bild 3 b).

Beim Test beispw. einer MEMORY-Klasse kann angenommen werden, daß die Summe von vergebenem Speicher und freiem Speicher konstant sein sollte. Für den Tester bedeutet dies, er müsse beim Testen mit Granularität 2 versuchen, einen Übergang des Servers vom OK- in den BAD-Zustand zu erreichen. Dies kann z.B. dadurch gelingen, daß er Methoden auf Testobjekten ausführt, die darauf aktuell nicht erlaubt sind.

Demzufolge muß eine Objektklasse mit der Eigenschaft „testbar" nach außen hin erkennen lassen können, welche Aktionen erlaubt sind und welche nicht. Im Beispiel der MEMORY-Klasse würde dies im Fall der Granularität 2 bedeuten, daß der Test abfragen kann, ob er weiteren Speicher anfordern darf oder nicht, aber nicht, wieviel Speicher er ggf. noch anfordern darf.

Die Erweiterung des Konzeptes auf die Beschreibung solcher Quantitäten führt letztendlich zu der Testgranularität *n* (Bild 3 c)).

Hier ist die Idee, daß jedes Objekt seinem Tester mitteilen kann, welche Aktionen bei welchen Argumentbereichen zur Zeit gestattet sind. Ein Zuwiderhandeln gegen diese Empfehlung in Folge mit einem Systemfehler brächte dem Testingenieur die bestinterpretierbaren Informationen bei größtem n.

Mit diesem Modell tauchen vorrangig drei Fragen auf:

- Wer besitzt das Wissen über die Zustandsübergänge?
  Kann dieses Wissen ausschließlich im Objekt gehalten werden? Wie reagiert ein Testsystem dann auf Serverhierarchien? Wenn alle testbezogenen Zustände eines Objektes in ihm selbst gehalten werden können, dann müßte dies auch für seine Basisklassen gelten. Das wäre jedoch nur dann vorstellbar, wenn nicht nur eine einzige Basisklasse „Testbarkeit" existieren würde, von der der elementarste Server abgeleitet ist, sondern wenn jede testbare Klasse die Eigenschaften dieser Testbarkeitsklasse erben würde.
  Die Schwierigkeit, die dabei auftaucht, ist die damit entstehende Mehrdeutigkeit dieser Klasse „Testbarkeit". Hier können Werkzeuge helfen, Zwischenklassen zu installieren, die zwar keine Laufzeitfunktionalität besitzen, aber zur Übersetzungszeit für Eindeutigkeit der Klassenzugehörigkeit sorgen.

- Besteht ein unmittelbarer Zusammenhang zwischen Granularität und Teststrategie?
  Kann das Testsystem aus den Informationen, die auf Grund einer im Objekt gewählten Testgranularität gegeben wurde eine „gute" Teststrategie ableiten? Insbesondere bei kommunikationsorientierten Systemen ergeben sich hier schnell die aus dem Testbereich altbekannten Komplexitätsprobleme. Ein möglicher stochastischer Ansatz dazu wird z.Zt., zumindest für den Bereich der Kommunikationstests, bei der GMD im DIAMOND Projekt untersucht [11].

- Wie implementiert man die Kombination von Systemstrategie und Erfahrung?
  In wieweit ist eine produktive Zusammenarbeit zwischen dem Testingenieur und dem Testsystem möglich? Wie kann das Testsystem die gewonnenen Daten so aufbereiten, daß der Ingenieur „Irrläufer" rechtzeitig erkennen kann? Wie gestattet die Oberfläche des Testsystems dem Ingenieur das Einbringen von Ideen in die Teststrategie? Hier sind die Resultate verschiedener Forschungsarbeiten im Bereich lernfähiger Oberflächen abzuwarten.

5. Einbettung in das DIAMOND System

Im Rahmen des DIAMOND Projektes der GMD FIRST wurde innerhalb der letzten 10 Monate der Prototyp eines Diagnosesystems entwickelt, der in der Erstimplementierung für das Testen von Hardwarekomponenten konzipiert war. Da sich jedoch im Bereich der Rechnerentwicklung zu dem Testen der Hardware zeitlich fast gleich das Testen des Betriebssystems ergibt, wurde das DIAMOND System so gestaltet, daß das Einbringen von Betriebssystemtests darin zumindest grundsätzlich möglich ist. Um insbesondere Systemeigenschaften, die in Richtung „Lernfähigkeit" gehen, nicht von vorneherein zu beeinträchtigen, basiert das System auf einem diagnostischen Expertensystem-Shell D-XPS [13].

5.1. Komponenten

Das Herz des DIAMOND Systems ist die Komponente MIND (s. Bild 4), die neben dem Expertensystem mit den dazu benötigten Wissens- und Konfigurationsdatenbankteilen noch über Schnittstellen zu den restlichen DIAMOND Teilen verfügt. Der schon angesprochene, im MIND integrierte D-XPS entspricht dem kommerziellen Expertensystem Shell TWAICE[1] [9] und arbeitet mit einer IF/Prolog[2] Variante [8], die

---

1. TWAICE ist ein geschütztes Warenzeichen der SNI
2. IF/Prolog ist ein geschütztes Warenzeichen der Interface GmbH, München

durch zusätzliche C-Funktionen erweitert wurde. Diese C-Funktionen sind insbesondere das Interface zur Test Control Unit (TCU) sowie zur anpaßbaren Benutzerschnittstelle SCUSI. Diese beiden ermöglichen eine direkte Koppelung des Expertensystems mit dem zu diagnostizierenden Zielsystem, eine Verbindung des Nutzers mit dem Expertensystem sowie über das OnLineInterface OLI eine mittelbare Kommunikation des Nutzers mit dem Zielsystem.

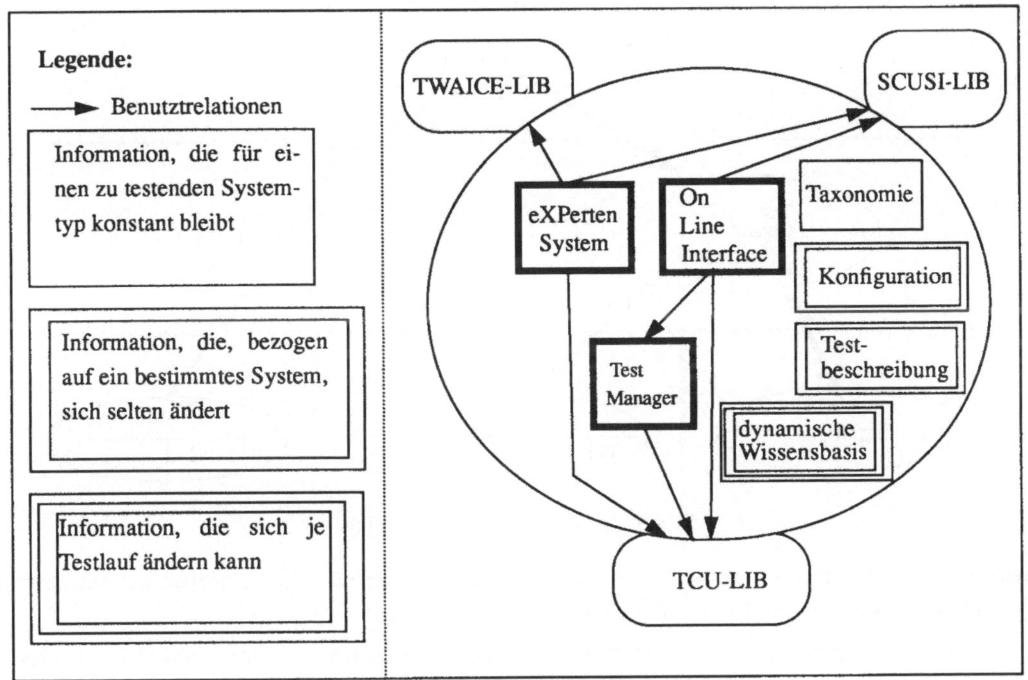

Bild 4 DIAMOND MIND

Die TCU (s. Bild 5) ist für die korrekte, netzwerkweite Bedienung, Argumentenversorgung und Resultatsfilterung von Testprogrammen über einen Testverwalter (FRAME) verantwortlich. Der FRAME stellt in der jetzigen Implementierung auf jeder zu diagnostizierenden Teilkomponente (Board) die Laufzeitumgebung für Testprogramme zur Verfügung.

Weiterhin sind in Entwicklung befindlich eine Datenbankschnittstelle zur Archivierung von Testresultaten und Fehlermeldungen sowie eine Gateway-Komponente zur Vereinfachung des Zugangs zum Parallelrechner. Ferner existiert ein erheblicher Satz an Dienstprogrammen. Eine exakte Beschreibung des DIAMOND-Prototypen kann [2] entnommen werden.

5.2. Form der Einbettung

Eine Integration von Betriebssystemtests in das bestehende System bedeutet grob zweierlei: Erstens müssen die relevanten Regeln bezüglich des Verhaltens der Testprogramme in der Wissens- und Konfigurationsdatenbank des MIND abgelegt werden, zweitens muß der jetzt durch den FRAME gekennzeichnete Zugang zu den Testeinheiten durch möglichst betriebssystemunspezifische RPC-Zugänge ersetzt werden.

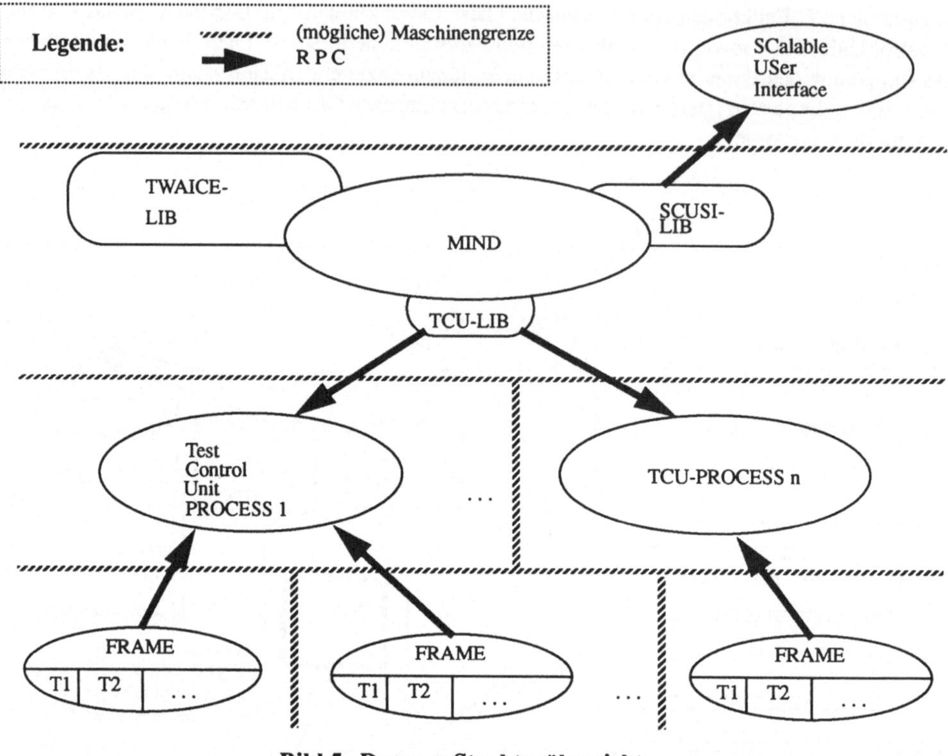

Bild 5 DIAMOND Strukturübersicht

Während der zweite Punkt sicherlich als unproblematisch anzusehen sein dürfte, ergeben sich beim ersten doch einige Fragen, die z.Zt. noch ungelöst sind:

- Die Erfahrungen mit dem DIAMOND System haben gezeigt, wie eine Taxonomie eines Rechner-Hardware-Systems aufzubauen ist. Wie muß dagegen eine Software-System-Taxonomie aussehen?
- Wäre es vielleicht günstiger, die Server als Merkmale oder Eigenschaften bestimmter Hardware-Komponenten in die Taxonomie aufzunehmen, als sie separat zu beschreiben?
- Wie kann man eine Nebenläufigkeit von Hardware- und Servertest erreichen, bzw. in der Testresultatsauswertung auf diesen Umstand Einfluß nehmen?
- Wie werden kommunikationsorientierte, beispielsweise auf Zufall basierende Servertests beschrieben und in den Testsatz integriert?

6. Resumeé

Der Ansatz des objektorientierten Designs wirft insbesondere im Umfeld des Entwurfs und der (Re-) Implementierung paralleler Betriebssysteme zwar eine recht große Zahl an Fragen auf, jedoch liefert er auch eine Reihe von Möglichkeiten, die in konventionellen Ansätzen nicht oder nicht so effizient vorhanden waren.

Der Mechanismus der Vererbung ermöglicht es dem Testingenieur, unabhängig vom Software-Entwickler Klassen zu entwerfen, die für das Testen und Diagnostizieren beliebiger, nachrichtenorientierter Software bestimmte Eigenschaften bereitstellen. Alleine durch Erbschaft dieser Eigenschaften können fremde Moduln beobachtbar gemacht werden, wobei die Beobachtungsgranularität zwar minimal, aber trotzdem sinnvoll ist.

Bei expliziter Benutzung der Klasseneigenschaften durch den Software-Entwickler erhöht sich die Beobachtungsgranularität mit der Information, die der Entwickler den Test-Klassen zur Verfügung stellt.

Zur Zeit erfolgt eine Reihe von Reimplementierungen und Restrukturierungen verschiedener Betriebssysteme auf die Belange der parallelen Rechnerstrukturen. Demzufolge sollte diese Gelegenheit ergriffen werden, auch endlich solide Test- und Diagnoseansätze in der entstehenden Betriebssystemsoftware zu integrieren.

Literatur

[1] M. A. Ellis, B. Stroustrup: **The Annotated C++ Reference Manual**, Addison-Wesley, Mass., 1990

[2] L. Eichler, U. Krutschinna: **DIAMOND Diagnosis Monitor for Distributed Systems**, Ges. f. Mathematik u. Datenverarbeitung FIRST, Berlin 1990

[3] W. K. Giloi, C. Hastedt, F. Schön, W. Schröder-Preikschat: **A Distributed Implementation of Shared Virtual Memory with Strong and Weak Coherence,** Proceedings of the 2nd European Distributed Memory Computing Conference, Munich, Germany, 1991

[4] W. K. Giloi, W. Schröder-Preikschat: **Programming Models for Massively Parallel Systems,** International Symposium on New Information Processing Technologies '91, Tokyo, Japan, 1991

[5] K.-E. Großpietsch, U. Voges: **Methoden der Fehlerbehandlung**, Informatik-Spektrum 9, 95-109, 1986

[6] B. Meyer: **Object-oriented Software Construction**, Prentice Hall Intern. Ltd, Hertfordshire, 1988

[7] B. P. Miller, L. Fredriksen, B. So: **An Empirical Study of the Reliability of UNIX[1] Utilities**, Communications of the ACM, Dec. 1990, Vol. 33, No. 12, S. 32ff

[8] InterFace GmbH: **IF/Prolog Manual**, Version 3.4, Munich 2, Germany, 1986,88

[9] NIXDORF Computer AG: **TWAICE 3.1 Manual C - K**, Abteilung ZSI, Paderborn, Germany, 1988

[10] B. J. Nelson: **Remote Procedure Call**, Carnegie-Mellon University, Mountain View, CA 94043, Report CMU-CS-81-119, 1982

[11] H. W. Pohl: **Fehlermodelle zur Kommunikation**, Ges. f. Mathematik u. Datenverarbeitung FIRST, Berlin 1991

[12] F. P. Preparata, G. Metze, R. T. Chien: **On the Connection Assignment Problem of Diagnosable Systems,** IEEE Trans. El. Comp., pp. 848-854, Vol C-16, 1967

[13] F. Puppe: **Diagnostisches Problemlösen mit Expertensystemen**, Informatik Fachberichte 148, Springer Verlag Berlin Tokyo etc., 1987

[14] Sun Microsystems, Inc.: **SunOS 4.1.1 Reference Manual, Volume I**, Revision A of 30. October 1990

---

1. *UNIX is a Trademark of AT&T Bell Laboratories*

Ein Vorschlag zum Testen strukturierter algebraischer Spezifikationen

Hans-Jörg Kreowski
Universität Bremen
Studiengang Informatik
Postfach 33 04 40
D-2800 Bremen 33

1 Einleitung

Algebraische Spezifikationen können in zwei verschiedenen Rollen beim Testen auftreten. Sie können als formale Spezifikationen die Basis für die Testfallermittlung und den Ausgabevergleich beim Testen von Programmen bilden. In dieser Rolle werden sie in der Literatur am häufigsten eingesetzt (siehe z.B. Gannon, McMullin und Hamlet [GHM81], Bernot, Bougé, Choquet, Fribourg, Gaudel und Marre [BCFG86,BGM90,GM88] und Sankar [San91]). Da algebraische Spezifikationen aber auch als ausführbare Entwurfsspezifikationen angesehen werden können (siehe z.B. Ehrig und Mahr [EM85] oder Kreowski [Kre91]), lassen sie sich auch als Objekte des Testens behandeln. Von Jalote [Jal89] beispielsweise werden Testverfahren zum Überprüfen der Vollständigkeit einer Spezifikation diskutiert. Choppys Ansatz [Cho87] verbindet sogar beide Sichtweisen, indem in strukturierten Spezifikationen einzelne Moduln bereits durch Implementierungen ersetzt sein dürfen. In der vorliegenden Arbeit werden strukturierte algebraische Spezifikationen zu Testobjekten gemacht.

Die algebraische Spezifikation mit initialer Modellsemantik beziehungsweise mit einer operationellen Semantik auf der Basis von Termersetzung läßt sich als ein Zwischending zwischen logischer und funktionaler Programmierung deuten. Die wichtigsten Grundelemente einer algebraischen Spezifikation sind: (1) die Deklaration von Operationen mit Definitions- und Wertebereichen, (2) die daraus aufgebauten Terme als einzige Zugriffe auf Datenobjekte, (3) Termgleichungen o.ä. zur Beschreibung der Wirkung und der Interaktion von Operationen, (4) der Import anderer Spezifikationen zwecks Strukturierung.

Getestet werden können die spezifierten Operationen, indem jeweils der Aufruf einer Operation op mit aktuellen Eingabeparametern ausgeführt wird. Da Eingaben durch Terme $t_1, \ldots, t_n$ dargestellt werden, läuft das auf die Interpretation des Terms $op(t_1, \ldots, t_n)$ hinaus, die mit einem Ergebnisterm t endet (was von der gewählten operationellen Semantik und damit von dem eingesetzten Interpreter abhängt). Anders ausgedrückt, wird getestet, ob die Gleichung $op(t_1, \ldots, t_n) = t$ gilt. In dieser Formulierung muß t nicht vom Interpreter bestimmt sein, sondern kann auch als gewünschtes Testergebnis von der Testperson vorgegeben werden. In jedem Fall jedoch wird unterstellt, daß der Interpreter als Testwerkzeug über alle importierten Gleichungen zur Termersetzung verfügt. Diese Annahme ist für große Spezifikationen völlig unrealistisch, weil der Aufwand eines Interpreterschrittes proportional zur Zahl der Gleichungen anwachsen kann. Konzeptionell fragwürdig ist außerdem, daß die Struktur der Spezifikation aufgelöst wird und alle Gleichungen - vielleicht viele Tausende - vereinigt werden.

In dieser Arbeit soll ein Testverfahren diskutiert werden, bei dem diese Mängel nicht mehr bestehen. Es wird vorgeschlagen, die Spezifikationen gemäß ihrer Importstruktur auf ein Interpreternetz zu verteilen und dann Terme verteilt auszuwerten, was eine geeignete Kommunikation zwischen den Netzknoten verlangt.

Im einzelnen werden die Voraussetzungen und Konsequenzen des Lösungsansatzes herausgearbeitet, und das verteilte Testverfahren wird in seiner Wirksamkeit illustriert. Dazu werden im zweiten Abschnitt die Grundelemente des algebraischen Spezifikationsansatzes rekapituliert. Im dritten Abschnitt wird das Konzept des Auswertungsnetzes vorgestellt und in seiner Arbeitsweise erläutert. Erste Ergebnisse, die allerdings wegen des beschränkten Platzes nicht bewiesen werden, deuten darauf hin, daß die Hoffnung auf ein beschleunigtes Testverfahren nicht vergeblich sein muß. Die Arbeit endet mit einigen Bemerkungen zu Verbesserungsmöglichkeiten des vorgestellten Verfahrens.

2 Algebraische Spezifikation

In diesem Abschnitt werden die Grundkonzepte des algebraischen Spezifizierens in Erinnerung gerufen, soweit das für die folgenden Überlegungen erforderlich ist. Einzelheiten können beispielsweise bei Ehrig und Mahr [EM85] nachgelesen werden.

2.1 Syntaktische Ebene

1. Für eine *algebraische Spezifikation* wird folgende Form vereinbart:

(1) Sie erhält einen (in Beispielen fett gedruckten) Namen.

(2) Bei der Vereinbarung einer Spezifikation dürfen andere Spezifikationen importiert und benutzt werden. Das geschieht dadurch, daß hinter den Spezifikationsnamen beliebig viele andere Spezifikationsnamen aufgelistet werden, hinter denen jeweils ein +-Zeichen als Trennsymbol steht.

(3) *Sorten* sind Namen für Datenbereiche und werden hinter dem Schlüsselwort *sorts* aufgelistet.

(4) *Operationsdeklarationen* werden hinter dem Schlüsselwort *opns* aufgelistet. Jede Operationsdeklaration hat die Form $op : s_1 \ldots s_n \rightarrow s$, wobei op der Name ist, $s_1 \ldots s_n$ eine Sequenz von Argumentsorten und s die Wertsorte. Die Argumentsorten können auch fehlen, was die Deklaration einer Konstanten ergibt. Namen von Operationen mit gleicher Funktionalität können vor dem Doppelpunkt aufgelistet werden.

(5) *Variablendeklarationen* werden hinter dem Schlüsselwort *vars* aufgelistet. Jede Variablendeklaration hat die Form $x : s$, wobei x der Name der Variablen ist und s ihre Sorte. Namen von Variablen gleicher Sorte können vor dem Doppelpunkt aufgelistet werden.

(6) Der Effekt der neuen Operationen und ihre Wechselwirkung untereinander und zu den importierten Teilen wird durch Gleichungen festgelegt, die hinter dem Schlüsselwort *eqns* aufgelistet werden. Eine Gleichung hat die Form $L = R$, wobei L und R Terme sind, auf die im folgenden noch näher eingegangen wird.

Abgesehen vom Spezifikationsnamen sind alle anderen Konstrukte optional und können weggelassen werden, wenn sie aktuell nicht gebraucht werden. Streicht man in einer Spezifikation alle Variablen und Gleichungen, erhält man ihre *Signatur*.

Damit das obige Schema Sinn macht, müssen noch Kontextbedingungen beachtet werden. So muß jeder Sortenname, der in Operations- oder Variablendeklarationen vorkommt, in den importierten

Spezifikationen bereits existieren oder als Sorte neu deklariert sein. Analoges wird für die in Gleichungen vorkommenden Operations- und Variablennamen verlangt.

Mit dem *Importkonstrukt* wird ein einfacher, aber recht wirkungsvoller Strukturierungsmechanismus verwendet. Das Importieren ließe sich noch flexibler gestalten, wenn man einen Umbenennungsmechanismus zur Verfügung stellte.

2. Eine entscheidende Rolle spielen die *Terme*, weil sie allein erlauben, auf Datenobjekte zuzugreifen. Geht man davon aus, daß für die importierten Spezifikationen bereits Terme gebildet sind, so erhält man weitere Terme der aktuellen Spezifikation zu einer ihrer Sorten s (ob neu oder importiert) durch die neu deklarierten Konstanten und Variablen dieser Sorte sowie rekursiv als zusammengesetzte Terme der Form $op(t_1, \dots, t_n)$, wobei $op : s_1 \dots s_n \to s$ eine Operationsdeklaration ist und t_i für jedes $i = 1, \dots, n$ ein Term der Sorte s_i. Ist der Operationsname in der Form $op_0 - op_1 - \dots - op_n$ deklariert, so kann statt der Präfix-Notation für den zusammengesetzten Term auch die Mixfix-Schreibweise $op_0 t_1 op_1 t_2 \dots t_n op_n$ gewählt werden.

3. Neben dem Termbildungsprozeß ist eine weitere Operation auf Termen wichtig. Sei x eine Variable und t' ein Term gleicher Sorte, dann ist die *Substitution* von x durch t' in einem beliebigen Term rekursiv definiert durch $c[x \mid t'] = c$ für Konstanten, $x[x \mid t'] = t'$, $y[x \mid t'] = y$ für Variablen $y \neq x$ und $op(t_1, \dots, t_n)[x \mid t'] = op(t_1[x \mid t'], \dots, t_n[x \mid t'])$.

4. Terme haben die Aufgabe, Datenobjekte syntaktisch zu beschreiben. Die Idee von Gleichungen besteht dann darin, daß die beiden Terme einer Gleichung dasselbe Datenobjekt beschreiben. Die Gleichheit von Datenobjekten hat einige elementare Eigenschaften, die Anlaß zu neuen Gleichungen geben. So ist Gleichheit reflexiv, symmetrisch und transitiv. So liefert eine funktionale Operation gleiche Werte für gleiche Argumente. In Gleichungen ausgedrückt, ergibt das: $t = t$ für beliebige Terme, $t' = t$ und $t = t''$, falls schon $t = t'$ und $t' = t''$ als Gleichungen vorliegen, sowie $op(t_1, \dots, t_n) = op(t'_1, \dots, t'_n)$, falls $t_i = t'_i$ für jedes $i = 1, \dots, n$ schon eine Gleichung ist. Werden darüber hinaus Variablen als allquantifiziert angesehen, die also alle Datenobjekte einer Art repräsentieren, ändert das Einsetzen spezieller Datenobjekte nichts an einer allgemeiner geltenden Gleichheit. Auf der Gleichungsebene heißt das, daß $t = t''$ die Gleichung $t[x \mid t'] = t''[x \mid t']$ induziert. Geht man von den spezifizierten Gleichungen aus und wiederholt die Gleichungsbildungsprozeduren beliebig oft, erhält man die *abgeleiteten Gleichungen*. Für eine aus der Spezifikation $SPEC$ abgeleitete Gleichung e wird $SPEC \vdash e$ geschrieben.

2.2 Binäre Bäume zum Beispiel (Teil 1)

Als Beispiel wird eine Spezifikation binärer Bäume angegeben, die ein Alphabet als Markierungsvorrat importiert, eine neue Sorte kreiert, den leeren Baum als Konstante einführt und zwei weitere Operationen erlaubt. Die erste Operation hängt zwei Bäume als Söhne an eine markierte Wurzel und liefert so einen neuen Baum. Die zweite prüft, ob ein Baum leer ist.

bintree = alphabet +

sort:	$bintree$
opns:	$EMPTY : \to bintree$
	$(-,-,-) : bintree\ alphabet\ bintree \to bintree$
	$IS - EMPTY : bintree \to bool$
vars:	$L, R : bintree$
	$x : alphabet$
eqns:	$IS\ EMPTY\ EMPTY = TRUE$
	$IS\,(L, x, R)\,EMPTY = FALSE$

Dabei wird vorausgesetzt, daß die Spezifikation **alphabet** eine Sorte *alphabet* bereitstellt und selbst eine Spezifikation der Booleschen Werte **bool** mit der Sorte *bool* und den Konstanten $TRUE$ und $FALSE$ importiert.

Etwas interessantere Operationen auf binären Bäumen werden in 2.5 und 3.3 spezifiziert. Dennoch können bereits neue Gleichungen abgeleitet werden. Wenn **bool** eine geeignet spezifizierte Konjunktion sowie Negation enthält, ergibt sich beispielsweise:

$$\begin{aligned} & IS\,EMPTY\,EMPTY\,and\,not(IS\,(L,x,R)\,EMPTY) \\ & \quad = IS\,EMPTY\,EMPTY\,and\,not(FALSE) = IS\,EMPTY\,EMPTY\,and\,TRUE \\ & \quad = IS\,EMPTY\,EMPTY = TRUE \end{aligned}$$

oder durch Substitution:

$$\begin{aligned} & IS\,(EMPTY,x,EMPTY)\,EMPTY = IS\,(L,x,R)\,EMPTY[L \mid EMPTY][R \mid EMPTY] \\ & \quad = FALSE[L \mid EMPTY][R \mid EMPTY] = FALSE \end{aligned}$$

2.3 Semantische Ebene

Die Bedeutung algebraischer Spezifikationen und insbesondere von Termen und spezifizierten wie abgeleiteten Gleichungen kann mit Hilfe von Datentypen festgelegt werden, die mathematisch als Algebren (oder logische Modelle) präzisiert sind. Ein *Datentyp* **A** zu einer Spezifikation $SPEC$ (auch $SPEC$-Datentyp bzw. $SPEC$-Algebra) besteht aus einem Datentyp $\mathbf{A}_{IMPORT}$ zu jeder importierten Spezifikation $IMPORT$, einer Datenmenge A_s zu jeder neuen Sorte s, einem ausgezeichneten Element $c_A \in A_s$ für jede neu deklarierte Konstante $c: \ \rightarrow s$, einer funktionalen Operation $op_A : A_{s_1} \times \ldots \times A_{s_n} \rightarrow A_s$ für jede neu deklarierte Operation $op : s_1 \ldots s_n \rightarrow s$, so daß die spezifizierten Gleichungen gelten, was im nächsten Absatz präzisiert wird.

Ist **A** ein Datentyp zur Signatur der Spezifikation $SPEC$, wo also die Gleichungen ignoriert werden, so lassen sich Terme als Datenzugriffe in **A** *interpretieren*, indem man Variablen beliebig *belegt* und die Operationsnamen, die im Term vorkommen, durch die zugehörigen ausgezeichneten Elemente und Operationen ersetzt. Eine Gleichung $L = R$ *gilt* dann in **A**, wenn die Interpretation von L und R für jede Variablenbelegung denselben Wert in **A** ergibt.

Mit den abgeleiteten Gleichungen hat es eine besondere Bewandtnis. Denn sie gelten in jedem Datentyp zur Spezifikation $SPEC$. Und wenn eine Gleichung in jedem Datentyp zur Spezifikation $SPEC$ gilt, läßt sie sich bereits ableiten. Das Ableiten ist also ein algorithmischer Prozeß, mit dem sich alle Eigenschaften generieren lassen, die allen $SPEC$-Datentypen gemeinsam sind.

Terme und Gleichungen stellen also syntaktische Konstrukte dar, durch die Datentypzugriffe und Eigenschaften von Datentypen ausgedrückt werden können. Darüber hinaus lassen sich mit ihrer Hilfe Datentypen konstruieren. So definiert der Termbildungsprozeß auf den Termmengen als Datenmengen Datentypoperationen. Und wenn man dann noch alle ableitbar gleichen Terme auch tatsächlich gleichsetzt, entsteht ein Datentyp, in dem alle spezifizierten Gleichungen gelten. Diese sogenannte *Quotiententermalgebra* ist frei über den gewählten Variablenmengen erzeugt. Betrachtet man speziell Terme ohne Variablen, erhält man die initiale Algebra zu einer Spezifikation, die eine eindeutige Datentypsemantik bildet.

2.4 Testen als Auswerten von Termen

Das Ableiten von Gleichungen ist ein algorithmischer Prozeß, der Eigenschaften der spezifizierten Datentypen generiert und sich in verschiedener Weise als operationelle Semantik algebraischer Spezifikationen nutzen läßt.

Möchte man beispielsweise den Wert einer Operation *op* für bestimmte Argumente erfahren, dann ist das durch die Gleichung $op(t_1, \ldots, t_n) = t'$ ausgedrückt, wenn der Term t' den Wert repräsentiert und t_i für $i = 1, \ldots, n$ das i-te Argument ist. Dabei könnte t' als erwartetes Ergebnis vorgegeben werden. Der Testfall $op(t_1, \ldots, t_n) = t'$ geht also genau dann positiv aus, wenn diese Gleichung ableitbar ist.

Es ist auch möglich, t' zu suchen. Da $op(t_1, \ldots, t_n)$ ein beliebiger Term ist, wird dieser Vorgang Termauswertung genannt. Um triviale Ergebnisse wie die Eingabe selbst zu vermeiden, darf t' allerdings nicht frei gewählt werden können. Üblicherweise wird verlangt, daß t' einer Ausgabebedingung *OUT* genügt, die eine Menge T_{OUT} von Ausgabetermen fixiert. Ein Termauswerter erhält somit folgende Form:

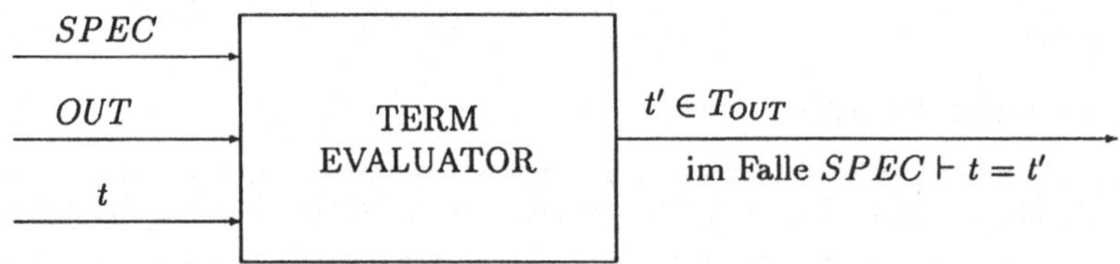

Abbildung 1: Termauswerter

Es ist dabei allerdings unrealistisch, einfach alle ableitbaren Gleichungen zu generieren und zu warten, bis eine Gleichung der gewünschten Form erscheint. Stattdessen werden für eine spezifizierte Gleichung $L = R$ Substitutionen und Operationsanwendungen so kombiniert, daß links ein gegebener aktueller Term entsteht. Mit dem rechts entstehenden Term als neuem aktuellen Term wird dann weitergearbeitet. Dieser Schritt der *Gleichungsanwendung* wird mit dem Eingabeterm begonnen und solange fortgesetzt, bis ein Ausgabeterm entstanden ist. Entsteht durch Gleichungsanwendung aus dem Term t der Term t', wird dafür $t \rightarrow t'$ geschrieben. Bei iterierter Gleichungsanwendung wird ein Stern über den Pfeil gesetzt, d.h. $t_0 \xrightarrow{*} t_n$ kürzt $t_0 \rightarrow t_1 \rightarrow \ldots \rightarrow t_n$ ab. Im folgenden wird angenommen, daß Termauswerter mit Hilfe von Gleichungsanwendungen ableiten. Man beachte, daß bei einer Gleichungsanwendung die Richtung von Gleichungen nie umgedreht wird. Tatsächlich können Gleichungen nicht mehr abgeleitet werden, bei denen die Symmetrie notwendig eingeht.

Als Ausgabebedingungen werden im folgenden zwei Standardfälle verwendet. Soweit nichts anderes gesagt ist, werden reduzierte Terme, auf die keine der spezifizierten Gleichungen anwendbar ist, als Ausgabeterme eingesetzt. Die Eingabe *OUT* kann dann entfallen. Alternativ kann in *OUT* eine Liste von Operationsnamen eingegeben werden. Als Ausgabeterme oder *Werteterme* werden dann alle Terme betrachtet, die nur aus diesen Operationen aufgebaut sind.

2.5 Binäre Bäume zum Beispiel (Teil 2)

In **bintree** ist das Auswerten von Termen einfach. Dazu werden Operationen gewählt, die Werteterme definieren. Für **bool** sind das *TRUE* und *FALSE*, so daß alle Booleschen Ausdrücke, in denen noch logische Operatoren vorkommen, nicht als Wahrheitswerte angesehen werden können. Für **bintree** werden die beiden Operationen *EMPTY* und $(-,-,-)$ verwendet, die ja auch anschaulich gerade die binären Bäume aufbauen.

Terme der Sorte **bool** ohne $IS - EMPTY$ sind einfache Boolesche Ausdrücke und werden auch so ausgewertet. Terme, die mit $IS - EMPTY$ beginnen, ergeben in einer Gleichungsanwendung $TRUE$ oder $FALSE$. Terme der Sorte **bintree** sind bereits Werteterme (und gleichzeitig reduzierte Terme).

Interessanter wird die Situation, wenn weitere Operationen spezifiziert und ausgewertet werden. Das soll anhand der Höhe und der Balance, das ist die Höhe, bis zu der ein Baum balanciert ist, demonstriert werden. Beide Operationen lassen sich rekursiv über den Aufbau binärer Bäume definieren, wenn eine Spezifikation der natürlichen Zahlen mit allen erforderlichen Operationen einschließlich einer Fallunterscheidung importiert wird.

measure = bintree + nat +
opns: $HEIGHT, BAL : bintree \rightarrow nat$
vars: $L, R : bintree$
$x : alphabet$
eqns: $HEIGHT(EMPTY) = 0$
$HEIGHT((L, x, R)) = SUCC(MAX(HEIGHT(L), HEIGHT(R)))$
$BAL(EMPTY) = 0$
$BAL((L, x, R)) =$
$if\ IS\ L\ EMPTY\ or\ IS\ R\ EMPTY\ then\ 1$
$else\ SUCC(MIN(BAL(L), BAL(R)))$

Die Höhe eines Baumes kann dann folgendermaßen ausgerechnet werden:

$$
\begin{aligned}
&HEIGHT(((EMPTY, a, EMPTY), b, EMPTY)) = \\
&= SUCC(MAX(HEIGHT((EMPTY, a, EMPTY)), HEIGHT(EMPTY))) \\
&= SUCC(MAX(HEIGHT((EMPTY, a, EMPTY)), 0)) \\
&= SUCC(MAX(SUCC(MAX(HEIGHT(EMPTY), HEIGHT(EMPTY))), 0)) \\
&= SUCC(MAX(SUCC(MAX(0, HEIGHT(EMPTY))), 0)) \\
&= SUCC(MAX(SUCC(MAX(0, 0)), 0)) = \ldots = 2
\end{aligned}
$$

wobei die letzten Auswertungsschritte natürlich nur dann funktionieren, wenn das Maximum natürlicher Zahlen richtig spezifiziert ist.
Die Balance desselben Baumes ergibt einen anderen Wert:

$$
\begin{aligned}
&BAL((EMPTY, a, EMPTY), b, EMPTY)) = \\
&= if\ IS\,(EMPTY, a, EMPTY)\,EMPTY\ or\ IS\,(EMPTY)\,EMPTY\ then\ 1\ else\ \ldots \\
&= if\ FALSE\ or\ IS\,EMPTY\ EMPTY\ then\ 1\ else\ \ldots \\
&= if\ FALSE\ or\ TRUE\ then\ 1\ else\ \ldots \\
&= if\ TRUE\ then\ 1\ else\ \ldots = 1
\end{aligned}
$$

wobei der *else*-Teil nicht explizit aufgeführt ist, weil er in das Ergebnis nicht eingeht. Für die letzte Gleichungsanwendung muß die Fallunterscheidung und für die vorletzte die Disjunktion entsprechend spezifiziert sein.

3 Testen in verteilten Spezifikationen

Die Interpreter und Termauswerter der meisten algebraischen Spezifikationssprachen arbeiten nach dem im vorigen Abschnitt diskutierten Prinzip, das darin besteht, in jedem Schritt eine aus allen bekannten Gleichungen anzuwenden. Termersetzung in anderen Anwendungszusammenhängen wird ebenfalls so betrieben. Für große Spezifikationen oder Gleichungsmengen ist diese Art der Termauswertung nur bedingt zu Testzwecken geeignet, weil der Aufwand, eine anwendbare Gleichung zu finden, proportional zur Zahl der Gleichungen wächst. Konzeptionell ist auch unbefriedigend, daß die Struktur strukturiert erstellter Spezifikationen nicht ausgenutzt wird. In diesem Abschnitt wird ein Vorschlag für ein verteiltes Testen unterbreitet, das die Nachteile des zentralen Testens auf der Grundlage aller Gleichungen einer Spezifikation vermeidet.

Um die Situation nicht übermäßig zu komplizieren, wird angenommen, daß die zu testende Spezifikation gemäß ihrer Importstruktur verteilt ist. Der azyklische Graph, der die Importbeziehungen ausdrückt, ist also gleichzeitig ein Prozessor- bzw. Interpreternetz, in dessen Knoten Terme auswertbar sind und über dessen Kanten Informationen verschickt werden können. Die Auswertung eines Terms beginnt in einem aktuellen Knoten durch Anwendung des Interpreters. Ist dessen Ausgabe ein Ergebnisterm der aktuellen Spezifikation, so endet die Auswertung damit. Andernfalls wird die Ausgabe nach oben zu den importierten Spezifikationen gereicht zur weiteren Auswertung. Wie die Beispiele zeigen werden, sind in der Regel mehrere Durchgänge durch das Netz erforderlich, um einen Term auszuwerten.

3.1 Auswertungsnetz

Um die Verteilung einer Spezifikation zu präzisieren und auf dieser Grundlage ein Verfahren zum verteilten Auswerten und Testen vorstellen zu können, wird die Importstruktur einer Spezifikation, die nach Definition einen azyklischen Graphen bildet, zu einem Auswertungsnetz ergänzt.

Ein *Auswertungsnetz* besteht aus

(1) einem azyklischen Graphen G mit einer Knotenmenge $\{v_1, \ldots, v_n\}$ und einer Kantenmenge E, bei der jedes Element $e = (v_{i(e)}, v_{j(e)})$ ein Paar von Knoten ist mit $i(e) < j(e)$,

(2) einer Knotenmarkierung $SPEC$, die jedem Knoten v_j eine Spezifikation $SPEC(v_j)$ zuordnet mit folgender Eigenschaft für alle Knoten v_j:

Sind $v_{i_1}, \ldots, v_{i_k}$ alle Vorgänger von v_j, d.h. sind $(v_{i_1}, v_j), \ldots, (v_{i_k}, v_j)$ alle Kanten nach v_j, dann sind $SPEC(v_{i_1}), \ldots, SPEC(v_{i_k})$ gerade alle von $SPEC(v_j)$ importierten Spezifikationen,

(3) einer Knotenmarkierung $EVAL$, die jedem Knoten v_j einen Termauswerter $EVAL(v_j)$ zuordnet, der nur die in $SPEC(v_j)$ neu spezifizierten Gleichungen verwendet und für jede neue Sorte eine Ausgabebedingung kennt, so daß er entscheiden kann, ob ein Term einen Wert darstellt,

(4) einer Knotenmarkierung $COMP$, die jedem Knoten v_j einen Auswertungszustand $COMP(v_j)$ zuordnet, d.h. eine Menge von Gleichungen, wobei jede Gleichung noch mit einem der Symbole $*, \uparrow, \downarrow$ und & markiert ist. Die Bearbeitung dieser Gleichungen und die Rolle der Spezialsymbole sind im nächsten Punkt beschrieben.

Im *initialen Auswertungsnetz* sind alle Auswertungszustände leer.

Für die Verwendung von Auswertungsnetzen werden noch einige hilfreiche Sprechweisen eingeführt. Da azyklische Graphen Bäume verallgemeinern, wird ein Knoten, in den keine Kante führt, *Wurzel* und einer, von dem keine Kante ausgeht, *Blatt* genannt. Die Wege in einem azyklischen Graphen induzieren eine partielle Ordnung auf den Knoten, die sich auch geometrisch - hier durch oben und unten - veranschaulichen läßt. Genauer gesagt, wird angenommen, daß Kanten immer von oben nach unten laufen. Da nach Punkt 2 die Spezifikation eines Knoten in allen Spezifikationen benutzt werden kann, zu deren Knoten Wege führen, sind also in graphischen Darstellungen von Auswertungsnetzen (vgl. 3.3) die importierten Moduln einer Spezifikation oberhalb zu finden. Die Pfeilrichtung einer Kante besagt in dieser Hinsicht, daß das Ziel die Quelle importiert.

3.2 Auswerten in Auswertungsnetzen

Die Auswertung von Termen erfolgt in einem Auswertungsnetz durch Änderung von Auswertungszuständen. Dabei werden einzelne Gleichungen in einzelnen Knoten in Abhängigkeit von ihren Spezialsymbolen bearbeitet. In einer Gleichung $t = t'$ eines Auswertungszustandes repräsentiert t den zu testenden Ausdruck und t' ein Zwischenergebnis oder ein Ergebnis. Das Symbol $*$ deutet darauf hin, daß die zugehörige Gleichung sich in der Auswertung befindet. Ein Term t, der getestet werden soll, kann von außen als Gleichung $t = t*$ eingegeben werden. Das Symbol $\uparrow$ gibt an, daß die zugehörige Gleichung nach oben weitergereicht werden soll. Das Symbol $\downarrow$ weist auf die umgekehrte Richtung. Das Symbol & schließlich teilt mit, daß die rechte Seite der zugehörigen Gleichung bereits ein Wertterm ist. Diese Gleichung meldet eine erfolgreiche Auswertung an den Eingabeknoten und darf deshalb nach oben und unten geschickt werden. Neben dieser Kommunikation längs der Kanten des Netzes kann in jedem Knoten ausgewertet werden. Außerdem können in Wurzeln und Blättern die Richtungspfeile umgedreht werden, so daß der Vorgang des Hoch- und Hinunterschickens beliebig oft wiederholt werden kann. Im einzelnen können sich Auswertungszustände folgendermaßen ändern, wobei ein Auswertungsnetz mit dem unterliegenden Graphen G und den Knotenmarkierungen $SPEC$, $EVAL$ und $COMP$ vorausgesetzt wird:

(1) Die *Eingabe* eines Terms t im Knoten v ergibt die abgeleitete Auswertungszustandsmarkierung $COMP'$ mit

$$COMP'(v) = COMP(v) \cup \{t = t*\} \text{ und } COMP'(v') = COMP(v') \text{ sonst.}$$

(2) Eine Gleichung $t = t'* \in COMP(v)$ kann durch Kopieren zur Auswertung vorbereitet werden. Die *Vorbereitung* ergibt die abgeleitete Auswertungsmarkierung $COMP'$ mit

$$COMP'(v) = COMP(v) \cup \{t = t' \uparrow\} \text{ und } COMP'(v') = COMP(v') \text{ sonst.}$$

(3) Eine Gleichung $t = t' \uparrow \in COMP(v)$ kann ausgewertet werden. Sei t'' ein Term mit $t' \xrightarrow{*} t''$, wobei nur Gleichungsanwendungen des Auswerters $EVAL(v)$ eingehen. Dann ergibt die *Auswertung* die abgeleitete Auswertungszustandsmarkierung $COMP'$ mit

$$COMP'(v) = (COMP(v) - \{t = t' \uparrow\}) \cup \{t = t'' \uparrow\} \text{ und } COMP'(v') = COMP(v') \text{ sonst.}$$

(4) Ist in einer Gleichung $t = t' \uparrow \in COMP(v)$ t' ein Wertterm bezüglich $SPEC(v)$, so ergibt die *Werterkennung* die abgeleitete Auswertungsmarkierung $COMP'$ mit

$$COMP'(v) = (COMP(v) - \{t = t' \uparrow\}) \cup \{t = t' \&\} \text{ und } COMP'(v') = COMP(v') \text{ sonst.}$$

(5) Eine Gleichung $t = t' @ \in COMP(v)$ mit $@ = \&$ oder $@ = \uparrow$ kann nach oben geschickt werden. Seien dazu $v_{i_1}, \ldots, v_{i_k}$ alle Vorgänger von v. Dann ergibt das *Hochschicken* die abgeleitete Auswertungszustandsmarkierung $COMP'$ mit

$$\begin{aligned} &COMP'(v) = COMP(v) - \{t = t' @\}, \\ &COMP'(v_{i_j}) = COMP(v_{i_j}) \cup \{t = t' @\} \text{ für } j = 1, \ldots, k \text{ und} \\ &COMP'(v') = COMP(v') \text{ sonst.} \end{aligned}$$

(6) Ist $t = t' \uparrow \in COMP(v)$ und v eine Wurzel, d.h. existiert keine Kante $(\overline{v}, v)$, dann kann die Gleichung nicht mehr nach oben geschickt werden. Die *obere Umkehr* ergibt die abgeleitete Auswertungszustandsmarkierung $COMP'$ mit

$$COMP'(v) = (COMP(v) - \{t = t' \uparrow\}) \cup \{t = t' \downarrow\} \text{ und } COMP'(v') = COMP(v) \text{ sonst.}$$

(7) Eine Gleichung $t = t' @ \in COMP(v)$ mit $@ = \&$ oder $@ = \downarrow$ kann nach unten geschickt werden. Seien dazu $v_{i_1}, \ldots, v_{i_k}$ alle Nachfolger von v, d.h. seien $(v, v_{i_1}), \ldots, (v, v_{i_k})$ alle Kanten, die von v ausgehen. Das *Hinunterschicken* ergibt die Auswertungszustandsmarkierung $COMP'$ mit

$$COMP'(v) = COMP(v) - \{t = t'@\},$$
$$COMP'(v_{i_j}) = COMP(v_{i_j}) \cup \{t = t'@\} \text{ für } j = 1, \ldots, k \text{ und}$$
$$COMP'(v') = COMP(v') \text{ sonst.}$$

(8) Ist $t = t' \downarrow \in COMP(v)$ und v ein Blatt, d.h. existiert keine Kante $(v, \overline{v})$, dann kann die Gleichung nicht mehr weiter nach unten geschickt werden. Die *untere Umkehr* ergibt die Auswertungszustandsmarkierung $COMP'$ mit

$$COMP'(v) = (COMP(v) - \{t = t' \downarrow\}) \cup \{t = t' \uparrow\} \text{ und}$$
$$COMP'(v') = COMP(v') \text{ sonst.}$$

(9) Gleichungen $t = t' *, t = t'' \uparrow \in COMP(v)$ führen zu einer *Fortsetzung*, die durch die abgeleitete Auswertungszustandsmarkierung $COMP'$ beschrieben ist mit

$$COMP'(v) = (COMP(v) - \{t = t' *, t = t'' \uparrow\}) \cup \{t = t'' *\} \text{ und}$$
$$COMP'(v') = COMP(v') \text{ sonst.}$$

Für jeden dieser Vorgänge wird $COMP \Longrightarrow COMP'$ geschrieben. Eine Sequenz

$$COMP_0 \Longrightarrow COMP_1 \Longrightarrow \ldots \Longrightarrow COMP_n$$

solcher verteilten Auswertungsschritte wird kurz mit $COMP_0 \overset{*}{\Longrightarrow} COMP_n$ bezeichnet.

Die Auswertung des Terms t im Knoten v (bzgl. der Auswertungszustandsmarkierung $COMP$) ist *erfolgreich* mit dem Wert t', wenn es eine Auswertungszustandsmarkierung $COMP'$ gibt mit $COMP \overset{*}{\Longrightarrow} COMP'$ und $\{t = t' *, t = t'\&\} \in COMP'(v)$.

3.3 Binäre Bäume zum Beispiel (Teil 3)

Zur Demonstration des Auswertens in einem Auswertungsnetz wird eine Spezifikation **test** entwickelt, die für binäre Bäume zwei Prädikate zur Verfügung stellt. Das erste Prädikat prüft die Balanciertheit, das zweite, ob linker und rechter Sohn des Baumes übereinstimmen. Ein Baum ist (vollständig) balanciert, wenn die Balance bereits seine Gesamthöhe hat. Um das Balanciertheitsprädikat zu spezifizieren, wird deshalb die Spezifikation **measure** aus 2.5 importiert. Das zweite Prädikat ist einfach zu beschreiben, wenn eine Gleichheitsabfrage zur Verfügung steht, die hier mit der Spezifikation **equality** importiert wird. Das zweite Prädikat wird nur eingeführt, um die Importstruktur etwas interessanter zu machen. Es wird selbst nicht weiter verwendet:

test = **measure** + **equality** +

opns:	$BAL?, TWIN? : bintree \rightarrow bool$
vars:	$B, L, R : bintree$
	$x : alphabet$
eqns:	$BAL?(B) = HEIGHT(B) \equiv BAL(B)$
	$TWIN?(EMPTY) = FALSE$
	$TWIN?((L, x, R)) = L \equiv R$

Die Gleichheitsabfrage für binäre Bäume stützt sich auf eine Gleichheitsabfrage für die Markierungen ab und nutzt direkt den rekursiven Aufbau:

equality = **bintree** +

opns:	$- \equiv - : bintree\ bintree \rightarrow bool$
vars:	$L, R, L', R' : bintree$
	$x, x' : alphabet$
eqns:	$EMPTY \equiv EMPTY = TRUE$
	$EMPTY \equiv (L', x', R') = FALSE$
	$(L, x, R) \equiv EMPTY = FALSE$
	$(L, x, R) \equiv (L', x', R') = L \equiv R \text{ and } x \equiv x' \text{ and } L' \equiv R'$

Die Benutzt- bzw. Importstruktur der Spezifikation **test** wird damit insgesamt durch folgenden azyklischen Graphen dargestellt, der die unterliegende Struktur des Auswertungsnetzes festlegt:

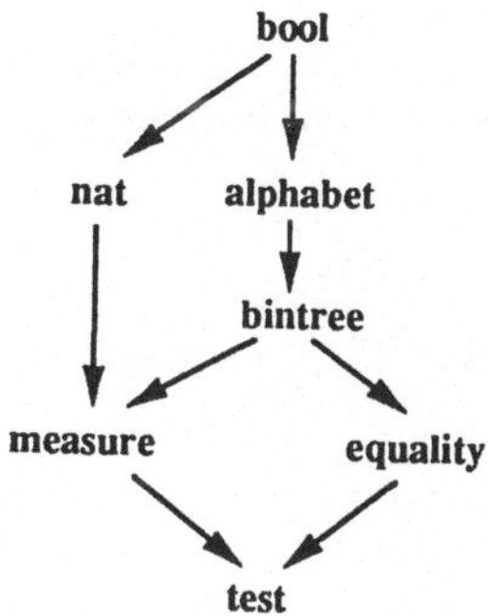

Abbildung 2: Importstruktur der Spezifikation **test**

In diesem Auswertungsnetz werden zwei Terme ausgewertet. Um den Schreibaufwand zu verringern, werden dabei nicht alle Ableitungsschritte im Auswertungsnetz explizit ausgeführt, sondern teilweise nur angedeutet.

Die Auswertung von $BAL?(EMPTY)$ ergibt in **test**:

$$BAL?(EMPTY) = HEIGHT(EMPTY) \equiv BAL(EMPTY)$$

Diese Gleichung wird nach oben geschickt. In **measure** wird weiter ausgewertet:

$$HEIGHT(EMPTY) \equiv BAL(EMPTY) = 0 \equiv BAL(EMPTY) = 0 \equiv 0.$$

Die Gleichung $BAL?(EMPTY) = 0 \equiv 0$ wird nach oben weitergegeben und ihre rechte Seite in **nat** zu $TRUE$ ausgewertet, was bei der Weitergabe nach oben in **bool** als Wert akzeptiert wird. Die Auswertung ergibt also , wie gewünscht, $BAL?(EMPTY) = TRUE$.
In **equality** dagegen kann der Term $HEIGHT(EMPTY) \equiv BAL(EMPTY)$ nicht vereinfacht werden, da keine Gleichung anwendbar ist. Beim Weiterreichen nach oben ändert sich in **bintree**, in **alphabet** und in **bool** nichts daran, so daß dieser Term auf diesem Wege als ergebnislos eingestuft wird.

Ähnlich, aber komplizierter verläuft die Auswertung des Terms

$$BAL?(t) \text{ mit } t = ((EMPTY, a, EMPTY), b, EMPTY).$$

In **test** ergibt sich:

$$BAL?(t) = HEIGHT(t) \equiv BAL(t).$$

In **measure** wird weiter ausgewertet, wie es für den Teilterm $HEIGHT(t)$ bereits in 2.5 vorgeführt ist:

$$HEIGHT(t) \equiv BAL(t) = SUCC(MAX(SUCC(MAX(0,0)),0)) \equiv BAL(t),$$

wobei $BAL(t)$ noch durch

$$t' = if\, IS\,(EMPTY, a, EMPTY)\, EMPTY\; or\; IS\, EMPTY\; EMPTY then\; 1\; else\; \ldots$$

ersetzt werden kann. Nach dem Hochschicken kann in **nat** ausgewertet werden zu $2 \equiv t'$, woran sich in **bool** nichts ändert und was deshalb als Zwischenergebnis nach **test** hinuntergeschickt wird:

$$BAL?(t) = 2 \equiv t'.$$

Diese Gleichung kann nach dem Hochschicken nun in **bintree** weiter bearbeitet werden, wie es für t' bereits in 2.5 detailliert ist:

$$2 \equiv t' = 2 \equiv if\; FALSE\; or\; TRUE\; then\; 1\; else\; \ldots$$

In **bool** wird dann noch $FALSE\; or\; TRUE$ zu $TRUE$ ausgewertet, so daß nach dem Hinunterschicken in **test** als Zwischenergebnis erscheint:

$$BAL?(t) = 2 \equiv if\, TRUE\; then\; 1\; else\; \ldots$$

Erneutes Hochschicken liefert in **nat** bei geeigneter Spezifikation der Fallunterscheidung $2 \equiv 1$ und bei entsprechender Definition der Gleichheitsabfrage natürlicher Zahlen $FALSE$, was in **bool** als Wert erkannt wird. Die Auswertung bestätigt also, daß der Baum t nicht balanciert ist.

3.4 Eigenschaften des verteilten Testens

Für das im Unterabschnitt 3.2 vorgeschlagene Auswertungs- und Testverfahren, mit dem Terme in einem Interpreternetz verteilt ausgewertet werden können, lassen sich erste Ergebnisse formulieren, die seine prinzipielle Brauchbarkeit andeuten. Dazu wird ein initiales Auswertungsnetz mit unterliegendem Graphen G und Knotenmarkierungen $SPEC, EVAL$ und $INIT$ vorausgesetzt, wobei $INIT$ jedem Knoten die leere Menge als Auswertungszustand zuordnet. Um sicher im Bereich des Effektiven zu bleiben, werden außerdem nur Auswertungszustandsmarkierungen betrachtet, die aus $INIT$ ableitbar sind. Sei außerdem $SPEC_{flat}$ die Spezifikation, die durch Plätten der Spezifikationen $SPEC(v)$ für alle Knoten v entsteht, d.h. durch Vereinigungen aller Sorten, Operations- und Variablendeklarationen sowie aller Gleichungen. Entsprechend wird die Ausgabebedingung von $SPEC_{flat}$ als Vereinigung der Ausgabebedingungen in den Knoten gebildet, wenn diese durch Operationsmengen spezifiziert sind. Im allgemein bilden die Werteterme in den Knoten zusammen die Werteterme für $SPEC_{flat}$. Dann gilt folgendes:

1. Sei $t \xrightarrow{*} t'$ eine Ableitung in $SPEC_{flat}$ für einen Term t und einen Ausgabeterm t', v ein beliebiger Knoten und $COMP$ eine beliebige Auswertungszustandsmarkierung.

   Dann kann eine Ableitung $COMP \overset{*}{\Longrightarrow} COMP'$ konstruiert werden mit

   $$\{t = t' *, t = t' \&\} \subseteq COMP'(v),$$

   d. h. die Auswertung von t im Knoten v ist erfolgreich mit dem Wert t'.

2. Sei umgekehrt t ein im Knoten v bezüglich der Auswertungszustandsmarkierung $COMP$ erfolgreich auswertbarer Term mit dem Ergebnis t'.

   Dann gilt $t \xrightarrow{*} t'$ in $SPEC_{flat}$.

3. Alle Ableitungsschritte, die auf einer Auswertungszustandsmarkierung definiert sind und paarweise verschiedene Gleichungen betreffen, können parallel ausgeführt werden.

Tatsächlich kann zu einer Ableitung $t \xrightarrow{*} t'$ in $SPEC_{flat}$ mit n Gleichungsanwendungen des zentralen Auswerters eine Ableitung im Auswertungsnetz so konstruiert werden, daß die Auswerter in den Netzknoten zusammen auch nur n Gleichungsanwendungen vornehmen. Ist der Aufwand einer Gleichungsanwendung proportional zur Zahl der Gleichungen und sind die Gleichungen gleichmäßig über die Knoten verteilt, dann dividiert sich der reine Auswertungsaufwand durch die Knotenzahl. Allerdings kommt der Aufwand für die Kommunikation neu hinzu, was aber insgesamt günstiger sein kann, wenn die Kommunikation billiger ist als das eigentliche Auswerten.

Eine weitere Beschleunigung kann in diesem Modell erzielt werden, wenn man berücksichtigt, daß beliebig viele Terme gleichzeitig ausgewertet werden können und daß die einzelnen Bearbeitungsschritte, wie das dritte Ergebnis zeigt, hochgradig parallel sind. Um das explizit zu zeigen, müßte allerdings erst einmal der verteilte Auswertungsmechanismus um Parallelschritte erweitert werden.

Die ersten beiden Ergebnisse lassen sich auch so ausdrücken, daß das verteilte Testen gegenüber dem sequentiellen Auswerten vollständig und konsistent ist. Forderte man jedoch, daß die Auswerter in den Knoten immer Gleichungen bis zu reduzierten Termen beziehungsweise bis zu Wertetermen anwenden, ließe sich nicht mehr jede sequentielle Auswertung in eine verteilte umwandeln.

4 Schlußbemerkungen

In dieser Arbeit wird ein neues Konzept zum Testen algebraischer Spezifikationen vorgeschlagen, bei dem die Importstruktur auf ein Interpreternetz abgebildet wird und so eine Verteilung des Testvorgangs erfolgt. Erste Ergebnisse zeigen, daß das verteilte Testen effizienter als das übliche sequentielle Auswerten sein kann. Andererseits ist das verteilte Testen noch in mehreren Punkten verbesserungswürdig:

(1) Das Konzept paralleler Ableitungsschritte im Auswertungsnetz muß explizit eingeführt werden.

(2) Von den neun verschiedenen Ableitungsschritten im Auswertungsnetz sind häufig viele gleichzeitig anwendbar, so daß das Testverfahren in seiner jetzigen Fassung stark nichtdeterministisch ist. Durch Kontroll- und Synchronisationsmechanismen könnte noch wesentlich systematischer ausgewertet werden.

(3) Von den zu bearbeitenden Gleichungen und Termen können die Auswerter in den darüberliegenden Knoten oft nur kleine Teile weiter auswerten. Deshalb müßten gar nicht immer die vollständigen Gleichungen nach oben geschickt werden.

(4) Einige Arbeitsschritte im Auswertungsnetz mögen willkürlich wirken. Tatsächlich wäre zu untersuchen, welche Modifikationen Sinn machen. Beispielsweise spricht nichts dagegen, auch während des Hinunterschickens in den Knoten auszuwerten.

(5) Der hier vorgeschlagene Ansatz muß mit anderen Anstzen zur strukturierten Auswertung von Termen verglichen werden (siehe dazu z. B. die umfassende Arbeit von Middeldorp [Mid90] und den Ansatz von Kurihara und Kaji [KK90]).

Bevor die Brauchbarkeit des vorgestellten Verfahrens feststeht, sind weitere theoretische Untersuchungen erforderlich. Zukünftige Arbeit an diesem Thema sollte aber vor allem auch praktische Experimente einschließen.

Danksagung

Für diverse Hinweise auf die Verwendung von algebraischen Spezifikationen im Zusammenhang mit dem Testen von Software bin ich Jens Herrmann sehr dankbar. Für viele nützliche Kommentare zu einer Vorfassung dieser Arbeit möchte ich Frank Drewes, Sabine Kuske, Detlef Plump, Andreas Spillner und Karin Vosseberg danken.

Literaturhinweise

[BGM90] G. Bernot, M.C. Gaudel, B. Marre: Software Testing Based on Formal Specifications: a Theory and a Tool, L. R. I. Research Report 581, Orsay 1990.

[BCFG86] L. Bougé, N. Choquet, L. Fribourg, M. C. Gaudel: Test Sets Generation from Algebraic Specifications Using Logic Programming, Journal of Systems and Software 6, 4 (1986), 343-360.

[Cho87] C. Choppy: Formal Specifications, Prototyping and Integration Tests, Proc. 1st ESEC, Straßburg 1987, 185-192.

[EM85] H. Ehrig, B. Mahr: Fundamentals of Algebraic Specification 1: Equations and Initial Semantics, EATCS Monographs on Theoretical Computer Science 6, Springer, Berlin-Heidelberg-New York-Tokyo 1985.

[GHM81] J. Gannon, P. Mc.Mullin, R. Hamlet: Data Abstraction – Implementation, Specification, and Testing, ACM Transcations on Programming, Languages and Systems 3,3 (1981), 211-223.

[GM88] M. C. Gaudel, B. Marre: Algebraic Specifications and Software Testing: Theory and Applications, L. R. I. Research Report 407, Orsay 1988.

[Jal89] P. Jalote: Testing the Completeness of Specifications, IEEE Transactions on Software Engineering 15,5 (1989), 526-531.

[Kre91] H.-J. Kreowski: Logische Grundlagen der Informatik, Handbuch der Informatik 1.1, Oldenbourg, München 1991.

[KK90] M. Kurihara, I. Kaji: Modular Term Rewriting Systems and the Termination, Information Processing Letters 34 (1991), 1-4.

[Mid90] A. Middeldorp: Modular Properties of Term Rewriting Systems, Ph. D. thesis, Vrije Universiteit Amsterdam, 1990.

[San91] S. Sankar: Run-Time Consistency Checking of Algebraic Specifications, TAV 4 (1991), 123-129.

Ein stochastisches Fehlermodell zur Kommunikation

H. W. Pohl
GMD FIRST
Hardenbergplatz 2
W-1000 Berlin 12

1. Einleitung

Beim Institut für Rechner- und Softwaretechnologie der GMD in Berlin wird im Rahmen des DIAMOND-Projektes ein Expertensystem zur Diagnose von Parallelrechnern entwickelt. Die vorliegende Arbeit befaßt sich mit der Behandlung sporadischer Fehler bei Kommunikationstests, so wie sie in diesem System implementiert worden ist. Das Augenmerk liegt dabei nicht auf dem Kommunikationsmedium, sondern auf den die Kommunikation unterstützenden Hard-und Softwareeinheiten bei den Kommunikationspartnern. Das Kommunikationsmedium selbst wird als intakt vorausgesetzt.

Um etwas Konkretes vor Augen zu haben, kann man sich als einfachsten Fall eine Menge von Prozessorboards (Knoten) vorstellen, die über einen parallelen Bus miteinander kommunizieren können und die alle einzeln mit dem Hostsystem verbunden sind (das letztere ist nur für Inbetriebnahme und Prüffeld realistisch). Selbst bei vorausgesetzt permanenten Fehlern liegt eine optimale Teststrategie zur Identifizierung der defekten Knoten nicht auf der Hand. Zur Illustration nehmen wir an, wir wüßten von einem Knoten schon, daß er intakt ist. Ist die Ausfallwahrscheinlichkeit sehr klein, so liegt es nahe, zum Test zwei noch nicht getestete Knoten auszusuchen. Mit hoher Wahrscheinlichkeit stellt sich kein Fehler ein, und pro Knoten wird ein halber Test benötigt. Dieselbe Strategie verlangt aber bei hoher Fehlerwahrscheinlichkeit pro Knoten drei halbe Tests, denn im (wahrscheinlichen) Fehlerfall kann ich mich von dem Defektsein eines Knotens nur überzeugen, wenn ich ihn mit einem Knoten teste, von dem ich schon weiß, daß er intakt ist. Dies kann ich aber gleich tun und erhalte so pro Knoten in etwa einen Test. Wie soll also eine allgemeine Strategie aussehen? Und vor allem, wie soll sie aussehen, wenn sporadische Fehler mit einbezogen werden?

Zum Zwecke der Vereinfachung der Darstellung betrachten wir symmetrische Kommunikationstests, die sich so realisieren lassen, daß beide Partner abwechselnd als Sender und Empfänger fungieren. Andernfalls, bei nicht symmetrischen Tests, müßte man zumindest logisch den sendenden Teil vom empfangenden unterscheiden. Kommunizieren können dann nur Sender mit Empfängern, nicht etwa Sender mit Sendern. Für unsere Überlegungen hier spielt das keine wesentliche Rolle, und so verzichten wir darauf.

Da Kommunikationsprozesse so komplex sind und die Fehlermöglichkeiten so mannigfaltig, scheint es praktisch unmöglich, ein exaktes Fehlermodell aufzustellen. Wahrscheinlich ist es auch nicht wünschenswert, denn es wäre sehr stark auf einen bestimmten Rechner zugeschnitten und somit schwer auf andere Architekturen zu übertragen. Wir würden es vorziehen, einen „Toolkit" von parametrisierbaren Fehlermodellen zu haben, mit dessen Hilfe sich dann ein für die jeweilige Anwendung geeignetes Modell auswählen oder generieren läßt.

2. Grundlegende Begriffe

Gegeben sei eine Menge von Knoten $M = \{a_1, a_2, a_3, \ldots, a_n\}$. Unter einem **Testsyndrom** verstehen wir ein Paar $T = (F, S)$, dessen erste Komponente eine Folge von Zweiermengen aus M ist, $F = (\{a_1, b_1\}, \{a_2, b_2\}, \ldots, \{a_N, b_N\})$ und dessen zweite Komponente eine 0-1-Folge gleicher Länge, $S = (S_1, S_2, \ldots, S_N)$. Dabei soll generell bedeuten: 0 = "OK", 1 = "Fehler".

Wir interpretieren dies wie folgt: F ist eine irgendwie und beliebig ausgewählte Folge von Kommunikationstests und S die Folge der zugehörigen Testresultate. Die Wahl von Zweiermengen (und nicht etwa von Paaren verschiedener Knoten aus M) harmoniert mit der vorausgesetzten Symmetrie der Tests.

Mit **Ausfallmenge** bezeichnen wir diejenige Teilmenge von M, die genau die tatsächlich defekten Knoten enthält. In Abhängigkeit vom Fehlermodell gibt es einen unterschiedlichen Zusammenhang zwischen Testsyndrom und Ausfallmenge. Wir wollen ein Testsyndrom T mit einer Ausfallmenge A **verträglich** nennen, wenn (abhängig vom Fehlermodell) sich bei A das Syndrom T als Fehlerbild einstellen kann. Ein Testsyndrom soll mit einem Fehlermodell verträglich heißen, wenn es eine Ausfallmenge gibt, mit der das Syndrom bei diesem Fehlermodell verträglich ist.

Das im allgemeinen unerreichbare Wunschziel ist es, bei Kenntnis des Testsyndroms die Ausfallmenge exakt bestimmen zu können.

3. Das statische Fehlermodell

Permanente oder statische Fehler sind dadurch gekennzeichnet, daß sich vorhandene Defekte immer als Fehler bemerkbar machen; es gibt keine "Wackelkontakte". Das hat einen straffen Zusammenhang von Ausfallmenge und Testsyndrom zur Folge. Sei $((F_i), (S_i))$ ein Testsyndrom und A eine Ausfallmenge. Als Verträglichkeitsbedingung verlangen wir hier, daß für alle i zwischen 1 und N gilt:

$$F_i \cap A \neq \varnothing \leftrightarrow S_i = 1$$

Der Doppelpfeil bezeichnet dabei die logische Äquivalenz. Mit diesem statischen Fehlermodell sind nicht alle Testsyndrome verträglich. Ein triviales Beispiel ist $F = (\{a, b\}, \{a, b\}), S = (0, 1)$. Es gibt genau dann eine Ausfallmenge A, mit der ein Syndrom (F, S) verträglich ist, wenn :

$$\forall i \left(F_i \subseteq \bigcup_{S_j = 0} F_j \rightarrow S_i = 0 \right)$$

D.h. es zeigt kein Paar einen Fehler, bei dem sich die Funktionsfähigkeit der Komponenten anderweitig (nicht unbedingt miteinander) nachweisen läßt.

4. Das nichtdeterministische sporadische Fehlermodell

Bei diesem Modell können sich fehlerhafte Elemente fehlerhaft verhalten, sie müssen es aber nicht. Ob sie es tun oder nicht, wird sozusagen außerhalb entschieden, und dieser "außerhalb" gelegene Entscheidungsmechanismus ist nicht Gegenstand der Betrachtung. Der charakterisierende Zusammenhang zwischen Testsyndrom und Ausfallmenge ist hier:

$$\forall i (S_i = 1 \rightarrow F_i \cap A \neq \varnothing)$$

Jedes Fehlersyndrom ist mit dem sporadischen Fehlermodell verträglich, denn $A = M$ erfüllt offensichtlich obige Formel. Ist A eine mit dem Syndrom verträgliche Ausfallmenge und $A \subseteq B \subseteq M$, so ist B ebenfalls eine mit dem Syndrom verträgliche Ausfallmenge. Wir können deshalb definieren: Eine Ausfallmenge A heißt **minimal-verträglich** mit einem Syndrom, wenn sie erstens verträglich ist und wenn sie zweitens keine echte Teilmenge hat, die ebenfalls mit dem Syndrom verträglich ist. Die minimal-verträglichen Ausfallmengen sind geeignet, die Gesamtheit der mit einem Syndrom verträglichen Ausfallmengen zu charakterisieren.

Wir definieren die Mengensystemoperationen $\mathfrak{I} \Diamond \mathfrak{R} = \{A \cup B | (A \in \mathfrak{I} \wedge B \in \mathfrak{R})\}$, $min(\mathfrak{I}) = \{A | (A \in \mathfrak{I} \wedge \neg\exists B (B \in \mathfrak{I} \wedge B \subset A))\}$ und $\mathfrak{I} \bullet \mathfrak{R} = min(\mathfrak{I} \Diamond \mathfrak{R})$. Wir haben damit eine Möglichkeit gewonnen, das zu einem Syndrom $((F_1, F_2, \ldots, F_N), (S_1, S_2, \ldots, S_N))$ gehörende System von minimal-verträglichen Ausfallmengen bestimmen zu können. Betrachten wir dazu zunächst das zu einem aus einem einzigen Testergebnis bestehenden Syndrom $((\{a, b\}), (s)) = (F, S)$ zugehörige System von minimal-verträglichen Ausfallmengen $\mathfrak{I}(F, S)$. Es ergibt sich $\mathfrak{I}((\{a, b\}), (0)) = \{\emptyset\}$ und $\mathfrak{I}((\{a, b\}), (1)) = \{\{a\}, \{b\}\}$. Das zum Syndrom gehörige minimal-verträgliche System ist somit $\mathfrak{I}(F_1, S_1) \bullet \mathfrak{I}(F_2, S_2) \bullet \mathfrak{I}(F_3, S_3) \ldots \mathfrak{I}(F_{N-1}, S_{N-1}) \bullet \mathfrak{I}(F_N, S_N)$. Dieser Ausdruck läßt sich sequentiell berechnen.

5. Das stochastische sporadische Fehlermodell

Der Unterschied zum nichtdeterministischen sporadischen Fehlermodell besteht im wesentlichen darin, daß der dort "außerhalb" liegende Entscheidungsmechanismus hier statistischen Gesetzmäßigkeiten unterliegt. Wir wollen als erstes versuchen, eine intuitive Vorstellung zu vermitteln: Irgendwann hat sich irgendjemand eine Folge $(F_i)_{1 \le i \le N}$ von Zweiermengen aus M ausgewählt mit der Absicht, die entsprechenden Tests auszuführen. In der Nacht vor dem Test nimmt sich Gottvater jeden einzelnen Knoten aus M in die Hand und würfelt sich aus (unabhängig von den anderen Knoten), ob der Knoten nun defekt ist oder nicht. Dies tut er mit einer Wahrscheinlichkeitsverteilung (sprich: einem Würfel), die (den) der Tester möglicherweise durch lange Erfahrung kennt. Der Tester weiß aber sicher nicht, wie gerade diese Nacht die Würfel gefallen sind. Kurzum, Gottvater kennt die Ausfallmenge, der Tester nicht. Am nächsten Tag, beim Testen, vergleicht Gottvater jedes F_i mit der nur ihm bekannten Ausfallmenge, sucht sich in Abhängigkeit vom Vergleichsresultat einen geeigneten Würfel aus (er hat drei davon, einer von ihnen hat nur eine Fläche) und entscheidet so, ob das Testresultat ein Fehler sein soll oder nicht. Möglicherweise sind dem Tester durch lange Erfahrung auch diese drei Würfel Gottvaters bekannt.

Auch wenn wir uns im folgenden wesentlich der Sprache der Zufallsfunktionen bedienen werden, wollen wir doch nicht versäumen, exakt den zugrundeliegenden (diskreten) Wahrscheinlichkeitsraum (Ω, P) zu konstruieren. Dazu sei $((F_1, F_2, \ldots, F_N), (S_1, S_2, \ldots, S_N)) = (F, S)$ ein Testsyndrom.

Als erstes $\Omega = 2^M \times \{0,1\}^N$. Dann konstruieren wir ein Wahrscheinlichkeitsmaß P_0 auf 2^M und einen Wahrscheinlichkeitskern (Probability Transition Function, stochastische Matrix) von 2^M nach $\{0,1\}^N$. Gegeben seien zwei Zahlen $0 \le p, q \le 1$, die in gewisser Weise die Würfel Gottvaters charakterisieren. p ist dabei die Wahrscheinlichkeit eines Defektes und q die Wahrscheinlichkeit, daß der Defekt sich im Test auswirkt. Die Fälle $p = 0$ und $p = 1$ sind uninteressant, wir setzen darum stets $p \neq 0, 1$ voraus. Ebenso wollen wir stets $q > 0$ verlangen, denn $q = 0$ würde bedeuten, daß sich fast sicher kein Fehler auswirkt. Der Fall $q = 1$ korrespondiert mit dem statischen Fehlermodell.

Zur Definition der Wahrscheinlichkeitskerne K_F von 2^M (eigentlich 2^{2^M}) nach $\{0,1\}$ führen wir die elementaren Kerne K_a für alle $a \in M$ ein. Sie repräsentieren den Einzelbeitrag eines Knotens zum Test. Wir werden sie später noch brauchen.

$K_a(A, 0) = (1-q)$ für $a \in A$

$K_a(A, 0) = 1$ sonst

$K_a(A, 1) = 1 - K_a(A, 0)$

$K_{\{a,b\}}(A, 0) = K_a(A, 0) \cdot K_b(A, 0)$ für $a \neq b$ und

$K_{\{a,b\}}(A, 1) = 1 - K_{\{a,b\}}(A, 0)$

Schließlich definieren wir P durch

$$P_0(A) = p^{|A|} \cdot (1-p)^{|\bar{A}|}$$

$$K_F(A, S) = \prod_{j=1}^{N} K_{F_j}(A, S_j)$$

$$P((A, S)) = P_0(A) \cdot K_F(A, S) \quad .$$

Wir betrachten die Projektionen $\alpha(A, S_1, S_2, \ldots, S_N) = A$ und $\sigma_i(A, S_1, S_2, \ldots, S_N) = S_i$, weiter sei $\sigma = (\sigma_1, \sigma_2, \ldots, \sigma_N)$. Da $p \neq 0, 1$ vorausgesetzt wurde, lassen sich unsere Wahrscheinlichkeitskerne K_F und K_{F_i} als bedingte Wahrscheinlichkeiten darstellen:

$$K_{F_i}(A, S) = P(\sigma_i = S | \alpha = A)$$

$$K_F(A, (S_1, S_2, \ldots, S_N)) = P(\sigma_1 = S_1, \sigma_2 = S_2, \ldots, \sigma_N = S_N | \alpha = A)$$

Offensichtlich sind die Zufallsfunktionen σ_i bei allen bedingten Maßen $P(.| \alpha = A)$ unabhängig. Bei P selbst sind sie aber im allgemeinen nicht unabhängig, wie uns ein kleines Beispiel zeigt: Sei $F = (\{a, b\}, \{a, b\})$, $p = 1/2$ und $q = 1$. Dann ergibt sich $P(\sigma_1 = 1) = 3/4$ und $P(\sigma_2 = 1) = 3/4$. Andererseits ist $P(\sigma_1 = 1, \sigma_2 = 1) = 3/4$, das ist vom Produkt verschieden. Dies scheint ganz natürlich zu sein, denn der Tester, der beim ersten Testergebnis noch neugierig war, wird nach 4711 Fehlermeldungen schon zu wissen glauben, wie das nächste Ergebnis aussieht.

Wir kommen zum eigentlichen Problem. Was wir wirklich wissen möchten sind für gegebenes $A \subseteq M$ oder $a \in M$ die Wahrscheinlichkeiten $P(\alpha = A | \sigma = S)$ bzw. $P(a \in \alpha | \sigma = S)$. In Worten: Wir interessieren uns für die Wahrscheinlichkeiten von Ausfallmengen unter der Bedingung, daß ein gewisses Syndrom beobachtet wurde. Die Antwort liefert die BAYESsche Formel:

$$P(\alpha = A | \sigma = S) = \frac{P(\alpha = A) \cdot P(\sigma = S | \alpha = A)}{\sum_{B \subseteq M} P(\alpha = B) \cdot P(\sigma = S | \alpha = B)}$$

Wie nicht anders zu erwarten, zeigt sich im Falle $q < 1$, daß $P(\alpha = A | \sigma = S)$ genau dann größer als 0 ist, wenn die Ausfallmenge A mit dem Syndrom (F, S) im Sinne des nichtdeterministischen sporadischen Fehlermodells verträglich ist. Bei $q = 1$ ist die Rückschlußwahrscheinlichkeit genau dann von 0 verschieden, wenn die Verträglichkeitsbedingung des statischen Fehlermodells erfüllt ist.

Zum Schluß noch die Feststellung, daß die Berechnung der BAYESschen Aposterioriwahrscheinlichkeiten sequentialisierbar ist. Wir können Aposterioriwahrscheinlichkeiten eines Anfangsstücks des Testsyndroms als

Aprioriwahrscheinlichkeiten für den Rest des Testsyndroms nehmen und erhalten dasselbe Resultat wie beim ganzen Syndrom. Unseres Erachtens wirkt sich die Sequentialisierung günstig auf die numerische Stabilität aus.

5.1. Welche Knoten testen wir als nächstes?

Das Problem, was wir nach einer gegebenen Testfolge mit bekanntem Ergebnis am besten als nächstes testen, läßt sich somit auf die Frage reduzieren, was wir bei beliebiger Anfangsverteilung am besten als erstes testen. Sei also jetzt P_0 eine beliebige Anfangsverteilung auf 2^M (genauer: auf $2^{(2^M)}$) und $K_{\{a,b\}}$ sei zu gegebenen $a, b \in M$ wie oben definiert. Auf $2^M \times \{0,1\}$ erhalten wir das Wahrscheinlichkeitsmaß P mit $P(A, S) = P_0(A) \cdot K_{\{a,b\}}(A, S)$. Als Gütemaß für eine Wahrscheinlichkeitsverteilung Q auf 2^M wählen wir die SHANNON-Entropie $H(Q)$, die folgendermaßen definiert ist.

$$H(Q) = -\sum_A Q(A) \cdot ln(Q(A))$$

Unter der Entropie einer Zerlegung $\mathfrak{R}$ versteht man $H(\mathfrak{R}) = -\sum_{A \in \mathfrak{R}} P(A) \cdot ln(P(A))$ und unter der Entropie einer Zufallsfunktion die Entropie der von der Zufallsfunktion erzeugten Zerlegung.

Je kleiner die Entropie, desto genauer ist die Ausfallmenge bestimmt. Im Extremfall $H(Q) = 0$ gibt es ein $A \subseteq M$ mit $Q(A) = 1$.

Es wird uns darauf ankommen, $a, b \in M$ so zu wählen, daß der Erwartungswert der Entropien der BAYESschen Rückschlußwahrscheinlichkeitsverteilungen minimal wird. Folgender Ausdruck ist zu minimieren:

$$H_\sigma(\alpha) = \sum_{S=0}^{1} P(\sigma = S) \cdot \left(-\sum_A P(\alpha = A \mid \sigma = S) \cdot ln(P(\alpha = A \mid \sigma = S))\right)$$

Da in diesem Zusammenhang $H(\alpha)$ als konstant zu betrachten ist, können wir auch sagen, daß wir

$$I(\sigma, \alpha) = H(\alpha) - H_\sigma(\alpha)$$

maximieren wollen. Dies ist die sogenannte SHANNON-Information von σ über α, sie ist in ihren Argumenten symmetrisch. Wir berechnen deshalb einfacher

$$I(\sigma, \alpha) = H(\sigma) - H_\alpha(\sigma)$$

Zur Vereinfachung der Schreibweise der Formeln treffen wir folgende Verabredungen: Für alle reellen x mit $0 \le x \le 1$ sei $H(x) = -(x \cdot ln(x)) - ((1-x) \cdot ln(1-x))$. Weiter sei:

$$p_0 = \sum_{a, b \notin A} Q(A)$$

$$p_2 = \sum_{a, b \in A} Q(A)$$

$$p_1 = 1 - p_0 - p_2$$

p_0 ist die Wahrscheinlichkeit, daß unter den Knoten a und b keiner defekt ist, entsprechend sind p_1 und p_2 die Wahrscheinlichkeiten, daß genau einer defekt ist bzw. beide defekt sind. Mit diesen Bezeichnungen ergibt sich:

$$I(\sigma, \alpha) = H((1-q)^2 p_2 + (1-q) p_1 + p_0) - p_2 H((1-q)^2) - p_1 H(1-q)$$

Fassen wir jetzt $I(\sigma, \alpha)$ als mit q parameterisierte Funktionsfamilie $I_q(p_0, p_1, p_2)$ mit Argumenten p_0, p_1 und p_2 auf, die auf dem Dreieck $p_0, p_1, p_2 \geq 0, p_0 + p_1 + p_2 = 1$ definiert ist. Wir stellen fest, daß $I_q(p_0, p_1, p_2)$ das Maximum auf dem Rand $p_1 = 0$ annimmt. Mit $t = 1 - (1-q)^2$ gilt:

$$p_2^{max} = \frac{1}{(e^{H(t)/t} + 1) \cdot t}$$

Mit diesen Werten $p_0^{max} = 1 - p_2^{max}, p_2^{max}, p_1^{max} = 0$ erhalten wir für die maximal bei einem Test zu erhaltende Information die obere Schranke

$$I^{max} = ln(\frac{e^{H(t)/t} + 1}{e^{H(t)/t}})$$

p_2^{max}, betrachtet als Funktion von q, ist monoton wachsend, und es gilt $\lim_{q \to 0} p_2^{max}(q) = \frac{1}{e}$ und $p_2^{max}(1) = \frac{1}{2}$.

Abbildung 1 ist eine Darstellung der Funktion $H(\sigma, \alpha)$ für $q = 0.6$.

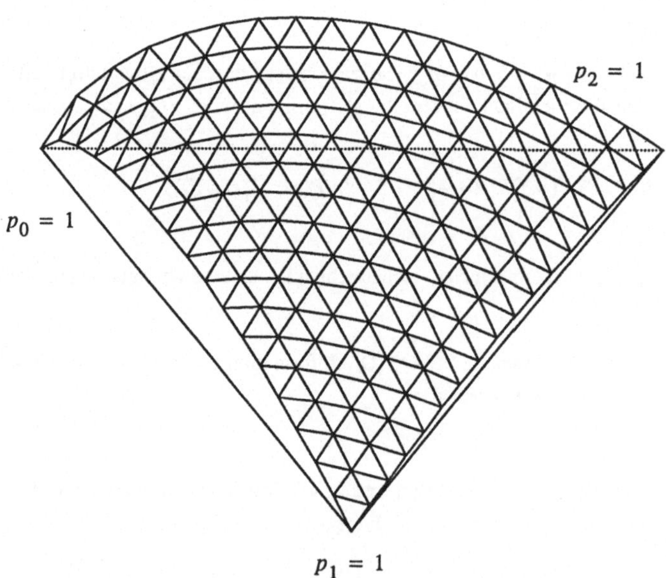

Abb.1 Information eines Tests über die Ausfallmenge

Wir formulieren also als Auswahlregel für das nächste zu testende Knotenpaar: **Es wird stets das Paar ausgewählt, für das die SHANNON-Information maximal ist.** Die Iteration dieser Auswahl führt zu einem stochastischen Prozeß. Die Frage ist, ob und wenn ja, in welchem Sinne, dieser Prozeß die Inferenz der Auswahlmenge leistet. Dazu gilt bei entsprechender Konstruktion des (unendlichen) stochastischen Prozesses der Satz:

Satz 1: Wenn $q < 1$ und $|M| \geq 3$, so ist fast sicher für $(B, S_1 S_2 S_3 \ldots) \in \Omega$ $\lim_{i \to \infty} P(\alpha = B | \sigma^{(i)} = S^{(i)}) = 1$.

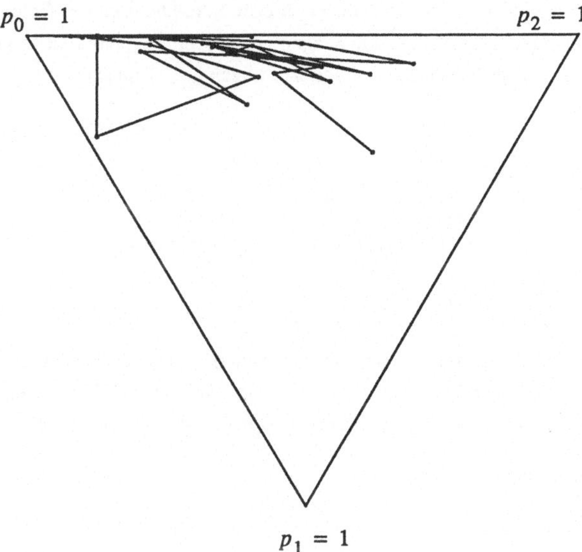

Abb. 2 Der Weg des jeweils ausgewählten Knotenpaares bei einer Simulation

Die Einschränkung $|M| \geq 3$ ist notwendig, denn bei nur zwei Knoten läßt sich offensichtlich ein defekter nicht identifizieren. Aus Platzgründen müssen wir auf den Beweis verzichten. Im Fall $q = 1$ ist der Satz 1 nicht gültig, denn wenn da nicht mindestens zwei Knoten intakt sind, scheitert die Diagnose. Interessant sind sicher Sätze über die mittlere Konvergenzgeschwindigkeit und über die Robustheit des Verfahrens. Was passiert, wenn die in die Rechnungen eingehenden („subjektiven") Wahrscheinlichkeiten p und q nicht mit den objektiven übereinstimmen? Viele durchgeführte Simulationen haben ein befriedigendes Resultat gezeigt. Bei zu groß angesetztem (subjektiven) q stellen sich erwartungsgemäß Fehldiagnosen dadurch ein, daß ein geeignet gewähltes Abbruchkriterium erfüllt wird, bevor sich ein sporadischer Fehler gezeigt hat. Kann man diese „Unschärferelation" zwischen Testzeit und Treffsicherheit der Diagnose exakt fassen?

Abbildung 2 zeigt den Weg des jeweils ausgewählten Paares bei einer Simulation im $p_0p_1p_2$ -Diagramm. Dabei waren zehn Knoten beteiligt, von denen drei als defekt angenommen wurden. Der „Ausrutscher" links oben ist einem Knoten anzulasten, der lange (der Zufall wollte es so) Intaktheit geheuchelt hat.

Dies scheint der Platz zu sein, subjektive Eindrücke von der Beobachtung einer Vielzahl von Simulationen zu beschreiben. Wir möchten sagen, daß sich das System so verhält, als hätte es zu jedem Zeitpunkt eine hypothetische Zweiteilung der Knotenmenge mit der Eigenschaft, daß, wenn die Knoten der einen Menge alle intakt sind, die aus der anderen Menge notwendig defekt sein müssen. Zum Test vorgeschlagen werden nur Knotenpaare aus der Menge der als intakt angesehenen Knoten. Man gewinnt den Eindruck, daß das System Fehlermeldungen vermeiden möchte. Wie wir später sehen werden, erweist sich diese Eigenschaft als günstig für das Kleinhalten der Komplexität. Eine zweite Beobachtung ist, daß bei kleinem q Tests mit fehlerfreiem Ausgang häufig wiederholt vorgeschlagen werden. Heuristisch spricht dies für einen geringen Effektivitätsverlust bei der Parallelisierung von Tests. Stellen wir uns vor, wir wählten nicht nur ein Knotenpaar zum Test aus, sondern zwei disjunkte zum parallelen Test. Die einfachste Strategie dabei ist, zuerst das mit der maximalen Information zu wählen und unter den restlichen Knoten wieder das mit maximaler Information. Dann gibt es (intuitiv) zwei Möglichkeiten. Einmal können beide Knotenpaare „verschiedene Fragen" repräsentieren, dann ist es gut; zum anderen können beide Knotenpaare „dieselbe Frage" ausdrücken, dann ist es auch gut, denn sie würde ja wahrscheinlich sowieso wiederholt werden.

5.2. Statistische Unabhängigkeit

Wir wollen ein Wahrscheinlichkeitsmaß P auf 2^M unabhängig nennen, wenn es sich um ein Produktmaß handelt, das heißt wenn es für alle $a \in M$ eine reelle Zahl $0 \leq p_a \leq 1$ gibt mit:

$$P(A) = \prod_{a \in A} p_a \cdot \prod_{a \notin A} (1 - p_a)$$

Man kann sich durch eine kleine Rechnung davon überzeugen, daß diese Eigenschaft erhalten bleibt beim Übergang zu den BAYESschen Aposterioriwahrscheinlichkeiten im Falle eines **fehlerfreien** Testergebnisses. Im einzelnen erhält man beim Syndrom $(\{a, b\}, 0)$ die zur Aposterioriwahrscheinlichkeit Q gehörenden Zahlen :

$q_c = p_c$, falls $c \neq a$ und $c \neq b$.

$q_c = ((1-q) \cdot p_c) / (1 - qp_c)$, falls $c = a$ oder $c = b$.

Im folgenden wollen wir versuchen, dieses Ergebnis zu verallgemeinern. Sei $\mathfrak{R} = \{Z_1, Z_2, ..., Z_k\}$ eine Zerlegung von M. Wir wollen verabreden, eine Zerlegung $\mathfrak{R}$ von M bei P unabhängig zu nennen, wenn es für alle $Z \in \mathfrak{R}$ Wahrscheinlichkeitsmaße P_Z auf 2^Z gibt mit:

$$P(A) = \prod_{Z \in \mathfrak{R}} P_Z(A \cap Z)$$

Satz 2 ist intuitiv vollkommen selbstverständlich.

Satz 2: Voraussetzungen. P sei $\mathfrak{R}$ unabhängig, $(\{a, b\}, S)$ ein Syndrom und es gebe ein $Z' \in \mathfrak{R}$ mit $a, b \in Z'$.

Behauptung: $\mathfrak{R}$ ist bei der BAYESschen Aposterioriwahrscheinlichkeit Q ebenfalls unabhängig und es gilt:

$Q_Z = P_Z$ für $Z \neq Z'$.

$Q_{Z'}$ ist die BAYESsche Aposterioriwahrscheinlichkeit innerhalb von Z', soll heißen, es gilt:

$$Q_{Z'}(X) = \frac{P_{Z'}(X) \cdot K_{a,b}(X; S)}{\sum_{Y \subseteq Z'} P_{Z'}(Y) \cdot K_{a,b}(Y, S)}$$

Wir verzichten hier auf einen Beweis.

Satz 3: Voraussetzung. $\mathfrak{R}$ sei bei P unabhängig, $(\{a, b\}, 0)$ ein Syndrom, $a \in Z' \in \mathfrak{R}$ und $b \in Z'' \in \mathfrak{R}$ für $Z' \neq Z''$.

Behauptung: $\mathfrak{R}$ ist bei der Aposterioriwahrscheinlichkeit Q wieder unabhängig, und es gilt $Q_Z = P_Z$ für $Z \neq Z', Z''$. $Q_{Z'}$ und $Q_{Z''}$ sind die entsprechenden Aposterioriwahrscheinlichkeitsverteilungen mit den Kernen $K_a(., 0)$ und $K_b(., 0)$. Das heißt:

$$Q_{Z'}(X) = \frac{P_{Z'}(X) \cdot K_a(X, 0)}{\sum\limits_{Y \subseteq Z'} P_{Z'}(Y) \cdot K_a(Y, 0)}$$

Entsprechend lautet die Formel für Z". Aufgrund des vorangegangenen Satzes können wir ohne Beschränkung der Allgemeinheit $\mathfrak{R} = \{Z', Z''\}$ annehmen, denn durch die unabhängige Einbettung in ein größeres Umfeld ändert sich ja nichts. Wir wollen zeigen, daß die oben angegebenen $Q_{Z'}$ und $Q_{Z''}$ das Verlangte leisten. Sei dazu $A = A' \cup A''$ mit $A' \subseteq Z'$ und $A'' \subseteq Z''$. Wir berechnen

$$Q_{Z'}(A \cap Z') \cdot Q_{Z''}(A \cap Z'') = Q_{Z'}(A') \cdot Q_{Z''}(A'')$$

$$= \frac{P_{Z'}(A') \cdot K_a(A', 0) \cdot P_{Z''}(A'') \cdot K_b(A'', 0)}{\left(\sum\limits_{X \subseteq Z'} P_{Z'}(X) \cdot K_a(X, 0)\right) \cdot \left(\sum\limits_{Y \subseteq Z''} P_{Z''}(Y) \cdot K_b(Y, 0)\right)}$$

$$= \frac{P(A) \cdot K_{ab}(A, 0)}{\sum\limits_{B \subseteq M} P(B) \cdot K_{ab}(B, 0)} = Q(A)$$

Wegen $a \in Z'$ und $b \in Z''$ ist dabei $K_a(A, 0) = K_a(A', 0)$ und $K_b(A, 0) = K_b(A'', 0)$. qed.

5.3. Der Algorithmus

Sei n die Knotenzahl. Dann hat ein naiver Algorithmus zur Auswahl des nächsten zum Test vorzuschlagenden Knotenpaares die Komplexität $n^2 \cdot 2^n$. Das ergibt sich so: Für alle Zweiermengen von Knoten - es gibt davon $(n(n-1))/2$ - sind zur Bestimmung der zugehörigen SHANNON-Information die entsprechenden p_0, p_1 und p_2 zu berechnen, und das verlangt im Prinzip das Durchmustern von 2^n Wahrscheinlichkeiten der potentiellen Ausfallmengen. Das ist auf einer Workstation für $n = 10, 11, 12$ problemlos zu machen.

Eine Möglichkeit zur Verringerung der Komplexität bietet das Ausnutzen von Unabhängigkeit. Zerfällt beispielsweise die Knotenmenge in zwei vollkommen voneinander unabhängige gleichgroße Klassen, so braucht man nicht mehr 2^n Wahrscheinlichkeiten zu verwalten, sondern nur noch zweimal $2^{n/2}$, das ist bei großem n bedeutend weniger. Als Komplexität ergibt sich $n^2 \cdot 2^{n/2}$. Die Unabhängigkeit dieser beiden Klassen kann nur verletzt werden, wenn mit einem Knoten der einen Klasse und einem der anderen ein Test mit Resultat "Fehler" läuft. Da wie oben als intuitiver Eindruck beschrieben das System darauf aus zu sein scheint, fehlerhafte Testresultate zu vermeiden, kann man auch sagen, daß das System von sich aus darauf aus ist, Unabhängigkeit zu bewahren und somit die Komplexität klein zu halten. Simulationen zeigen, daß das bei kleiner Zahl von defekten Knoten auch hervorragend gelingt. Rein logisch kann ja ein einziger defekter Knoten mit allen anderen je einen Fehler produzieren, wodurch jedwede Unabhängigkeit komplett beseitigt ist.

Praktisch steht man vor der Notwendigkeit, die Größe der in sich abhängigen Klassen zu begrenzen. Wir machen das so, daß wir die Vereinigung von großen Klassen nicht mehr zulassen und sie (künstlich, fälschlich) als weiterhin unabhängig betrachten, dies entspricht genaugenommen der Ausführung eines anderen Testexperiments. Wir können uns vorstellen, daß wir die zum Test vorgesehenen Knoten den Kommunikationstest nicht miteinander durchführen lassen, sondern mit je einem dritten, sonst völlig außerhalb der Betrachtung liegenden Knoten mit der Ausfallwahrscheinlichkeit des jeweiligen Partners.

Sei a, b das Knotenpaar und p_b die Ausfallwahrscheinlichkeit von b. Der Wahrscheinlichkeitskern, mit dem die BAYESschen Rückschlußwahrscheinlichkeiten in der zu a gehörigen Klasse zu berechnen sind, ist dann:

$$K_a^*(A,0) = (1-p_b q)\cdot(1-q)\text{, falls } a \in A.$$

$$K_a^*(A,0) = (1-p_b q)\text{, falls } a \notin A.$$

Diese Definition wird durch folgenden Sachverhalt gerechtfertigt: Sei $\{Z', Z''\}$ eine Zerlegung von M, P sei $\{Z', Z''\}$-unabhängig und $P_{Z'}, P_{Z''}$ seien die entsprechenden Wahrscheinlichkeitsmaße. Weiter sei $a \in Z'$, $b \in Z''$ und Q die korrekte Aposterioriwahrscheinlichkeit auf 2^M beim Kern K_{ab} und dem Testresultat S. Wir betrachten die "Randverteilung" $Q_{Z'}$ auf $2^{Z'}$, die sich berechnet zu

$$Q_{Z'}(A) = \sum_{B \subseteq Z'} Q(A \cup B)$$

Schließlich sei noch:

$$p_b = \sum_{b \in B \subseteq Z''} P_{Z''}(B)$$

Wir erhalten dann, daß $Q_{Z'}$ die Aposterioriwahrscheinlichkeit von $P_{Z'}$ beim Kern K_a^* und dem Testresultat S ist. Der geneigte Leser kann sich durch eine kleine Rechnung selbst davon überzeugen.

Wir stellen fest, daß der im Kapitel „statistische Unabhängigkeit" verwendete Kern K_a im fehlerfreien Fall dieselbe Aposterioriwahrscheinlichkeit liefert, denn es ist $K_a^*(A,0) = (1-p_b q)\cdot K_a(A,0)$ für alle A und die Faktoren $(1-p_b q)$ in Zähler und Nenner kürzen sich weg. Dies bedeutet für uns, daß, wenn ein Knoten a mit einem Knoten b einen fehlerfreien Kommunikationstest realisiert hat, die Schlußfolgerungen zur Fehlerfreiheit von a unabhängig von der Fehlerwahrscheinlichkeit von b sind. Der Kern K_a entspricht dabei dem Test mit einem für fehlerfrei gehaltenen Knoten. Wir wollen hervorheben, daß es im Fehlerfall nicht so ist und daß hier der Kern K_a^* nicht durch den einfacheren Kern K_a ersetzt werden kann.

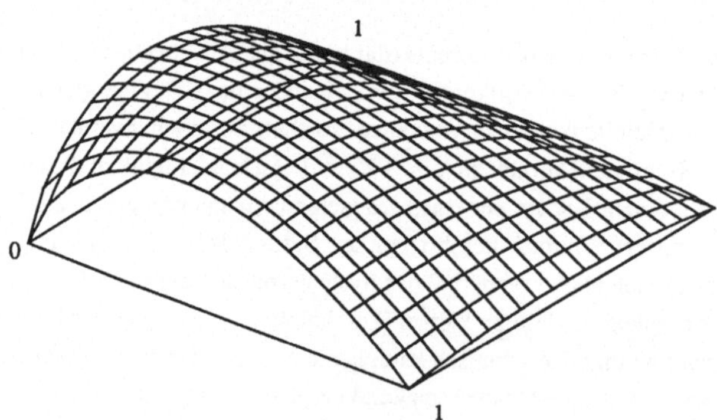

Abb. 3 Information bei unabhängigen Knoten

Sicher bedeutet die erzwungene Unabhängigkeit auch einen Informationsverlust. Wir wollen dies bei der Auswahl des nächsten zu testenden Paares berücksichtigen. Können aus Komplexitätsgründen die Klassen zweier Knoten nicht vereinigt werden und wird somit (in Gedanken) der Test des Paares durch die Tests mit Drittknoten geeigneter Wahrscheinlichkeit ersetzt, so erhalten wir für die zu erwartende SHANNON-Information die Formel:

$$I = 2 \cdot H((1-p_a q) \cdot (1-p_b q)) - p_a H((1-p_b q) \cdot (1-q)) - (1-p_a) H(p_b q) - p_b H((1-p_a q) \cdot (1-q)) - (1-p_b) H(p_a q)$$

Zum Vergleich bringen wir mit Abb. 3 und Abb. 4 die graphischen Darstellungen im $p_a - p_b$-Diagramm.

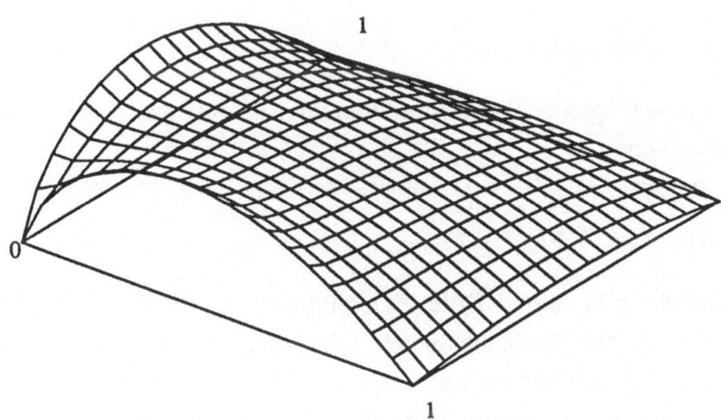

Abb. 4 Nutzbare Information bei unabhängigen Knoten mit nach dem Test erzwungener Unabhängigkeit

6. Zusammenfassung

Hinter unserem Vorschlag zur Diagnose der Kommunikationseinheiten stehen drei Ideen.

(i) Auswertung der Tests mit Hilfe der BAYESschen Formel.

(ii) Auswahl des nächsten Tests mit Hilfe der SHANNON-Information.

(iii) Ausnutzten und eventuelles Erzwingen von Unabhängigkeit zur Beschränkung der Komplexität.

Die Erfahrung zeigt, daß mit diesem Verfahren die Diagnose den Anschein erweckt, als testete ein "Experte". Insbesondere verläuft sie in den beiden in der Einleitung gebrachten Fallbeispielen so wie dort als vernünftig beschrieben. Von einem praktischen Standpunkt gesehen ist das Verfahren wahrscheinlich optimal, nämlich dann, wenn man nicht nur den Testaufwand betrachtet, sondern den Aufwand zur Steuerung der Diagnose mit einbezieht. Da immer **die** Frage gestellt wird, deren Antwort die meiste Information verspricht, hat unser Verfahren eine gewisse Ähnlichkeit mit dem SHANNON-FANO-Code aus der Kodierungstheorie, der **nicht** optimal ist. Man kommt nicht unbedingt am schnellsten vom Berg ins Tal, wenn man stets den steilsten Abstieg wählt. Der SHANNON-FANO-Code ist aber nahezu optimal und es könnte sehr wohl sein, daß es sich mit unserer Diagnose ähnlich verhält.

7. Anhang: Kleine Ausfallwahrscheinlichkeit

Zum Schluß wollen wir noch auf eine Vereinfachungsmöglichkeit hinweisen, die sich bei der Auswertung gegebenenfalls großer Testsyndrome bei kleiner Ausfallwahrscheinlichkeit ergibt. Wir vermuten, daß bei sehr kleiner Ausfallwahrscheinlichkeit p nicht mehr alle mit dem Syndrom verträglichen Ausfallmengen berücksichtigt zu werden brauchen, sondern nur noch einige wenige, „mit denen man sich das Fehlerbild erklären kann". Dazu stellen wir uns die Frage: Wie kann man $\lim_{p \to 0} P(\alpha = A | \sigma = S)$ berechnen, gesetzt den Fall, er existiert?

Sei $\mathfrak{R}_+ = \{B | (B \subseteq M \wedge P(\sigma = S | \alpha = B) > 0)\}$. Für $A \in \mathfrak{R}_+$ ist die BAYESsche Formel dann äquivalent mit:

$$\frac{1}{P(\alpha = A | \sigma = S)} = \sum_{B \in \mathfrak{R}_+} \frac{P(\alpha = B) \cdot P(\sigma = S | \alpha = B)}{P(\alpha = A) \cdot P(\sigma = S | \alpha = A)}$$

Wir stellen die Summanden explizit dar:

Für den Grenzwert $p \to 0$ spielen die Potenzen von $(1-p)$ offenbar keine Rolle, was uns verbleibt, ist die Untersuchung der Grenzwerte:

$$\lim_{p \to 0} \frac{p^{|B|} \cdot K(B, S)}{p^{|A|} \cdot K(A, S)}$$

Für so einen Grenzwert gibt es drei Fälle. Es ergibt sich 0, $K(B, S)/K(A, S)$ oder ∞, je nachdem, ob $|B| > |A|$, $|B| = |A|$ oder $|B| < |A|$ ist. In die Summe gehen folglich nur die Summanden ein, für die $|B| \leq |A|$ ist. Schließlich ist die Summe genau dann ∞, wenn es ein $B \in \mathfrak{R}_+$ gibt mit $|B| < |A|$. Sei also $\mathfrak{R}_\perp$ die Menge der Elemente von $\mathfrak{R}_+$ mit kleinster Anzahl von Elementen. Zusammengefaßt ergibt sich der Satz:

Satz 4: $\lim_{p \to 0} P(\alpha = A | \sigma = S)$ existiert für alle $A \subseteq M$ und ist genau dann von 0 verschieden, wenn A eine mit dem Syndrom verträgliche Ausfallmenge minimaler Mächtigkeit ist (das heißt, wenn $A \in \mathfrak{R}_\perp$ ist). In diesem Falle ist der Grenzwert:

$$\frac{K(A, S)}{\sum_{B \in \mathfrak{R}_\perp} K(B, S)}$$

Auch dieser Satz birgt keine Überraschung, denn wenn Fehler extrem unwahrscheinlich sind, so liegt es doch nahe, zur Erklärung des vorhandenen Fehlerbildes mit einer Minimalzahl von Fehlern auszukommen.

Literatur

[1] F.P. Preparata, G. Metze, R.T. Chien, "On the Connection Assignment Problem of Diagnosable Systems", IEEE Trans. El. Comp., vol C-16, 1967, pp. 848-854.

[2] S. Mallela, G. M. Masson, "Diagnosable Systems for Intermittent Faults", IEEE Trans. Comp., vol. C-27, no. 6, 1978, pp. 560-566.

[3] S. N. Maheshwari, S. L. Hakimi, "On Models for Diagnosable Systems and Probabilistic Fault Diagnosis", IEEE Trans. Comp., vol C-25, no. 3, 1976, pp. 228-236

[4] F. J. Meyer, D. K. Pradhan, "Dynamic Testing Strategy for Distributed Systems", Tech. Rep., Univ. of Massachusetts, Amherst, Jan. 1985.

[5] A. T. Dahbura, "An efficient algorithm for identifying the most likely fault set in a probabilistically diagnosable system," IEEE Trans. Comp., vol. C-35, pp. 354-356, 1986.

[6] A. K. Somani, V. K. Agarwal, D. Avis, "On the Complexity of Single Fault Diagnosability and Diagnosis Problems", IEEE Trans. Comp., vol. 38, no. 2, Feb. 1989.

Validation und Verifikation von Software durch symbolische Ausführung

Ralf Kneuper
Wilhelm-Leuschner-Straße 2, 6100 Darmstadt

1 Einführung

Die Grundidee der symbolischen Ausführung ist es, ein Programm auszuführen, ohne Werte für die Eingabevariablen anzugeben. Auf diese Weise erhält man ein Verfahren zur Validation und Verifikation von Programmen, das zwischen formalem Korrektheitsbeweis und Testen liegt.

Als Ausgabe der symbolischen Ausführung erhält man einen Term, der die Eingabevariablen als freie Variablen enthält. Man spricht dann von *symbolischen* Ein- und Ausgabewerten, die aus Variablen oder Termen anstelle konkreter Werte bestehen und auf diese Weise einen ganzen Bereich konkreter Werte abdecken.

Seien T_{symb} die symbolischen Werte, also Terme und Variablen, seien T die tatsächlichen Werte, und sei σ eine Substitution von symbolischen nach tatsächlichen Werten. Dann ist symbolische Ausführung eine Funktion, bei der das folgende Diagramm kommutiert:

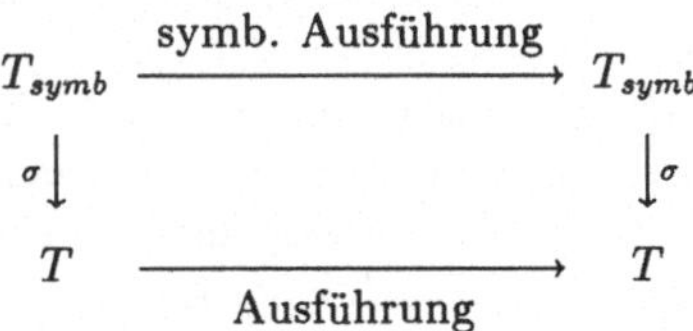

Inzwischen hat sich die symbolische Ausführung zu einem etablierten Verfahren zur Validation und Verifikation von Software entwickelt, vor allem für imperative Programmiersprachen, wo symbolische Ausführung am leichtesten anwendbar ist. Es wurden verschiedene Systeme zur symbolischen Ausführung entwickelt, die eine Reihe unterschiedlicher Ansätze und Techniken verwenden, um symbolische Ausführung für die Validation und Verifikation von Software in jeweils einer bestimmten Sprache einzusetzen, insbesondere auch zur automatischen Erzeugung von Testfällen. Dabei variiert auch die Bedeutung des Begriffes symbolische Ausführung immer wieder in Abhängigkeit von der beabsichtigten Verwendung und der verwendeten Sprache. Formal und weitgehend unabhängig von der verwendeten Sprache (durch Parametrisierung über die denotationale bzw. operationale Semantik der Sprache) wurde der Begriff der symbolischen Ausführung in [Kne91] definiert. Diese Definition ist nicht mehr auf Programme beschränkt, sondern auch auf eine große Klasse von Spezifikationssprachen anwendbar. Grundidee dabei ist es, die Sprache der symbolischen Werte zu erweitern und auch Prädikate zuzulassen.

In diesem Zusammenhang werde ich mich aber auf den oben eingeführten anschaulichen Begriff von symbolischer Ausführung beschränken, und stattdessen eine Übersicht über die verschiedenen auf symbolischer Ausführung basierenden Ansätze zur Validation und Verifikation von Software geben. Aufgrund der unterschiedlichen Zielsetzung der verschiedenen Systeme zur symbolischen Ausführung spricht man dabei oft auch von symbolischem Testen (z.B. [Lig90, Kap. 4]), symbolischer Auswertung oder symbolischer Interpretation. Soweit diese aber auf der gleichen Grundidee aufbauen, wird in diesem Artikel nicht zwischen den verschiedenen Begriffen unterschieden.

[Lig90, Abschnitt 4.4] gibt auch einen Überblick über die wichtigsten Systeme zur symbolischen Ausführung von (imperativen) Programmen. Daneben gibt es noch Systeme zur symbolischen Ausführung von Spezifikationen. Hierzu gehört insbesondere GIST, siehe [Coh83, CSB82], mit dem Spezifikationen in der Sprache GIST symbolisch ausgeführt werden können. Eine andere Verallgemeinerungsmöglichkeit wird u.a. in [Dil90] beschrieben, wo es um die symbolische Ausführung von parallelen Programmen geht.

Das vom Autor entwickelte System SYMBEX (siehe [JJLM91, Kap. 9, Anhang D]) wurde leider aus Zeitgründen nur ansatzweise implementiert. Im Gegensatz zu anderen Systemen ist SYMBEX nicht auf eine bestimmte Sprache zugeschnitten, sondern kann durch Angabe der operationalen Semantik der Sprache in einer bestimmten Form parametrisiert werden.

Im folgenden Teil dieser Einführung werden die Begriffe Validation und Verifikation sowie ein viel benutztes Konzept bei der symbolischen Ausführung, nämlich die Pfadanalyse, beschrieben. Anschließend wird der Einsatz symbolischer Ausführung für die Verifikation (Abschnitt 2) und Validation (Abschnitt 3) von Software beschrieben. In Abschnitt 4 werden einige der auftauchenden Probleme sowie Lösungsmöglichkeiten beschrieben. Abschnitt 5 schließlich enthält eine kurze Zusammenfassung.

1.1 Validation und Verifikation

Unter Validation verstehen wir die Prüfung von Software-Komponenten wie Programm, Spezifikation, etc., auf Erfüllung der Benutzeranforderungen. Validation ist also ein prinzipiell informeller Schritt, da man dabei gegen die zunächst nur im Kopf des Benutzers existierenden Anforderungen prüfen muß. Ziel der Validation ist ein besseres Verständnis der validierten Komponente. Hier geht es also in erster Linie darum zu zeigen, daß das System bestimmte erwartete Eigenschaften hat, oder es zu 'animieren', also in irgendeiner Form sein Verhalten zu modellieren, z.B. durch einen Prototypen.

Verifikation dagegen ist die Prüfung von Software auf Übereinstimmung mit der Spezifikation. Hier ist es also prinzipiell möglich, die Korrektheit einer Implementierung mit Bezug auf die Spezifikation zu beweisen. Dafür muß es als Basis immer eine Spezifikation geben, gegen die geprüft werden kann.

Laut [Zav84] besteht der Unterschied darin, daß Validation sich damit beschäftigt, das richtige System zu bauen, während Verifikation sich damit beschäftigt, das System richtig zu bauen. Validation und Verifikation beziehen sich also auf verschiedene Aspekte der Korrektheit eines Softwaresystems und ergänzen sich dadurch gegenseitig. Insbesondere ist die Verifikation eines Systems nur sinnvoll, wenn sie auf einer Spezifikation beruht, die tatsächlich die Benutzer-Anforderungen beschreibt. Dies läßt sich aber nur durch Validation überprüfen.

Bisher war von Spezifikation und Programm immer als zwei grundsätzlich verschiedenen Komponenten die Rede. Diese Unterscheidung hängt jedoch ganz wesentlich von der Abstraktionsebene ab, schließlich kann man sogar ein Assembler-Programm als Spezifikation eines Maschinenprogrammes ansehen. Im folgenden wird daher ein Programm immer als Spezialfall einer Spezifikation angesehen.

1.2 Symbolische Ausführung und Pfadanalyse

Ein häufig verwendetes Prinzip der symbolischen Ausführung ist die *Pfadanalyse.* Wird ein Programm entlang eines Pfades symbolisch ausgeführt, so assoziiert man mit jedem Punkt in dieser Ausführung einen Pfadwert und eine Pfadbedingung. Der Pfadwert besteht aus den symbolischen Werten der Variablen, während die Pfadbedingung angibt, unter welcher Bedingung dieser Pfad durchlaufen wird. Während also z.B. Zuweisungen den Pfadwert verändern, verändern Verzweigungen die Pfadbedingungen. Im einfachsten Fall beginnt man mit der Pfadbedingung **true**. Erreicht die symbolische Ausführung eine Verzweigung im Programm, dann wird zuerst versucht, aus der derzeitigen Pfadbedingung abzuleiten, welcher Zweig durchlaufen werden muß. Ist dies möglich, so kann der

Code in den übrigen Zweigen nicht durchlaufen werden, jedenfalls nicht, wenn man die Verzweigung entlang des betrachteten Pfades erreicht. Im allgemeinen wird es aber möglich sein, verschiedene Zweige zu durchlaufen. Hat man beispielsweise die Verzweigung `if x<y then ... else ...`, dann ist aus den symbolischen Werten der Variablen `x` und `y` im allgemeinen nicht ersichtlich, ob der `then`-Zweig oder der `else`-Zweig der Bedingung durchlaufen werden soll.

In diesem Fall muß man sich dann bei der symbolischen Ausführung für einen der möglichen Zweige entscheiden. Die entsprechende Bedingung ($x < y$ bzw. $x \not< y$) wird dann mit in die Pfadbedingung aufgenommen. Kriterium für eine solche Entscheidung für einen Zweig kann z.B. die Entscheidung des Benutzers sein (interaktiv oder auch schon im voraus). Manchmal versucht man auch, alle möglichen Pfade (mit gewissen Einschränkungen) zu durchlaufen und betrachtet daher alle möglichen Alternativen nacheinander.

Notwendig für den Einsatz der Pfadanalyse ist aber natürlich, daß es ein angemessenes Pfadkonzept in der betreffenden Sprache gibt. Für imperative Programmiersprachen ist dies offensichtlich der Fall, während es für Spezifikationssprachen individuell verschieden ist.

2 Verifikation durch symbolische Ausführung

2.1 Symbolische Ausführung plus Induktion über Berechnung

Dieser, zuerst von [HK76] beschriebene, Ansatz dient zum Beweis der partiellen Korrektheit (Terminierung wird also nicht behandelt) von Programmen. Dazu werden Programme mit Zusicherungen versehen, unterschieden nach `ASSUME`-, `PROVE`- und `ASSERT`-Zusicherungen. `ASSUME`-Zusicherungen stellen die Vorbedingungen eines Programmes oder Programmteiles dar, das heißt, diese Zusicherung kann im weiteren Verlauf der Ausführung vorausgesetzt werden. `PROVE`-Zusicherungen entsprechen den Nachbedingungen, ihre Erfüllung ist zu beweisen. `ASSERT`-Zusicherungen schließlich sind eine Kombination aus beidem, sie sind sowohl (zu beweisende) Nachbedingung des an der Zusicherung endenden als auch Vorbedingung des dort startenden Programmteiles. Meist werden sie an einem Schnittpunkt einer Schleife angebracht und stellen die Schleifeninvarianten dar.

Wird nun in jeder Schleife durch eine `ASSERT`-Zusicherung ein sogenannter *Schnittpunkt* gesetzt, so ist der Pfad zwischen zwei aufeinanderfolgenden Zusicherungen immer endlich und führt von einer Vorbedingung, also einer `ASSUME`-Zusicherung oder einer als Vorbedingung interpretierten `ASSERT`-Zusicherung, zu einer Nachbedingung, also einer `PROVE`-Zusicherung oder einer als Nachbedingung interpretierten `ASSERT`-Zusicherung. Zusätzliche `ASSERT`-Zusicherungen können dabei an jeder Stelle des Programmes gesetzt werden.

Um nun die Korrektheit eines Programmes zu beweisen, betrachtet man alle solchen Pfade zwischen zwei Zusicherungen. Ausgehend von der Vorbedingung als Pfadbedingung, führt man das entsprechende Programmstück symbolisch aus. Am Ende sollte sich dann aus den symbolischen Werten der Variablen zusammen mit der Pfadbedingung die geforderte Nachbedingung ableiten lassen.

Das Problem der symbolischen Ausführung von Schleifen wird also hier umgangen, indem man nicht ganze Programme symbolisch ausführt, sondern immer nur Teilstücke von Programmen, die keine Schleife enthalten, sondern höchstens den Körper einer Schleife.

Ein einfaches Beispiel hierfür ist die Division ganzer Zahlen:

```
procedure DIV(X,Y)
ASSUME Y≠0
R:=X
Q:=0
WHILE (Y <= R) DO
     ASSERT X=Q*Y+R
     R := R - Y
```

```
8        Q := Q + 1
9  END
10 PROVE X=Q*Y+R and 0<=R<Y
```

Die Zeilen 2, 6 und 10 enthalten die verwendeten Zusicherungen.[1] Die zu betrachtenden Pfade laufen also von 2 nach 6 über 3,4, von 6 zurück nach 6 über 5, 7, 8, und von 6 nach 10 über 5, 9, 10. Die Korrektheit des ersten Pfades ist leicht zu verifizieren. Für den zweiten Pfad wird die Zusicherung 6 als Pfadbedingung initialisiert. Der Körper der Schleife wird nun gemäß Zeile 5 durchlaufen, wenn `Y<=R` gilt. Also wird diese Bedingung mit in die Pfadbedingung aufgenommen und anschließend der Schleifenkörper (Zeilen 7 und 8) symbolisch ausgeführt. Aus den sich daraus ergebenden symbolischen Werten der Variablen läßt sich nun zeigen, daß auch anschließend wieder die Bedingung 6 gilt.

Für den dritten Pfad schließlich wird wiederum Zusicherung 6 als Pfadbedingung initialisiert. Da der Schleifenkörper bei diesem Pfad nicht durchlaufen wird, muß die Negation der Bedingung `Y<=R` in die Pfadbedingung aufgenommen werden. Versucht man nun, die Nachbedingung 10 abzuleiten, so stellt man fest, daß dies nicht möglich ist, die Bedingung $0 \leq R$ ist nicht ableitbar. Mit anderen Worten, bzgl. der gegebenen Vor- und Nachbedingung ist die Prozedur DIV nicht korrekt. Um eine korrekte Prozedur zu erhalten, kann man je nach Anforderungen die Vorbedingung modifizieren (z.B. nur positive Werte für `X` und `Y` erlauben), die Nachbedingung modifizieren (z.B. die Bedingung `0<=R` weglassen), oder das Programm selbst entsprechend modifizieren.

Anders betrachtet handelt es sich bei einem solchen Korrektheitsbeweis von Schleifen um einen Induktionsbeweis über die Anzahl der Schleifendurchläufe, also über die Berechnung. Die Induktionsvoraussetzung ergibt sich dabei aus der Interpretation der `ASSERT`-Zusicherung als Vorbedingung: Wenn die Zusicherung zu Anfang der Schleife gilt, dann gilt sie auch nach null Schleifendurchläufen. Der Induktionsschritt besteht aus der symbolischen Ausführung der Schleife, also aus dem Nachweis, daß die `ASSERT`-Zusicherung eine Invariante der Schleife darstellt.

Nicht berücksichtigt bei diesem Ansatz zur Verifikation von Programmen wird die Termination, es kann also nur partielle, nicht totale Korrektheit nachgewiesen werden. Auch dies ist am Beispiel der Prozedur DIV ersichtlich, denn diese terminiert i.a. nicht für negative Werte von `Y`. Analog dem Vorgehen bei Benutzung von Hoare-Logik kann man die Terminierung von Programmen verifizieren, indem man eine Funktion vom Pfadwert auf die natürlichen Zahlen definiert und nachweist, daß der Wert dieser Funktion mit jedem Schleifendurchlauf geringer wird. Ein tatsächlicher Einsatz dieses Verfahrens im Zusammenhang mit symbolischer Ausführung ist dem Autor allerdings nicht bekannt.

2.2 Symbolische Ausführung plus Induktion über Daten

Der wesentliche Unterschied zwischen diesem, in [Bur74] beschriebenen, Ansatz und dem im vorigen Abschnitt beschriebenen wird beim Beweis der Korrektheit von Schleifen deutlich. Während bisher die Korrektheit durch Induktion über die Anzahl der Schleifendurchläufe gezeigt wurde, benutzt man nun Induktion über die Eingabedaten. Dazu verwendet man eine andere Form von Zusicherungen: Beim oben beschriebenen Ansatz hatte eine Zusicherung P die Bedeutung "Wenn die Programmausführung diese Stelle erreicht, dann gilt garantiert P". Dadurch war es nicht möglich, Terminierung von Programmen direkt zu berücksichtigen. Stattdessen werden nun Zusicherungen der Form $x : P$ verwendet, mit der Bedeutung, daß garantiert die Stelle x im Programm erreicht wird in einem Zustand, in dem P gilt. Insbesondere kann man auf diese Weise totale Korrektheit formulieren.

Im Beispiel der oben definierten Prozedur `DIV` könnte man dann wie folgt vorgehen. Dabei beschränken wir uns jetzt aber auf *positive* Werte der Variablen `X` und `Y`, da die totale Korrektheit der Prozedur gezeigt werden soll. Die totale Korrektheit der Zuweisungen wird genauso gezeigt wie

[1] Da sich die Werte von `X` und `Y` im Laufe der Ausführung nicht ändern, wird hier der Einfachheit halber nicht zwischen den Anfangswerten und den jeweils derzeitigen Werten dieser Variablen unterschieden, wie dies normalerweise notwendig ist.

bisher auch. Für die Schleife zeigt man nun durch Induktion über den Wert der Variablen R, daß gilt:

"Wenn $6 : X = Q * Y + R$ dann $6 : (X = Q * Y + R \wedge R < Y)$"

Ist der Wert r der Variablen R gleich 0, so ist die Bedingung offensichtlich erfüllt, da $Y > 0$. Gelte die Bedingung nun für alle Werte kleiner als r. Außerdem gelte $6 : X = Q * Y + R$, wobei R den Wert r habe. Durch symbolische Ausführung einer Iteration der Schleife erhält man dann, daß $6 : X = (Q + 1) * Y + (R - Y)$, und aus der Induktionsannahme folgt die Behauptung. Durch Kombination der einzelnen Komponenten ergibt sich nun die totale Korrektheit des Programmes.

2.3 Partitionsanalyse

Partitionsanalyse ist der Ansatz zur Verifikation von Programmen, der am deutlichsten auf symbolische Ausführung Bezug nimmt und nicht auch ohne diese machbar ist. Hier werden Spezifikation und Implementierung symbolisch ausgeführt und die Ergebnisse verglichen, siehe [CR84]. Die Gesamtmenge der möglichen Eingabewerte wird dabei entsprechend den Pfadbedingungen der verschiedenen Pfade durch die Spezifikation sowie durch die Implementierung partitioniert. Jedem Element einer dieser Partitionierungen entspricht also genau ein Pfad, mit einer Pfadbedingung, durch die Spezifikation bzw. Implementierung. Diese beiden Partitionierungen der möglichen Eingabewerte werden zusammengefaßt und ergeben eine weitere, feinere Partitionierung der Eingabewerte.

Für jedes Element dieser gemeinsamen Partitionierung werden nun die erhaltenen Pfadwerte verglichen. Das genaue Verfahren zum Vergleich der Pfadwerte hängt teilweise von der geforderten Erfüllungsrelation zwischen Spezifikation und Implementierung ab. Im einfachsten Fall werden die Ergebnisse durch die Spezifikation eindeutig determiniert. In diesem Fall müssen beide Pfadwerte gleich sein, wie in [CR84] beschrieben.

Oft wird eine gute Spezifikation aber unter-determiniert sein, d.h. die geforderten Ergebnisse sind nicht eindeutig bestimmt. Abgesehen von den dadurch entstehenden Problemen, symbolische Ausführung überhaupt durchzuführen (vgl. [JJLM91, Kap. 9, Anhang D]) kann man in diesem Fall auch nicht mehr Gleichheit der Ergebnisse fordern, sondern die symbolischen Pfadwerte der Implementierung müssen ein Spezialfall der Pfadwerte der Spezifikation sein. I.a. wird diese Beziehung aber unentscheidbar sein, wenn man nicht geeignete Einschränkungen macht.

Hat eine Spezifikationssprache allerdings kein Pfadkonzept, sondern werden Systeme durch eine Relation zwischen Eingabe- und Ausgabedaten beschrieben, dann ist dieses Konzept kaum noch anwendbar. Dazu kommt noch, daß Schleifen normalerweise zu einer unendlichen Menge von Elementen in der Partitionierung führen, man also nicht direkt für jedes Element die Ergebnisse überprüfen muß. Stattdessen muß das Ergebnis der Schleife entsprechend umformuliert und in eine geschlossene, endliche Form gebracht werden (vgl. Abschnitt 4.2).

3 Validation durch symbolische Ausführung

3.1 Manuelle Überprüfung der Ergebnisse

Die wahrscheinlich am weitesten verbreitete Methode zur Validation durch symbolische Ausführung ist die manuelle Überprüfung der Ergebnisse der symbolischen Ausführung gegen die erwarteten Ergebnisse, analog der manuellen Prüfung von Testergebnissen. Diese manuelle Überprüfung bezieht sich dabei i.a. einerseits auf die Pfadwerte, d.h. es wird geprüft, ob die durch symbolische Ausführung erzeugten Pfadwerte mit den erwarteten Werten übereinstimmen. Andererseits kann auch die Pfadbedingung überprüft werden, d.h. es wird geprüft, ob der Pfad unter den erwarteten Bedingungen durchlaufen wird.

Bei dieser Überprüfung ist es wichtig, daß die durch symbolische Ausführung erzeugten Werte und die Programmstruktur sich nicht zu sehr ähneln, da sonst ein Fehler, der im Programm nicht bemerkt wurde, auch durch symbolische Ausführung nicht bemerkt wird. Dies kann man z.B. erreichen durch eine geeignete Unterstützung für die Vereinfachung von symbolischen Ausdrücken, oder auch durch eine Übersetzung in eine andere Sprache. Dieser Ansatz wurde bei GIST gewählt, wo ein *Paraphraser* die Ergebnisse der symbolischen Ausführung in eine einfache Form natürlicher Sprache übersetzt (siehe [Swa83]). Eine solche Übersetzung von formaler Sprache in natürliche Sprache ist (im Gegensatz zur umgekehrten Richtung) nicht allzu schwierig und wurde bei GIST sowohl für Spezifikationen als auch für die Ergebnisse symbolischer Ausführung benutzt. Ein solcher Paraphraser erlaubt eine andere Sicht auf die gleichen Ergebnisse und macht es dadurch einfacher, Fehler zu finden. Insbesondere erlaubt er es auch dem Benutzer, der die Notation der symbolischen Werte nicht kennt, die Ergebnisse der symbolischen Ausführung zu überprüfen.

Verwendet man die manuelle Überprüfung der Ergebnisse der symbolischen Ausführung bei Spezifikationen, so erhält man eine Form des Prototypings, die sehr effektiv sein kann bei der Validation von Spezifikationen. Ein Vergleich der Effektivität dieser Form der symbolischen Ausführung mit verschiedenen Formen des Testens ist in [How78] beschrieben.

Eine andere Einsatzmöglichkeit existiert beim Debugging von Programmen. Unterstützt man bei der symbolischen Ausführung das Setzen von Breakpoints oder Trace-Funktionen, dann kann man ähnlich wie mit einem gewöhnlichen Debugger arbeiten, aber es werden jeweils symbolische Werte statt tatsächlicher Werte angezeigt.

3.2 Nicht ausführbare Programmteile

Eine andere Einsatzmöglichkeit symbolischer Ausführung ist die Identifizierung nicht ausführbarer Programmteile, entweder zur manuellen Überprüfung oder auch zur Programm-Reduktion.

Mögliche Gründe für die Existenz nicht ausführbarer Programmteile sind eine schlechte, unübersichtliche Programmstruktur, die Wiederverwendung von Programmteilen, die automatische Erzeugung von Programmcode, z.B. in einem Compiler, oder aber auch Fehlertoleranz. Prüft man nämlich im Programm auch auf Fehlerbedingungen, die "eigentlich" nicht auftreten können, dann wird das Programm dadurch u.U. sicherer, gerade weil es nicht ausführbaren Code enthält. Allerdings ist zu berücksichtigen, daß solcher Code grundsätzlich dazu führt, daß beim Test nicht einmal Statement-Abdeckung möglich ist [Spi86].

Um nicht ausführbaren Code mit Hilfe von symbolischer Ausführung zu identifizieren, werden Verzweigungen daraufhin überprüft, welche Zweige möglich sind. Wird ein Zweig von keinem Pfad durchlaufen, so handelt es sich um nicht ausführbaren Code. Schwierigkeiten bereitet dabei wieder die Behandlung von Schleifen, da sie zu einer unendlichen Anzahl von Pfaden führen können. Die erste Alternative zur Lösung dieses Problems ist die Aufspaltung der Pfade durch Verwendung von Zusicherungen und Ausführung der (endlich vielen) Pfade zwischen zwei aufeinanderfolgenden Zusicherungen, wie in Abschnitt 2.1 beschrieben.

Eine andere Möglichkeit ist es, die in einer Schleife modifizierten Werte auf neue, nicht definierte Werte zu setzen durch Einführung neuer Variablen, anstatt die Schleife selbst zu durchlaufen. Hängt die Bedingung einer Verzweigung nicht von den in der Schleife modifizierten Variablen ab, dann kann man auch so feststellen, ob alle Zweige durchlaufen werden können, ohne dabei eine unbekannte Anzahl von Iterationen der Schleife berücksichtigen zu müssen. Diese Methode ist korrekt, aber nicht vollständig, da nicht ausführbarer Code nicht immer erkannt wird.

Ist auch dies nicht möglich, so muß man die Ergebnisse von symbolischer Ausführung der Schleife auf andere Weise geeignet formulieren, um danach folgende Verzweigungen analysieren zu können. Mögliche Ansätze dafür sind in Abschnitt 4.2 beschrieben.

Bei dieser Beschreibung wurde davon ausgegangen, daß man aus der Betrachtung einer Verzweigung schon erkennen kann, ob der folgende Code ausgeführt wird oder nicht. Dies funktioniert aber nur, wenn man auch sicher erkennen kann, ob die Kontrolle von einer anderen Stelle in den Code in einem der Zweige springen kann, z.B. mit einer `goto`-Anweisung. Eine Alternative, bei der dieses Problem nicht in dieser Form auftritt, ist die Markierung von ausgeführtem Code bei der symbolischen Ausführung. Code, der nicht markiert wird, ist auch nicht ausführbar.

3.3 Testfall-Erzeugung

Eine der am weitesten verbreiteten Einsatzmöglichkeit von symbolischer Ausführung ist die (automatische) Erzeugung von Testfällen durch symbolische Ausführung von Spezifikation oder Implementierung. Ziel dabei ist es, Testfälle zu erzeugen, die einen bestimmten Abdeckungsgrad, z.B. Zweigabdeckung, erreichen.

Dazu geht man in mehreren Schritten vor. Im ersten Schritt werden die gewünschten Pfade durch das Programm erzeugt, entweder automatisch nach bestimmten, vorgegebenen Kriterien, oder manuell, d.h. der Benutzer entscheidet jeweils, welcher Zweig einer Verzweigung genommen wird. Mögliche Kriterien für die Auswahl von Pfaden sind z.B. Statement-Abdeckung, Zweig-Abdeckung, oder die Auswahl aller Pfade bis zu einer bestimmten Länge bzw. bis zu einer bestimmten Anzahl von Schleifen-Iterationen.

Für die ausgewählten Pfade werden dann die jeweiligen Pfadbedingungen generiert. Im nächsten Schritt sucht man nach Lösungen dieser Pfadbedingungen, d.h. man sucht Eingabewerte, die die Pfadbedingung erfüllen. Je nach Form der Pfadbedingung kann dies relativ einfach sein, i.a. ist es aber ein sehr komplexes Problem. Gemäß dem Satz von Matijasevic (siehe [Dav73]) ist es sogar schon für Pfadbedingungen, die nur aus einer Gleichung über beliebigen Polynomen bestehen, i.a. unentscheidbar, ob eine solche Lösung überhaupt existiert.

Andererseits gibt es natürlich eine Vielzahl algebraischer Verfahren, um Spezialfälle von Pfadbedingungen zu lösen. ATTEST beispielsweise beschränkt sich auf Systeme linearer Gleichungen und Ungleichungen und kann dadurch immer eine Lösung der Pfadbedingung finden [CR84, S. 148].

Hat man schließlich eine Lösung der Pfadbedingung und damit einen Testfall für einen bestimmten Pfad gefunden, so bleibt noch als letzter Schritt die Berechnung des erwarteten Ausgabewertes aus dem Pfadwert. Solange es sich hierbei um eine imperative Programmiersprache handelt, besteht der Pfadwert einer Variablen aus einem expliziten Term und es ergibt sich dabei kaum ein Problem. Anders muß man vorgehen, wenn auch Prädikate als symbolische Werte zugelassen sind, z.B. bei der symbolischen Ausführung von Spezifikationen. In diesem Fall ist das erwartete Ergebnis nicht mehr allgemein berechenbar, aber das würde auch kaum nutzen, da das Ergebnis oft nicht eindeutig durch den Pfadwert bestimmt sein wird. Hier besteht dann die Möglichkeit, die durch den Test erzeugten Ausgabewerte daraufhin zu überprüfen, ob sie die durch die Pfadbedingung gegebenen Prädikate erfüllen. In der Praxis ist dieses Problem wesentlich einfacher zu lösen, auch wenn man es weiterhin mit einem theoretisch unentscheidbaren Problem zu tun hat, nämlich der Überprüfung eines beliebigen Prädikates auf Wahrheit.

3.4 Analyse von Fehlerbedingungen

Bei diesem Verfahren werden vorgegebene Fehlerbedingungen wie z.B. Division durch Null auf Konsistenz mit der Pfadbedingung untersucht. Sind die Bedingungen konsistent, so kann der Fehler bei tatsächlicher Ausführung auftreten. Verwandt damit ist die Überprüfung auf *Clean termination*, also Überprüfung, daß partielle Funktionen nur auf Argumente angewandt werden, die in ihrem Definitionsbereich liegen, sowie auf Overflow- und Underflow-Bedingungen [CH79].

Auch wenn [CH79] mit einer modifizierten Hoare-Logik und nicht mit symbolischer Ausführung arbeitet, so lassen sich die dort geforderten Prüfungen doch auch mit symbolischer Ausführung durchführen. Eine derartige Prüfung auf Fehlerbedingungen wird z.B. in ATTEST unterstützt, siehe [CR84, §4.1].

Ein wesentliches Problem beim Einsatz dieser Methode ist allerdings (sowohl bei Verwendung einer Hoare-Logik als auch bei Verwendung von symbolischer Ausführung) die Konsistenzprüfung. Hierbei benötigt man erhebliche Beweisunterstützung, nach Möglichkeit automatisch. I.a. ist die

Konsistenzprüfung allerdings ein unentscheidbares Problem, so daß die Prüfung auf Fehlerbedingungen mit diesem Verfahren nicht unbegrenzt möglich ist.

Eine weitere Einschränkungen dieses Ansatzes ist, daß nur bestimmte, vorgegebene Fehler gefunden werden können. Diese werden allerdings für den jeweiligen Pfad immer gefunden, vorausgesetzt der benutzte Beweiser ist stark genug. Außerdem bezieht sich eine einzelne Prüfung immer nur auf einen einzigen Pfad, nicht auf alle Pfade, die zu einem bestimmten Anweisung führen. Hier tritt also wieder das Problem auf, eine Aussage über eine unendliche Anzahl von Pfaden zu machen, das auch wieder auf ähnliche Weise gelöst werden kann.

Eine Variation dieses Verfahrens ist die Prüfung von Zusicherungen ohne echten Korrektheitsbeweis mit Bezug auf Vor- und Nach-Bedingungen. Wann immer symbolische Ausführung eine Zusicherung erreicht, wird überprüft, daß die Pfadwerte die Zusicherung erfüllen. Ist dies nicht der Fall, so wird eine Fehlermeldung ausgegeben. Auf diese Weise kann man die Korrektheit der gemachten Annahmen oder Zusicherungen überprüfen, ohne allerdings dadurch einen Beweis zu erhalten, da sich die Überprüfung jeweils nur auf einen Pfad bezieht. Im Extremfall kann man dieses Verfahren jedoch bis zu einem allgemeinen Beweis ausbauen, indem man eine Zusicherung am Ende des Programmes überprüft, also eine Nachbedingung, und dabei *alle* möglichen Pfade dorthin berücksichtigt.

4 Auftretende Probleme und Möglichkeiten ihrer Lösung

Beim Einsatz der beschriebenen Methoden zur Verifikation und Validation treten natürlich eine Reihe von Schwierigkeiten auf, die den Einsatz von symbolischer Ausführung erschweren. Im folgenden werden die wichtigsten dieser Probleme beschrieben (einige davon wurden auch schon oben erwähnt) und Lösungsmöglichkeiten vorgeschlagen.

4.1 Auswertung von Parametern

Hantler und King [HK76] beschreiben den Aufruf von Prozeduren mit Parametern wie folgt: An der Stelle des Aufrufs wird der Text der Prozedur eingesetzt, wobei die Parameter jeweils durch die übergebenen symbolischen Werte ersetzt werden. Dadurch erhält man eine *call-by-reference*-Semantik beim Aufruf von Prozeduren etc., auch wenn die verwendete Sprache eigentlich mit *call-by-value* arbeitet. [HK76] gibt als Beispiel hierzu die folgende Prozedur, die die Werte zweier Variablen vertauscht:

```
procedure EXCHANGE(X,Y)
X := X-Y;
Y := X+Y;
X := Y-X;
```

Ruft man nun in symbolischer Ausführung diese Prozedur auf mit dem gleichen Argument für beide Parameter, so erhält man `Z := Z-Z; Z := Z+Z; Z := Z-Z`, d.h. Z erhält den Wert Null. Das Problem entsteht dadurch, daß nicht nur die Werte der Variablen X und Y, sondern die Variablen selbst gleichgesetzt wurden. Hantler und King [HK76] schlagen als Lösung dieses Problems eine Fallunterscheidung vor, d.h. man arbeitet mit unterschiedlichen Vor- und Nachbedingungen für `EXCHANGE` je nachdem, ob $X = Y$ oder $X \neq Y$. Bei Prozeduren mit vielen Variablen kann dieses Verfahren aber sehr aufwendig werden, da die Anzahl der Fallunterscheidungen exponentiell mit der Anzahl der Variablen ansteigt. Außerdem wird das Problem auf diese Weise nicht wirklich gelöst, sondern nur umgangen.

Eine mögliche Alternative besteht darin, zwischen einer Variablen (als Adresse) und einem Symbol für ihren Wert zu unterscheiden. Im obigen Beispiel wird also ein Symbol, das den *Wert* der Variablen Z repräsentiert, beim symbolischen Aufruf an `EXCHANGE` übergeben. In diesem Fall erhält man wie gewünscht `X := Z-Z; Y := (Z-Z)+Z; X := ((Z-Z)+Z) - (Z-Z)`.

Um also eine call-by-value-Semantik zu erhalten, muß man, wenn man beim Aufruf einer Prozedur den Text der Prozedur an der Stelle des Aufrufs einsetzt, den Variablen am Anfang der Prozedur die übergebenen Werte zuweisen und den Text der Prozedur unverändert lassen.

4.2 Implizite, rekursive und iterative Definitionen

Wie schon wiederholt erwähnt, gibt es erhebliche Schwierigkeiten bei der Anwendung symbolischer Ausführung auf implizite, rekursive und iterative Definitionen, insbesondere auch bei Schleifen. Je nach Anwendung wurden dafür eine Reihe von Lösungsmöglichkeiten vorgeschlagen, die allerdings das Problem immer nur unter bestimmten Voraussetzungen oder in einem bestimmten Zusammenhang lösen.

Implizite Definitionen treten in erster Linie bei der symbolischen Ausführung von Spezifikationen auf, in Programmiersprachen sind meist nur explizite Definitionen erlaubt. Gelegentlich gibt es bei der symbolischen Ausführung einer impliziten Definition die Möglichkeit, diese zu *lösen*, also explizit zu machen. Im allgemeinen ist dies aber nicht möglich, in diesem Fall muß die Sprache der symbolischen Werte entsprechend erweitert werden, z.B. durch Prädikate.

Eine erste Möglichkeit ist die Betrachtung von Spezialfällen. Dazu gehört beispielsweise die Beschränkung der Anzahl der Iterationen einer Schleife oder der Pfadlänge, oder sogar die explizite Angabe eines Variablenwertes anstelle des symbolischen Wertes der Variablen. Dieser Ansatz ist vor allem relevant für die Behandlung von iterativen oder rekursiven Programmkonstrukten. Die Gefahr bei diesem Ansatz ist allerdings, daß die Eingabewerte zu sehr eingeschränkt werden, so daß die Vorteile von symbolischer Ausführung gegenüber Testen verloren gehen und nur die Nachteile (z.B. andere Laufzeitumgebung, zusätzlicher Aufwand) erhalten bleiben.

Andererseits kann man durch Betrachtung von Spezialfällen evtl. allgemeine Ergebnisse erkennen und in einem Satz formulieren, den man dann beweist und anschließend als Zusicherung mit berücksichtigt, oder, falls die Sprache der symbolischen Werte auch Prädikate erlaubt, als symbolischen Wert einer Variablen nach Ausführung der betrachteten Schleife etc.. In manchen Fällen ist es sogar möglich, direkt einen geschlossenen Ausdruck als symbolischen Ergebniswert anzugeben.

Die Verwendung von passenden Prädikaten oder geschlossenen Ausdrücken als symbolische Werte ist natürlich unabhängig von der Betrachtung von Spezialfällen, diese ist nur ein mögliches Hilfsmittel, um passende Werte zu finden. Manche Systeme versuchen, derartige Werte automatisch zu finden, in ATTEST beispielsweise wird durch symbolische Ausführung einer Schleife eine rekursive Relation *recurrence relation* generiert und dann versucht, diese analytisch zu lösen [CR84, Kap. 2].

Ob eine solche Lösung gefunden wird, ja ob sie überhaupt existiert, hängt ganz wesentlich von der verwendeten Sprache der symbolischen Werte ab. Ist die Sprache expressiv genug, so kann die Lösung immer ausgedrückt werden (notfalls durch Einführung einer neuen Funktion *Loesung*(...)), aber eine derartig expressive Sprache wird kaum je zur Verfügung stehen (abgesehen davon, daß es kaum hilft zu erfahren, die Lösung des Problems P sei $Loesung(P)$). Beim Einsatz von symbolischer Ausführung ist es daher aber wichtig zu definieren, welche Sprache man für symbolische Werte benutzen will, da diese Definition wesentlichen Einfluß auf die Ergebnisse hat. In [Kne91] wurden beispielsweise allgemeine Prädikate als symbolische Werte erlaubt, um auch Spezifikationen mit impliziten Definitionen symbolisch ausführen zu können.

Eine andere Möglichkeit, die bei manchen Anwendungen möglich ist, wurde schon in Abschnitt 2.1 beschrieben, nämlich der Einsatz von Zusicherungen, um Pfade in eine endliche Anzahl endlich langer Pfadsegmente zu zerlegen. Dieser Ansatz ist angemessen, wenn man bestimmte Eigenschaften des Programmablaufes überprüfen oder nachweisen will, ist aber nicht geeignet zur symbolischen Ausführung eines kompletten Programmes, um z.B. die Ergebnisse manuell zu überprüfen oder um Testfälle zu erzeugen.

Eine weitere Möglichkeit, die einsetzbar ist, wenn man mit Prädikaten als symbolischen Werten arbeitet, ist die *schwache* symbolische Ausführung [Kne91, §3.1]. Hier wird nicht mehr gefordert, daß die Ergebnisse symbolischer Ausführung die Ergebnisse tatsächlicher Ausführung vollständig beschreiben, sondern die erhaltenen Prädikate müssen diese nur noch korrekt beschreiben. Ohne dies explizit zu erwähnen, wird dieser Ansatz z.B. auch in GIST [BGW82, Coh83] verwendet, wo symbolische Ausführung als eine Form des Ableitens von Eigenschaften des beschriebenen Systems gesehen wird.

4.3 Semantik der benutzten Programmiersprache

In den letzten beiden Abschnitten war ein wesentlicher Aspekt die korrekte Umsetzung der Semantik der Programmiersprache für symbolische Ausführung. Explizit oder implizit wird zur symbolischen Ausführung eine Definition der Semantik der benutzten Programmiersprache in einer sonst nicht vorhandenen Form notwendig. Diese Tatsache wird allerdings meist übergangen, da man sich jeweils auf eine einzige Sprache beschränkt. Indirekt ist dies aber der Grund dafür, warum man meist nur von einer kleinen Sprache mit wenigen Konstrukten ausgeht — eine vollständige Beschreibung der Semantik einer der verbreiteten Programmiersprachen im für symbolische Ausführung geeigneten Format wäre sehr aufwendig zu erstellen.

Explizit beschrieben wird der Zusammenhang zwischen symbolischer Ausführung und der Semantik der benutzten Sprache in [Kne91]. Hier werden Definitionen der denotationalen und operationalen Semantik von symbolischer Ausführung gegeben, die jeweils durch die Semantik der Sprache parametrisiert werden. Allerdings ist dieser Ansatz nur für Sprachen geeignet, deren Semantik sich durch Zustände und Zustandstransformationen beschreiben läßt, also u.a. imperative Programmiersprachen sowie modell-orientierte Spezifikationssprachen. Für diese Gruppe von Sprachen liefert die Definition der denotationalen Semantik dann einen Korrektheitsbegriff für symbolische Ausführung, während die operationale Semantik als Grundlage eines sprachunabhängigen Systems für symbolische Ausführung dienen kann (vgl. [JJLM91]).

4.4 Vereinfachung der Ergebnisterme

Insbesondere für die manuelle Weiterverarbeitung der Ergebnisse ist eine sehr flexible, vom Benutzer steuerbare Vereinfachungsstrategie wichtig. Diese Flexibilität ist besonders auch deshalb wichtig, weil verschiedene Benutzer verschiedene Auffassungen darüber haben, welche Terme einfacher zu verstehen sind als andere. Vereinfachung im Sinne einer Transformation in eine Normalform ist dagegen für die automatische Weiterverarbeitung meist sehr nützlich, für den menschlichen Benutzer ist das Ergebnis aber meist kaum noch lesbar. Je nach Einsatz gibt es also bei der symbolischen Ausführung erheblich unterschiedliche Anforderungen an die Vereinfachung von Termen.

Dazu gehört insbesondere die Frage, welche Funktionssymbole in einem Ergebnisterm expandiert werden sollten. Flexibilität in dieser Frage erlaubt, auch unvollständig beschriebene Systeme symbolisch auszuführen (durch Nicht-Expansion nicht definierter Komponenten).

Gegeben sei beispielsweise die folgende Spezifikation eines Sortierprogrammes:

$$\begin{array}{l} SORT\ (l : \mathbf{N} - seq)\ r : \mathbf{N} - seq \\ \textbf{post}\ is - permutation(l, r) \wedge is - sorted(r) \end{array}$$

In einem frühen Stadium der Entwicklung sind die Funktionen $is - permutation$ und $is - sorted$ möglicherweise noch nicht definiert. Trotzdem will man die schon fertigen Teile der Spezifikation schon frühzeitig validieren. Mit symbolischer Ausführung ist dies möglich, indem man die Symbole $is - permutation$ und $is - sorted$ in den Ergebnistermen der symbolischen Ausführung beläßt und sie noch nicht expandiert. Auf diese Weise kann man sogar eventuelle Anforderungen an diese Funktionen feststellen (weil z.B. vom Ergebnis von $SORT$ bestimmte Eigenschaften erwartet werden) und bei der Definition berücksichtigen.

Dies setzt aber voraus, daß bei symbolischer Ausführung der Benutzer die Kontrolle darüber hat, wann eine Definition in einem gegebenen Term expandiert wird und wann nicht, wobei unter "Definition" hier auch eine Prozedur oder Funktion zu verstehen ist. Diese Kontrolle wird in Systemen zu symbolischen Ausführung üblicherweise nicht unterstützt. Bei Definitionen mit Nebeneffekten ist eine solche Möglichkeit allerdings auch nur von zweifelhaftem Nutzen, da die tatsächlichen Ergebnisse kaum zu erkennen sind aus symbolischen Ergebniswerten, die noch nicht-expandierte Definitionen enthalten.

Die Vereinfachung der Ergebnisterme geht aber noch weiter und umfaßt nicht nur Expansion von Definitionen im oben genannten Sinne, sondern auch andere Definitionen in der Sprache der Ergebnisterme sowie die Verwendung von Gleichheiten über Termen zur Substitution. Um dies voll ausnutzen zu können, benötigt man allerdings auch entsprechende Beweisunterstützung, insbesondere zum Beweis der verwendeten Gleichheiten. Will man z.B. $f(a,b)$ durch $f(b,a)$ substituieren, so muß man zuerst die Kommutativität von f beweisen. Im praktischen Einsatz wird aus diesem Grund aber meist die Ersetzung gleicher Terme nicht unterstützt.

4.5 Beweisen und Entscheidbarkeit

Wie wiederholt erwähnt, wird zur symbolischen Ausführung häufig (automatische) Beweisunterstützung benötigt, so z.B. zur Prüfung der Konsistenz von Fehler- und Pfadbedingung, oder zur Verifikation von Zusicherungen.

Während manche Systeme nur eine sehr eingeschränkte Form von Beweisen anbieten, dadurch dann auch nur bestimmte Ansätze der Verifikation und Validation unterstützen, sind andere direkt mit einem Werkzeug zur allgemeinen Beweisunterstützung verbunden. Ein Mittelweg zwischen diesen beiden Formen der Beweisunterstützung besteht darin, jeweils für die speziell auftretenden Probleme auch spezielle Unterstützung zu bieten. So ist z.B. eine Konsistenzprüfung einerseits möglich durch direktes Beweisen der entsprechenden Sätze (axiomatischer Ansatz), andererseits aber auch durch Suchen nach einer Lösung der Bedingungen (vor allem bei Systemen von (Un-) Gleichungen etc., algebraischer Ansatz). Dieser zweite Weg wurde z.B. bei ATTEST gewählt.

Unabhängig von der gewählten Form der Beweisunterstützung stößt man aber auf die Schwierigkeit, daß die meisten der betroffenen Probleme im allgemeinen Fall unentscheidbar sind. Hier bleibt nur die Möglichkeit zu versuchen, für möglichst viele der tatsächlich auftauchenden Spezialfälle eine Lösung zu finden, bzw. sich auf bestimmte, lösbare Klassen von Problemen zu beschränken (z.B. lineare Pfad- und Fehlerbedingungen bei der Konsistenzprüfung).

4.6 Andere Laufzeitumgebung

Bei der symbolischen Ausführung eines Programmes eine andere Laufzeitumgebung benutzt wird als bei der tatsächlichen Ausführung des gleichen Programmes. Umgebungsabhängige Probleme können daher normalerweise durch symbolische Ausführung nicht entdeckt werden. Prinzipiell können diese natürlich schon in der Beschreibung der Semantik der Programmiersprache berücksichtigt werden, in der Praxis ist dies allerdings nur in beschränktem Rahmen möglich, da selten alle Einschränkungen bekannt und bewußt sind. Außerdem wird das Ergebnis der symbolische Ausführung bei Berücksichtigung aller Einschränkungen sehr komplex, so daß ihr Nutzen zweifelhaft wird.

Bestimmte Umgebungsprobleme, wie z.B. Rundungsfehler, sind auf diese Weise auch sehr schwierig in den Griff zu bekommen, da viele Vereinfachungen des Ergebnisses, beispielsweise $x + y - x = y$, für Fließpunktzahlen nicht gelten.

Neben der bei der manuellen Überprüfung der Ergebnisse anderen Sichtweise auf die gleichen Ergebnisse ist die andere Laufzeitumgebung der wichtigste Grund dafür, daß man Programme auch nach ihrer symbolischen Ausführung noch testet, teilweise sogar die Testfälle erst durch symbolische Ausführung erzeugt.

5 Zusammenfassung

Es gibt eine Reihe von verschiedenen Ansätzen und Systemen zur symbolischen Ausführung, die jeweils einzelne der beschriebenen Ansätze zur Validation oder Verifikation unterstützen und dadurch auch zur Entdeckung unterschiedlicher Fehler geeignet sind.

Eingesetzt wir symbolische Ausführung dabei regelmäßig, um allgemeinere Ergebnisse als durch reines Testen zu bekommen, teilweise auch (bei symbolischer Ausführung von Spezifikationen), um diese Ergebnisse schon frühzeitig zu bekommen, wenn Testen im engeren Sinne noch nicht möglich ist. Symbolische Ausführung läßt sich also einordnen zwischen reinem Testen einerseits und Korrektheitsbeweisen andererseits, wobei beide Extreme stellenweise auch durch symbolische Ausführung erreicht werden.

Eine erste Abschätzung der Effektivität und Effizienz von symbolischer Ausführung ist in [How78] beschrieben. Allerdings hängen diese sehr stark von einer Reihe von sowohl technischen als auch benutzerorientierten Aspekten ab. Zur ersten Gruppe gehören dabei in erster Linie die Unterstützung aller relevanten Konstrukte der betrachteten Sprache, eine mächtige Unterstützung bei Beweisen und bei der Lösung von Systemen von Pfadbedingungen etc., sowie eine expressive Sprache für symbolische Werte, die z.B. für viele Anwendungen Prädikate erlauben sollte. Diese Funktionen müssen aber durch den Benutzer gesteuert werden, um die gewünschten Ergebnisse tatsächlich zu erzielen, da eine vollautomatische Lösung meist prinzipiell unmöglich ist. Auch bei der Vorgabe der Vor- und Nachbedingungen oder der Fehlerbedingungen eines Programmes, der manuellen Überprüfung der Ergebnisse, oder z.T. auch der Wahl der zu betrachtenden Pfade, ist der Benutzer gefordert. Eine allgemeine Antwort auf die Frage der Effizienz und Effektivität von symbolischer Ausführung für die Validation und Verifikation von Software ist daher nicht möglich.

Literatur

[BGW82] R.M. Balzer, N.M. Goldman, und D.S. Wile. Operational specification as the basis for rapid prototyping. *ACM Sigsoft Software Engineering Notes*, 7(5):3–16, 1982.

[Bur74] R.M. Burstall. Program proving as hand simulation with a little induction. In *Information Processing '74*. North-Holland Publ. Co., 1974.

[CH79] D. Coleman und J.W. Hughes. The clean termination of Pascal programs. *Acta Informatica*, 11:195–210, 1979.

[Coh83] Donald Cohen. Symbolic execution of the GIST specification language. In *Proc. 8th Int. Joint Conference on Artificial Intelligence '83 (IJCAI-83)*, S. 17–21, 1983.

[CR84] Lori A. Clarke und Debra J. Richardson. Symbolic evaluation — an aid to testing and verification. In Hans-Ludwig Hausen, Editor, *Software Validation*, S. 141–166. North-Holland, 1984.

[CSB82] D. Cohen, W. Swartout, und R. Balzer. Using symbolic execution to characterize behavior. *ACM Sigsoft Software Engineering Notes*, 7(5):25–32, Dezember 1982.

[Dav73] Martin Davis. Hilbert's tenth problem is unsolvable. *American Mathematical Monthly*, 80:233–269, 1973.

[Dil90] Laura K. Dillon. Using symbolic execution for verification of Ada tasking programs. *ACM Transactions on Programming Languages and Systems*, 12:643–669, 1990.

[HK76] Sidney L. Hantler und James C. King. An introduction to proving the correctness of programs. *ACM Computing Surveys*, 8(3):331–353, September 1976.

[How78] William E. Howden. An evaluation of the effectiveness of symbolic testing. *Software — Practice and Experience*, 8:381–397, 1978.

[JJLM91] C.B. Jones, K.D. Jones, P.A. Lindsay, und R.C. Moore. *mural — A Formal Development Support System*. Springer-Verlag, 1991. With contributions from J. Bicarregui, M. Elvang-Gøransson, R. Fields, R. Kneuper, B. Ritchie, A.C. Wills.

[Kne91] Ralf Kneuper. Symbolic execution: a semantic approach. *Science of Computer Programming*, 16:207–249, 1991.

[Lig90] Peter Liggesmeyer. *Modultest und Modulverifikation. State of the Art.* BI Wissenschaftsverlag, 1990.

[Spi86] Andreas Spillner. Aufdeckung von Codesequenzen, die nach Integration dynamisch nicht mehr erreichbar sind. *Software-Technik Trends*, 6(1):25–29, Juni 1986.

[Swa83] William R. Swartout. The GIST behavior explainer. Research report ISI/RS-83-3, USC/Information Sciences Institute, Juli 1983.

[Zav84] Pamela Zave. The operational versus the conventional approach to software development. *Communications of the ACM*, 27(2):104–118, Februar 1984.

Test Activities for Object-Oriented Software Development *

Jan Overbeck

Department of Information Systems, Vienna Technical University
Paniglgasse 16, A-1040 Vienna, Austria
email: overbeck@vexpert.dbai.tuwien.ac.at

1 Introduction

Contradictory statements on testing object-oriented software exist in the literature. On one hand, e.g., Wirfs-Brock, Wilkerson, and Wiener state in [17] that testing object-oriented software is easier than testing non object-oriented software because of classification and encapsulation. On the other hand, e.g., Perry and Kaiser point to specific difficulties in testing object-oriented software, in particular due to inheritance [15].

As an aid for estimating the test effort for object-oriented software development this paper identifies necessary test activities. In this context testing will be defined as any attempt to show suboptimal properties of software, where software can be any technical result of development other than hardware or firmware, e.g., source code, design documents, etc. [2]. This definition implies, that

- Testing will be considered successful if deficiencies of a software product can be shown.
- Software deficiencies range from syntactic errors or logical errors in source code to low quality of analysis models and design models according to given quality criteria.

To identify test activities a generic object-oriented software life cycle model is discussed in the next section. Section 3 identifies the necessary test activities for the described model. Section 4 concludes the paper with remarks on ongoing and future work relevant to the topic of this paper.

2 The Generic Object-Oriented Software Life Cycle Model

This section presents a generic object-oriented software life cycle model which has been introduced in [13] and which will be used to identify several kinds of object-oriented software development. The model is depicted in Fig. 1.

The nucleus of the object-oriented software life cycle model are three phases of software development: analysis, design and realization. These phases are shown in Fig. 1 as

* This work is supported by SIEMENS Austria under grant GR 21/96106/5.

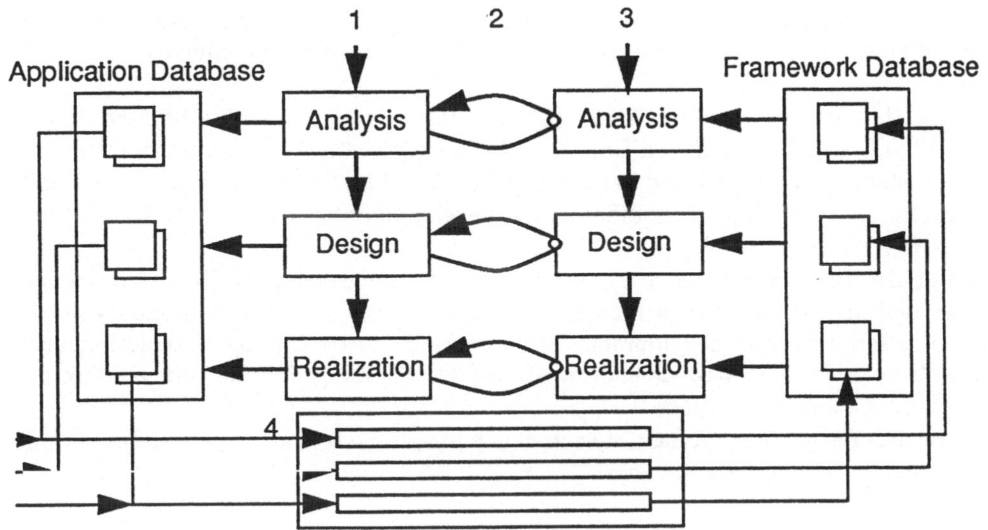

Fig. 1. The generic object-oriented software life cycle model

rectangles connected by arrows. This is not meant to indicate any specific order of these phases. At all places where these phases are shown as rectangles connected by arrows they can be substituted by (almost) any other life cycle model (e.g., spiral model [5], fountain model [10], etc.).

The identification of the three phases is merely used to indicate different objectives of different tasks performed during software development. The focus of object-oriented analysis is to build a model of the real world describing the problem at hand [7, 16]. The focus of object-oriented design is to enhance the analysis model with solution details (operations, objects, subsystems, etc.) [6, 8, 16, 17]. The focus of object-oriented realization is to implement the design model in a – preferably object-oriented – programming language [6, 14, 16].

The three phases of software development – analysis, design and realization – comprise the basis for various kinds of object-oriented software development (1, 2, 3, and 4 in Fig. 1), which will be discussed in the following paragraphs.

During *Development from Scratch* (1) the classes and objects of the system at hand are developed from scratch. Descriptions of these classes and objects as well as other descriptions resulting from analysis, design and implementation are stored as analysis results, design results and implementation results in a configuration management system, which is labeled "Application Database" in Fig. 1. Note that this database should not be specific to the development of one product but rather be a general resource of a software producing organization.

During *Development with Reuse* (2) the classes and objects of the system at hand are looked up in a repository of reusable classes and subsystems, which is called "Framework Database" in Fig. 1. If no proper components for the current problem can be found, the classes, objects, or subsystems are newly developed. Note that reuse is not only considered reuse of implementation (code). It also covers reuse of analysis and design models.

During *Development through Reuse* (3) the classes, objects, and subsystems of the system at hand are all constructed from reusable components of the framework database. If no component with the required behavior can be found in the database the specification of the system has to be slightly modified or the development has to switch to Development with Reuse.

During *Abstraction* (4) the reusable components are developed. These components comprise analysis models, design models, and code. Abstraction can be done by putting additional effort into one development cycle of kind (1) or (2), by abstracting useful behavior from several related development results, by using domain analysis, or by a combination of these approaches.

The result of every single phase of each development cycle is an object-oriented model which consists of four different views:

- The *static* view of a system describes the objects in the system, their properties (internal data structure), and their relationships to other objects.
- The *dynamic* view of a system describes the life cycles of the objects of a system. The collaborations of sets of objects to achieve a specific task is also shown in the dynamic view. This can be done by explicitly modeling the task (like Rumbaugh and his co-authors suggest with their event-trace technique [16]), by naming the collaborating classes for every class (like Beck and Cunningham suggest to do with their CRC-cards [1]), or by enhancing life cycle descriptions with collaboration information (like Kappel and Schrefl suggest in their life cycle diagram technique [12]).
- The *transformational* view of a system describes transformations of data processed by the system or by operations of the objects of the system.
- The *architectural* view of a system defines the subsystems of a system, their internal structure and their external collaborations with other subsystems and objects. A subsystem is a set of objects of the same or different classes and other subsystems collaborating to achieve a well defined set of related tasks [17].

The different views describing a system should be accompanied by a general textual description, which has to conform with the formal description of the views.

As object-oriented software development is well suited for prototyping during every phase of any kind of development one or more prototypes may be built. In these cases the mentioned views should be considered as documentation of the prototype(s). The formal descriptions and the prototypes have to be in conformance.

As Bersoff and Davis discuss in [4], different forms of prototyping can be used in software development:

- *Throwaway prototypes* implement aspects of analysis and design which are *not* well enough understood.
- *Evolutionary prototypes* implement aspects of analysis and design incrementally which are well enough understood to be included in the system.

– *Operational prototypes* implement system enhancements as an interim throwaway prototype at the end users site that will be replaced by a stable version if the prototype proofs useful.

To summarize, four different kinds of software development can be identified (*Development from Scratch, Development with Reuse, Development through Reuse, Abstraction*), each of which consists of three phases (*analysis, design, realization*). Every phase consists of a set of tasks and a set of results and has a phase-specific focus. Every phase in every kind of software development may or may not be accompanied by prototyping. Three kinds of prototypes can be identified (*throwaway prototypes, evolutionary prototypes, operational prototypes*).

3 Identification of Test Activities

This section discusses the test activities that have to be done in each kind of software development. First only development without prototyping is considered. After that the additional test activities for prototyping are identified.

Two kinds of testing object-oriented code can be identified: implementation based testing and specification based testing [2].

Implementation based testing tests the underlying implementation of a piece of code without regard to its external specification. The goal of implementation based testing is the detection of anomalies like unintentional infinite loops or unreachable code.

Specification based testing tests a piece of code without regard to its underlying implementation. Test cases are generated based on an examination of the specification for that piece of software. The goal of specification based testing is to demonstrate that the software does not adhere to its specification.

In Development from Scratch, Development with Reuse, and Development through Reuse both forms of testing are applied. In Abstraction the main effort will be put in implementation based testing as this kind of testing optimally supports the later reuse.

3.1 Test Activities without Prototyping

The first test activity regardless of the kind of software development is the generation of a test plan. The test plan covers the overall goal of testing for the given development, the applied test methods, and a set of test case specifications for unit testing, for integration testing, and for system testing. A detailed discussion of test case specification can be found in [3].

Some details of the test plan are not known at the time of test plan generation, e.g., because they depend on results of later development tasks. These details have to be added to the test plan as soon as they are known. Therefore the maintenance of a test plan lasts during the entire development process. Note that the initial phase of a given project need not be the analysis phase. For example, analysis models might be used as input for further development.

Development from Scratch The analysis models are reviewed by end users and problem domain experts. Deficiencies to look for are:

- Logical errors
- Mismatches between problem domain and analysis models
- Contradictions
- Incompleteness

It is possible to apply dynamic and automated testing to object-oriented analysis models if they are expressed in a formal specification language. *Dynamic testing* means testing by execution. *Automated testing* means testing by a test tool.

Design models are reviewed by end users and design experts. Deficiencies to look for in a design model are:

- Logical errors
- Mismatches between analysis and design models
- Aspects, that can not be implemented with the given resources
- Missing understandability
- Inefficiencies
- Missing robustness
- Missing maintainability
- Missing extensibility

Object-oriented code is tested automatically when it is compiled or interpreted, which reveals syntactic errors and – depending on the programming language – type errors. Executable code is tested dynamically. Tests based on the system specification reveal mismatches between implementation and system specification. Tests based on the given implementation reveal anomalies in the implementation, e.g., endless loops or unreachable code. Furthermore object-oriented code should be reviewed to find the deficiencies listed for object-oriented design models and for mismatches between design models and implementation.

Testing of realization results can be divided into unit testing, integration testing, and system testing. The subject of unit testing in object-oriented system development is an object. The subject of integration testing is a set of objects and subsystems that form a subsystem. The subject of system testing is the entire system under development, which is composed of objects, subsystems, and possibly hardware or firmware components.

Development with Reuse Newly developed parts of the analysis models are treated as in *Development from Scratch*. The reused components are reviewed by end users, problem domain experts, and reuse experts. Deficiencies to look for in reused analysis models are:

- Inappropriateness in the new context
- Inefficiencies in the integration into the new context

Like analysis models from *Development from Scratch* analysis models from *Development with Reuse* may be tested automatically and dynamically, if they are expressed in a formal specification language.

Newly developed parts of the design models are reviewed by end users and design experts. The deficiencies to look for are the same as for design models from *Development from Scratch*. The reused parts of the design models are reviewed by end users, design experts, and reuse experts. Deficiencies to look for in reused design models are the same as for reused analysis models.

Object-oriented code produced in *Development with Reuse* is compiled or interpreted like other code revealing the syntactic errors and type errors. Those parts including newly developed code are dynamically tested as described under *Development from Scratch*.

For the design of test cases for system parts including reused components (objects or subsystems), the tests already applied to these components are considered. This holds for unit tests of reused classes and for integration tests of subsystems which do not contain newly developed parts. Note that it may be necessary to design new test cases even for these components, as it is unlikely that any of the components has been tested exhaustively.

Newly developed code is reviewed as described under *Development from Scratch*.

Development through Reuse The analysis and design models are treated like the reused parts of the analysis and design models in *Development with Reuse*. For the review of these models the documentation of the already applied reviews of the reused components is considered.

Reused code is compiled to check for type errors and dynamically tested. For the design of test cases for the unit test of reused objects and the integration test of reused subsystems the tests already applied to these components are considered. Again it may be necessary to design new test cases for these components, as it is unlikely that any of the components has been tested exhaustively.

Abstraction The analysis and design models are reviewed by problem domain experts, design experts, and reuse experts. In addition to the deficiencies listed for analysis models and design models from *Development from Scratch* the reviewers have to check the criteria for reusable object-oriented models, e.g., coupling and cohesion [8]. Design models have to be checked for general usefulness in the problem domain.

Reusable code is reviewed by design experts and reuse experts. The deficiencies to look for are those listed under realization results from *Development from Scratch*. Furthermore the criteria for reusable object-oriented code have to be checked [11]. The resulting code is compiled (or interpreted) to reveal syntactic errors and type errors. Note that type checking reusable code can not guarantee type correctness for all contexts in which the code may be reused in the future.

Test cases for dynamic unit testing of reusable classes and dynamic integration testing of reusable subsystems have to be designed to maximally support the future testing when the class or subsystem at hand will be reused. This is done by extensive implementation based tests, as implementation based tests will not change in the new context. By this the additional effort put into these tests during *Abstraction* pays off in later reuse development cycles.

If tests applied during actual reuse are stored in the framework database, the specification based tests during *Abstraction* need not be too extensive, as the effort for these tests can be distributed over the development processes, where the code is actually reused.

The designed test cases have to be applied and thoroughly documented. Test case design and documentation for object-oriented software is an integral part of the object, class, or subsystem to which the test case applies.

3.2 Additional Test Activities for Prototyping

As the different kinds of prototypes serve different purposes testing of object-oriented prototypes depends on the kind of prototype.

As *throwaway prototypes* are not included in the delivered product, they have to be checked only for their limited purpose. Therefore throwaway prototypes are tested only against the aspect they were built for. This holds for prototypes built in all phases of every kind of software development.

Throwaway prototypes built in the analysis and design phase of *Development from Scratch*, *Development with Reuse*, or *Development through Reuse* are tested by end users for their appropriateness [9].

As *evolutionary prototypes* are part of the final software product they have to be tested like realization results of the corresponding kind of development without prototyping. The corresponding analysis and design documents are also treated like their counterparts in development without prototyping.

Operational prototypes will be thrown away in the long run, yet they are in use at the end users site for some time. Therefore the testing effort depends on quality guidelines, which some has to provide. These guidelines specify the degree of correctness and robustness of the prototype. Test cases have to be designed to uncover violations of these guidelines by the given prototype(s).

Even for operational prototypes with low quality requirements unexpected side effects of the prototype on the entire system have to be extensively tested. This is done by an integration test for the integration of the prototype into the rest of the system, and by a system test of the system containing the prototype. Note that operational prototyping is not suitable for *Abstraction*.

To summarize, newly developed analysis, design, and realization models are reviewed against traditional software quality criteria. Reused models are in addition checked for appropriateness in the given context. Reusable models are checked for specific object-oriented quality criteria for reusable software and are extensively tested to support the test activities of future reuses of these models. *Throwaway prototypes* are tested only against their restricted purpose, *evolutionary prototypes* are treated like realization results from development without prototyping, and *operational prototypes* are tested to detect side effects on the rest of the system.

4 Conclusion

Test activities for object-oriented software development have been discussed. For a given project, the appropriate activities have to be selected. As testing of object-oriented software is subject of ongoing research there does not yet exist a method for each test activity. Once these methods are developed the testing effort for a given project can be estimated and compared to the testing effort of the same project developed with non object-oriented methods.

We are currently developing methods for the dynamic test of object-oriented realizations. Test methods for non object-oriented software are investigated to decide upon their suitability for object-oriented software development. We expect that some of the methods can be applied to object-oriented software, some of the methods have to be modified, and some of the methods are not appropriate at all. As the resulting set of testing methods does not cover all aspects of object-oriented software, new test methods are developed to cover these aspects. This approach will be applied to implementation based test methods as well as to specification based test methods.

References

1. K. Beck and H. Cunningham. A laboratory for teaching object-oriented thinking. In *Proceedings of the Conference on Object-Oriented Programming: Systems, Languages and Applications*, pages 1–6. ACM, October 1989. Sigplan Notices, 24(10).
2. E. Berard. Issues in the Testing of Object-Oriented Software. posted to Usenet News in comp.object, Oct. 1990.
3. E. Berard. Specifying Test Cases for Object-Oriented Software. posted to Usenet News in comp.object, Oct. 1991.
4. E. Bersoff and A. Davis. Impacts of Life Cycle Models on Software Configuration Management. *Communications of the ACM*, 34(8):104–118, Aug. 1991.
5. B. Boehm. A Spiral Model of Software Development and Enhancement. *IEEE Computer*, 21(5):61–72, May 1988.
6. G. Booch. *Object-Oriented Design with Applications*. Benjamin/Cummings, Redwood City, CA, 1990.
7. P. Coad and E. Yourdon. *Object-Oriented Analysis*. Computing Series. Yourdon Press, Englewood Cliffs, NJ, 2nd edition, 1991.
8. P. Coad and E. Yourdon. *Object-Oriented Design*. Computing Series. Yourdon Press, Englewood Cliffs, NJ, 1991.
9. L. Davis. Usability Tests Refine Requirements. In *Proceedings of the Eighteenth Computer Science Conference*, page 406, Washington D.C., Feb. 1990. ACM.
10. B. Henderson-Sellers and J. Edwards. The Object-Oriented Systems Life Cycle. *Communications of the ACM*, 33(9):142–159, September 1990.
11. R. Johnson and B. Foote. Designing Reusable Classes. *Journal of Object-Oriented Programming*, 1(2):22–35, June/July 1988.
12. G. Kappel and M. Schrefl. Object/Behavior Diagrams. In *Proceedings of the 7th International Conference on Data Engineering*, Kyoto, Japan, Apr. 1991.
13. G. Kappel and M. Schrefl. *Objektorientierte Entwicklung von Informationssystemen*. Angewandte Informatik. Springer, Wien, New York, 1992. to appear.
14. B. Meyer. *Object-Oriented Software Construction*. Prentice Hall, Hemel Hempstead, GB, 1988.

15. D. Perry and G. Kaiser. Adequate Testing and Object-Oriented Programming. *Journal on Object-Oriented Programming*, pages 13–19, January/February 1990.
16. J. Rumbaugh, M. Blaha, W. Premerlani, F. Eddy, and W. Lorensen. *Object-Oriented Modeling and Design.* Prentice Hall, Englewood Cliffs, NJ, 1990.
17. R. Wirfs-Brock, B. Wilkerson, and L. Wiener. *Designing Object-Oriented Software.* Prentice Hall, Englewood Cliffs, NJ, 1990.

This article was processed using the LaTeX macro package with LMAMULT style

Ein experimentelles Testsystem für die Sprache HyperTalk

Peter Liggesmeyer, Andreas Dregger[1], Helmut Balzert
Lehrstuhl für Software-Technik
Ruhr-Universität Bochum
Universitätsstr. 150
4630 Bochum 1

1 Einleitung

Test-, Analyse- und Verifikationsverfahren müssen der Entwicklung im Bereich der Programmierung – oder allgemeiner der Software-Technik – schritthaltend folgen. Neue Techniken zur Realisierung von Software erfordern entsprechende Techniken zur Qualitätsüberprüfung der entstandenen Produkte. So stellt sich z. B. die Frage auf welche Weise regelbasierte Expertensysteme oder auch Datenbankanwendungen, die z. B. SQL-Routinen verwenden, auf ihre korrekte Funktion geprüft werden können.

Eine besonders wichtige und interessante Weiterentwicklung in der Software-Technik sind die objektorientierten Konzepte, die sowohl in den frühen Phasen einer Software-Entwicklung mit entsprechenden Definitions- und Entwurfsverfahren, als auch in der Implementierung eingesetzt werden. Objektorientierte Programmiersprachen wie z. B. C++ haben in den letzten Jahren auch in der Praxis Bedeutung erlangt. Dementsprechend wichtig ist die Entwicklung geeigneter Prüfverfahren und unterstützender Werkzeuge für objektorientierte Software.

Im klassischen Test-, Analyse- und Verifikationsbereich ist eine Vielzahl von Verfahren bekannt, die im wesentlichen für die Überprüfung von Programmen und Software-Moduln in imperativen Programmiersprachen wie Fortran, Cobol, C, Pascal, usw. konzipiert sind. Ferner sind die Verfahren in erster Linie für das Prüfen im Kleinen – also z. B. den Modultest – ausgelegt.

Die klassischen Prüfverfahren sind nicht für die Überprüfung von Software, die mit funktionalen, applikativen (z. B. LISP), prädikativen (z. B. PROLOG) oder objektorientierten Programmiersprachen erstellt ist, entworfen worden. Auch das Testen im Großen – der Integrationstest – wird nicht geeignet unterstützt.

Im folgenden werden Prüfverfahren für die mit Einschränkungen objektorientierte Programmiersprache **HyperTalk** vorgeschlagen und ein Werkzeug zur Unterstützung der Verfahren vorgestellt. HyperTalk ist die Programmiersprache des HyperCard-Systems für Apple Macintosh-Computer [2].

2 Ein Weg zur Entwicklung von Prüfverfahren

Eine erfolgversprechende Vorgehensweise zur Definition von Techniken und Verfahren für eine geänderte Situation ist die genaue Analyse der bereits bekannten Techniken und die Übertragung der bekannten Konzepte in den neuen Kontext. Einige Forschungsarbeiten wenden diesen Ansatz mit Erfolg bei der Übertragung von Konzepten des Modultests auf Verfahren für den Integrationstest an [3], [5].

In der Ausgangssituation existiert eine Anzahl von Test-, Analyse- und Verifikationsverfahren, die für andere Anwendungsbereiche konzipiert sind. Gesucht sind Verfahren, die geeignete Eigenschaften für die Überprüfung objektorientierter Implementationen besitzen.

Das Ziel der dargestellten Vorgehensweise ist die Nutzung der Konzepte der bekannten Prüfverfahren, soweit sie in dem geänderten Kontext sinnvoll verwendet werden können. Es ist zu erwarten, daß die Wiederverwendung von Konzepten die Notwendigkeit zur Entwicklung von Prüftechniken auf jene Bereiche beschränkt, die vollständig neue Eigenschaften aufweisen.

---

1 Mitarbeit am Lehrstuhl im Rahmen einer Studienarbeit

2.1 Analyse der Verfahren für die Überprüfung von Moduln

Die klassische analytische Qualitätssicherung kann in
- den dynamischen Test,
- die statische Analyse,
- den symbolischen Test und
- die Verifikation

eingeteilt werden (siehe auch [4]).

Die größte praktische Bedeutung kommt den Verfahren aus der Gruppe der dynamischen Tests und der statischen Analyse zu. Die Ursachen sind u. a. die universelle Einsetzbarkeit, die, im Vergleich zum symbolischen Test und zur Verifikation, einfache Durchführung und die Möglichkeit, einen dynamischen Test mehr oder weniger umfangreich zu gestalten.

Aus diesem Grund sind für eine Adaption an die Sprache HyperTalk der dynamische Test und die statische Analyse ausgewählt worden.

Die dynamischen Testverfahren
Eine genaue Betrachtung der Testverfahren für imperative Programmiersprachen zeigt, daß diese Verfahren nicht für die Überprüfung von Implementationen in einer bestimmten Programmiersprache konzipiert sind, sondern auf wesentlich allgemeineren Konzepten basieren. Beispiele sind
- die Kontrollstruktur (Anweisungen, Zweige, Pfade, usw.),
- die Datenflüsse oder
- die Spezifikation.

Alle imperativen Programmiersprachen besitzen in bezug auf derartige Merkmale – zumindestens dann, wenn ein Ausschnitt eines Programms betrachtet wird, der klein genug ist – ähnliche Eigenschaften. Natürlich verfügen einige moderne Programmiersprachen über weitergehende Konzepte, wie z. B.
- funktionale Abstraktion,
- Datenabstraktion,
- abstrakte Datentypen, usw..

Im Kleinen bestehen sie jedoch aus ähnlichen Kontrollstrukturen (Anweisungssequenzen, Auswahlkonstrukte, Wiederholungen, Aufrufe). Sie erzeugen durch die Verwendung von Variablen Datenflüsse und basieren auf einer Spezifikation.

Diese Merkmale, die allen imperativen Sprachen gemeinsam sind, bilden die Basis für die Definition von Testverfahren.

Eine Übertragung der Techniken auf objektorientierte Sprachen erfordert die Identifikation entsprechender, analoger Konzepte.

Die statischen Analyseverfahren
Die statische Analyse besteht aus den Teilgebieten
- Bildung von Metriken,
- Erzeugung von Graphiken und Tabellen und
- der statischen Fehleranalyse.

Auch hier können analoge Verfahren im objektorientierten Bereich gefunden werden. Die Erzeugung von – als Tabelle oder Graphik – aufbereiteter Information zu den Objekten einer objektorientierten Implementation stellt eine nützliche Ergänzung des dynamischen Tests dar. Ebenso wie bei der klassischen statischen Fehleranalyse besteht im objektorientierten Bereich die Möglichkeit zur Erkennung von Fehlern auf rein statische Weise.

3 Analyse der Eigenschaften der Sprache HyperTalk

3.1 Vergleich von HyperTalk mit vollständig objektorientierten Sprachen

Die Strukturierungselemente einer objektorientierten Programmiersprache sind:

- Objekte,
- Klassen,
- Methoden und
- Botschaften.

Objekte verkapseln Daten und Funktionen, die diese Daten benutzen, miteinander. Die Funktionen werden Methoden genannt. Eine Klasse gestattet die Herstellung einer beliebigen Anzahl von Objekten eben dieser Klasse. Eine Botschaft wird an ein Objekt bzw. eine Klasse gesendet. Sie enthält den Namen einer Operation (Methode) und die erforderlichen Parameter.

Folgende Prinzipien kennzeichnen objektorientierte Programmiersprachen:

- Datenabstraktion,
- Vererbung,
- Polymorphismus und
- dynamische Bindung.

Datenabstraktion bedeutet, daß Daten gemeinsam mit Algorithmen, die die Daten benutzen, verkapselt werden. Die Datenabstraktion ist erforderlich zur Realisierung von Objekten.

Durch Vererbung können Eigenschaften einer Klasse von einer bereits bestehenden Klasse übernommen werden. Teile dieser Eigenschaften können überschrieben werden.

Polymorphismus bedeutet, daß auf eine Botschaft unterschiedlich reagiert werden kann. So wird z. B. die Botschaft *Drucke* in Abhängigkeit des Objekts, das sie empfängt, die Ausführung unterschiedlicher Methoden für die Druckausgabe verursachen.

Dynamische Bindung liegt dann vor, falls erst zur Laufzeit entschieden wird, welche Methode ausgeführt wird.

In HyperTalk existieren nur wenige vordefinierte und nicht erweiterbare Klassen, wie z. B. Karten oder Tasten. Entsprechend eingeschränkt ist die Vielfalt der Objekte. Eine Vererbung im Sinne der objektorientierten Programmierung existiert demnach nur sehr eingeschränkt. Die Objekte in HyperTalk enthalten Methoden und können Botschaften versenden und empfangen. Da Methoden mit gleichem Namen in unterschiedlichen Objekten vorkommen können existiert Polymorphismus.

Die Unterschiede von HyperTalk gegenüber vollständig objektorientierten Programmiersprachen sind im wesentlichen die sehr eingeschränkte Vererbung und Einschränkungen der Klassen- und Objektvielfalt.

3.2 Die Sprache HyperTalk

HyperCard ist ein vielseitig verwendbares Anwendungs- und Programmiersystem mit einer objektähnlichen Elementstruktur. Eine HyperCard-Anwendung besteht aus einer Anzahl von Elementen – den Objekten. Die wichtigste Strukturierungseinheit in HyperCard ist die sogenannte Karte.

HyperCard kennt die in Abb. 1 angegebenen fünf Klassen:

Die Klassen und Objekte sind in einer statischen Hierarchie angeordnet. Es ist nicht vorgesehen neue Klassen zu erzeugen, oder vorhandene aus dem System herauszunehmen oder zu verändern. Jedes Objekt kann eine eigene Funktionalität besitzen. Mit HyperTalk werden die Methoden der Objekte erstellt. Die Methoden werden in HyperTalk als *Handler* bezeichnet. Alle Handler eines Objekts bilden dessen *Script*.

HyperTalk-Programme werden interpretiert, können aber auch seit der Version 2.0 compiliert werden. HyperCard stellt eine Schnittstelle zu konventionellen Programmiersprachen, wie *C*, *Modu-*

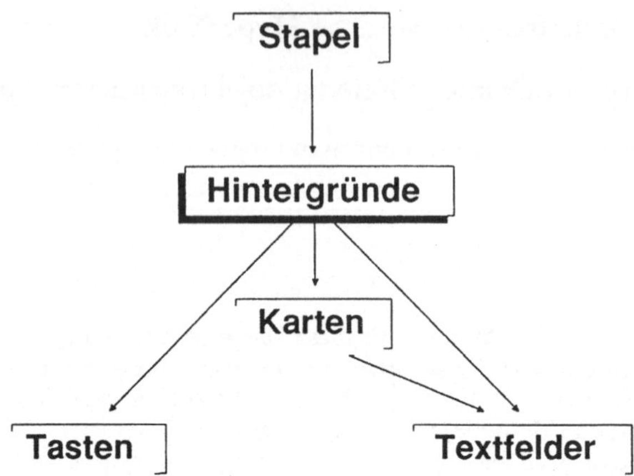

Abb. 1: Klassen in HyperCard

la 2 oder *Pascal* zur Verfügung. Die so eingebundenen Moduln werden als normale HyperTalk-Kommandos oder -Funktionen in den *Scripten* der Objekte verwendet.

Die einzelnen Programmteile eines *Scripts* – die *Handler* – sind in sich geschlossen und werden sequentiell abgearbeitet. Eine Schachtelung der *Handler* ist nicht möglich. *Handler* können mit beliebig langen Parameterlisten aufgerufen werden.

3.3 Objekt-Kommunikation

Die *Handler* der Objekte einer HyperCard-Anwendung kommunizieren über Botschaften miteinander. Eine Botschaft, die ein Objekt verschickt, wird entlang der Objekt-Hierarchie in Richtung von den Tasten und Textfeldern hin zum Stapel weitergereicht. Das *Message-Passing* wird solange durchgeführt, bis die Botschaft ein Objekt erreicht, in dessen *Script* sich ein passender *Handler* befindet, der von ihr aktiviert werden kann.

Abb. 2 zeigt die Hierarchie, die Botschaften durchlaufen. Es gibt zwei Arten von Botschaften. Durch Angabe einer Adresse wird eine Botschaft direkt an ein Objekt geschickt. Das Objekt reagiert auf diese Botschaft, wenn es einen entsprechenden *Handler* in seinem *Script* hat. HyperCard erzeugt eine Fehlermeldung, wenn kein passender *Handler* vorhanden ist.

Eine Botschaft ohne Adressaten wird vom Absender an die nächst tiefere Hierarchie-Stufe übergeben. Dieses Objekt gibt die Botschaft ggf. wiederum an die nächst tiefere Hierarchie-Stufe weiter. Gibt es auf dem Weg der Botschaft einen *Handler* mit entsprechendem Namen, wird dieser ausgeführt und die Botschaft nicht weitergereicht. Es wird keine Fehlermeldung erzeugt, wenn kein entsprechender *Handler* vorhanden ist.

Man muß an dieser Stelle zwischen der statischen und der aktuellen Hierarchie unterscheiden. In der statischen Hierarchie sind die Objekte wie in Abb. 2 dargestellt angeordnet. Die aktuelle Hierarchie hängt z. B. von der Anordnung der Tasten und Textfelder, von der aktuellen Karte und vom aktuell aktiven *Script* ab. Im Laufe der Aktivzeit eines *Handlers* kann sich die aktuelle Hierarchie durchaus ändern, wenn z. B. zwischen Karten gewechselt wird.

Alle HyperTalk-Kommandos und -Funktionen werden als Botschaften ohne Adressaten verwendet. So besteht die Möglichkeit jeden HyperTalk-Befehl zu überladen und durch einen individuell angepaßten *Handler* zu ersetzen.

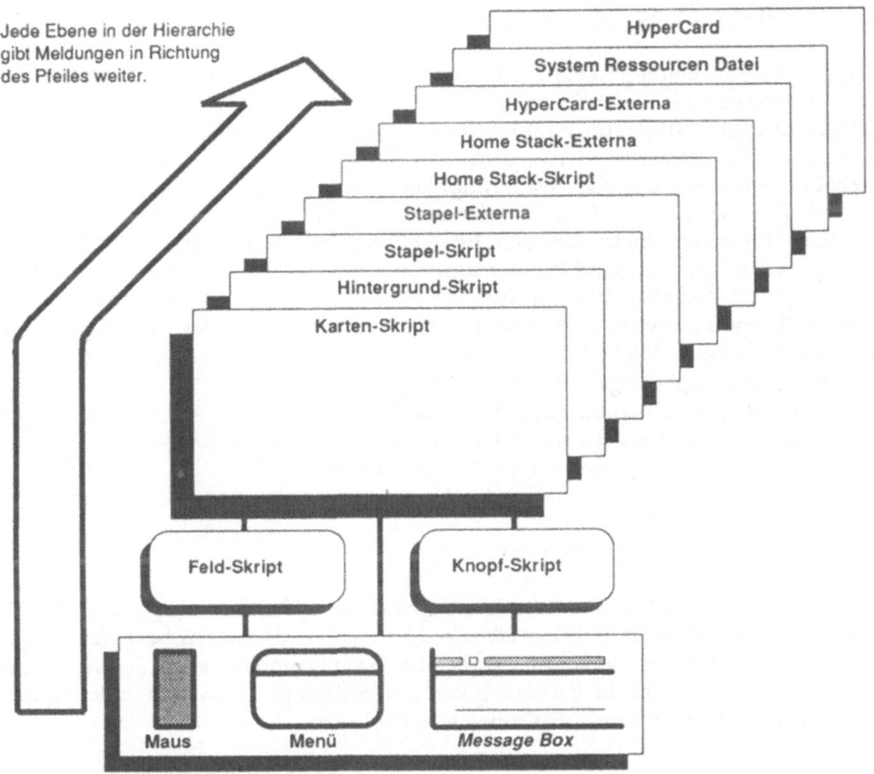

Abb. 2: Objektkommunikation in HyperCard

4 Die Verfahren zur Überprüfung von HyperTalk-Anwendungen

HyperTalk kann im Bereich des Modultests analog zu imperativen Programmiersprachen behandelt werden, wenn der Modulbegriff mit dem Objektbegriff identifiziert wird. HyperTalk-Objekte sind intern analog wie ein Modula-2-Modul oder ein ADA-Package aufgebaut. Sie verkapseln Daten und Algorithmen zu einer abgeschlossenen Einheit. Wie in imperativen Programmiersprachen existiert eine konventionelle Kontrollstruktur und es entstehen gewöhnliche Datenflüsse. Die entsprechenden dynamischen Testverfahren sind direkt übertragbar.

Ohne Zweifel weicht das Verhalten einer HyperTalk-Implementation sehr stark von dem einer konventionellen Software ab, wenn das Zusammenwirken von Objekten betrachtet wird. Aufgrund spezieller Konzepte objektorientierter Programmiersprachen, die für die Realisierung der Software durchaus Vorteile besitzen, entstehen Schwierigkeiten der Nachvollziehbarkeit der Abläufe zwischen Objekten. Dies hat u. a. folgende Ursachen:

- Methoden werden nicht direkt aktiviert, sondern durch das Versenden von Botschaften.
- Botschaften durchlaufen eine Objekthierarchie, innerhalb derer Methoden einander überschreiben können.
- Botschaften können völlig unbemerkt und ohne eine Wirkung ausgelöst zu haben aus dem HyperCard-System verschwinden.

Das in Kapitel 5 beschriebene Werkzeug für die Überprüfung von HyperTalk-Anwendungen bietet Unterstützung für die Überprüfung der Abläufe zwischen Objekten.

4.1 Methodenüberdeckung und statische Analyse

In einer HyperTalk-Anwendung ist eine 100 prozentige Methodenüberdeckung erreicht, wenn jeder *Handler* mindestens einmal aufgerufen worden ist.

Die sich daraus ergebende Testmethodik läßt sich mit einem einfachen kontrollstrukturorientierten, dynamischen Testverfahren – etwa dem Anweisungs- oder dem Zweigüberdeckungstest – vergleichen. Hier wird nun nicht die Ausführung aller Anweisungen bzw. Zweige ermittelt, sondern es wird protokolliert ob und wie oft die *Handler* der Objekte ausgeführt worden sind.

Eine wichtige Ergänzung bietet hier eine Erweiterung um einige statische Analysen analog zu imperativen Programmiersprachen. Mit einer konventionellen statischen Analyse kann z. B. ermittelt werden, ob zu jedem Prozedur- und Funktionsaufruf eine entsprechende Prozedur oder Funktion vorhanden ist. Umgekehrt kann auch ermittelt werden, ob es zu jeder Prozedur und zu jeder Funktion einen Aufruf gibt. Diese statische Analyse wird in der Regel bei konventionellen Programmiersprachen von dem zugehörigen Compiler durchgeführt.

Da HyperCard ein interpretierendes System ist, muß auch die statische Analyse von dem Testwerkzeug durchgeführt werden. Bei der Analyse werden folgende Kriterien überprüft:

- Ist zu jedem *Handler* eine passende Botschaft vorhanden?
- Sind die Botschaften und *Handler* in der Hierarchie so plaziert, daß die *Handler* von den Botschaften erreicht werden können?
- Existiert zu jeder Botschaft ein *Handler*?

Der dynamische Test und die statische Analyse ergänzen sich. Verhärtet sich während des dynamischen Tests z. B. der Verdacht, daß ein *Handler* nicht aktiviert wird, so bedeutet dies, daß eine entsprechende Botschaft nicht abgeschickt worden ist. Da aufgrund der statischen Analyse sichergestellt ist, daß die Ursache nicht die Plazierung von Botschaften und *Handlern* in der Hierarchie ist, muß ein möglicher Fehler bei dem aufrufenden *Handler* liegen.

5 Das Werkzeug

Das Werkzeug [1] besteht aus drei Komponenten (Abb. 3). Für die Test-Komponente stehen drei Karten zur Verfügung. Installation, Instrumentierung und Ausgabe der Resultate werden jeweils durch eine Karte erbracht. Bei der Installation werden die Werkzeug-Karten an den zu testenden Stapel angefügt. Damit steht das Testwerkzeug direkt in dem Testling zur Verfügung. Ein ständiger Wechsel zwischen Testling und Testwerkzeug ist somit nicht erforderlich. Bei der Instrumentierung ergänzt das Werkzeug jeden *Handler* durch einige Programmzeilen. Bei jeder Aktivierung eines *Handlers* werden diese Anweisungen zuerst ausgeführt und erhöhen jeweils einen zugeordneten Zähler. Die Ausgabe der Resultate, sowohl auf dem Bildschirm, als auch auf dem Drucker, kann jederzeit durchgeführt werden.

Beim Öffnen der Resultat-Karte werden zunächst vier Listen angezeigt (vgl. Abb. 6):

- Botschaften, zu denen kein *Handler* existiert, und *Handler* zu denen keine Botschaft existiert,
- *Handler*-Liste,
- adressierte Botschaften,
- nicht adressierte Botschaften.

Durch Anwählen von Tasten auf der Resultat-Karte können zwei weitere Listen zur Verfügung gestellt werden. In einer Liste wird eine Statistik über die Anzahl der Objekte, *Handler* und Botschaften angezeigt. Als Quotient aus der Anzahl referenzierter *Handler* und der Anzahl aller *Handler* wird der Grad der Methodenüberdeckung bestimmt.

Während des dynamischen Tests kann jederzeit die Liste der aktuellen Zählerstände angezeigt werden. In der dreispaltigen Liste stehen der *Handler*-Name, der aktuelle Zählerstand, sowie die Differenz zwischen aktuellem und vorangegangenem Zählerstand (vgl. Abb. 7). Die Objekt-Info-Komponente bietet für jedes Objekt eine Karte. Auf den Karten werden die Objekt-Eigenschaften

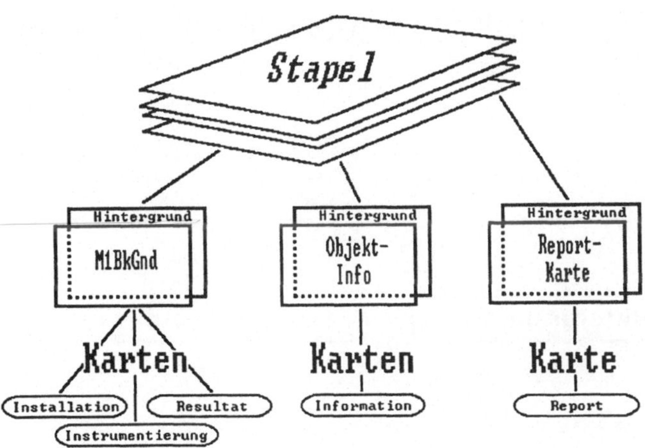

Abb. 3: Werkzeugkomponenten und Struktur des Werkzeugs in HyperCard

angezeigt. Das *Script* eines Objekts kann sowohl gezeigt, als auch editiert werden. Alle Informationen auf den Karten können über den angeschlossenen Drucker ausgegeben werden.

Die dritte Komponente wird nicht direkt von dem Benutzer eingesetzt. Die *Report*-Karte stellt die Druckdienste bereit, die von den Karten der beiden anderen Komponenten genutzt werden.

Eine Test-Sitzung beginnt mit dem Öffnen des Testwerkzeug-Stapels. Aus einer Liste wählt der Benutzer einen zu testenden Stapel aus, in dem die Werkzeug-Karten installiert werden. Anschließend sind die *Handler* des Testlings zu instrumentieren, das heißt mit Anweisungen zu versehen, die beim dynamischen Test die zugehörigen Zähler kontrollieren. Der Benutzer kann dann entweder den Testling ausführen und anhand von Testdaten die Funktionsfähigkeit überprüfen, oder zunächst die Analyse der statischen Kommunikationsstruktur durchführen. Alle Listen können jederzeit eingesehen werden, und es kann gezielt auf Informationen über ausgewählte Objekte zugegriffen werden.

Am Ende einer Testsitzung können die Ergebnisse ausgedruckt werden. Die Instrumentierung und die Werkzeug-Karten werden aus dem Test-Stapel entfernt.

6 Beispiel für eine Testsitzung

Der Beispiel-Stapel besteht aus einem Hintergrund, einer Karte und jeweils einer Hintergrund-Taste und einer Karten-Taste (Abb. 4). Zu jeder der beiden Tasten existiert folgender *Handler*:

```
on mouseUp
    Meldung
end mouseUp
```

Das *Script* der Karte besteht aus folgenden drei *Handlern*:

```
on Meldung
    put "Die Meldung ist angekommen"
    HintergrundMeldung
end Meldung
```

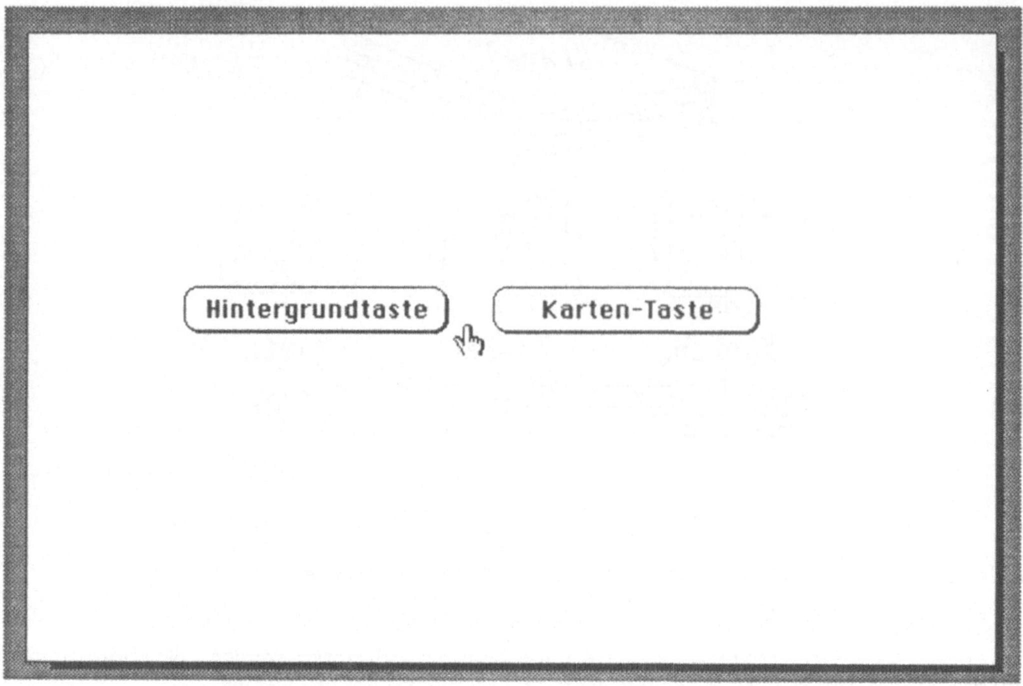

Abb. 4: Oberfläche des zu testenden Beispiel-Stapels

```
on NichtInGebrauch
    put "Dieser Handler wird nicht genutzt"
end NichtInGebrauch

on KartenMeldung
    put "Die Kartenmeldung ist angekommen"
end KartenMeldung
```

Das *Script* des Hintergrundes besteht aus folgendem *Handler*:

```
on HintergrundMeldung
    VordergrundMeldung
end HintergrundMeldung
```

Durch statische Analyse können die Objektlisten nach Abb. 5 erzeugt werden, die den Überblick über den zu prüfenden Stapel erleichtern und einige zusätzliche Informationen enthalten.

Abb. 6 zeigt ebenfalls Ergebnisse der statischen Analyse. Die Ermittlung der Botschaften, zu denen keine Methode *(Handler)* existiert, ergibt, daß die Botschaft *VordergrundMeldung* von ***bkgnd id 2807*** keinen Handler erreichen kann. Außerdem sind die Handler *NichtInGebrauch* und *Kartenmeldung* als nicht genutzte *Handler* gekennzeichnet, da keine Botschaft erzeugt wird, die sie aktivieren könnte.

Die Zählerstände nach Abb. 7 zeigen, daß auch nach einem dynamischen Testlauf diese *Handler* nicht aktiviert worden sind. In den entsprechenden Zeilen wird jeweils der aktuelle Zählerstand Null angegeben. Die Spalte der Differenzen der Zählerstände enthält durchgängig den Wert Null, da Abb. 7 die Auswertung des ersten Testlaufs zeigt. Ein Vergleich der Zählerstände mit bereits durchgeführten Testläufen ist demzufolge nicht sinnvoll.

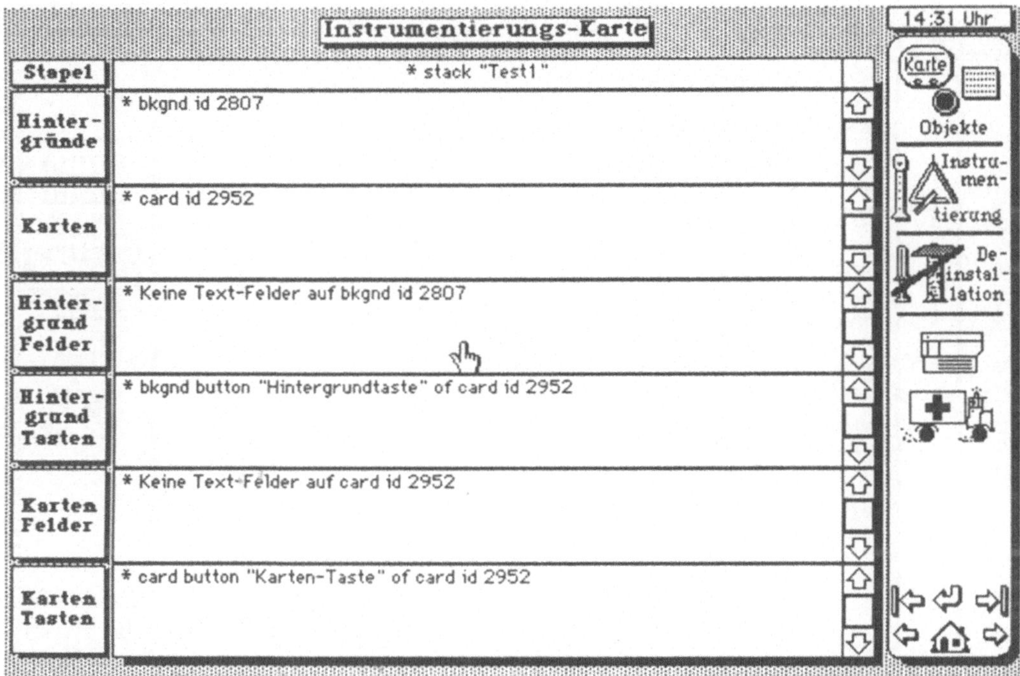

Abb. 5: Die Objektlisten des zu prüfenden Stapels

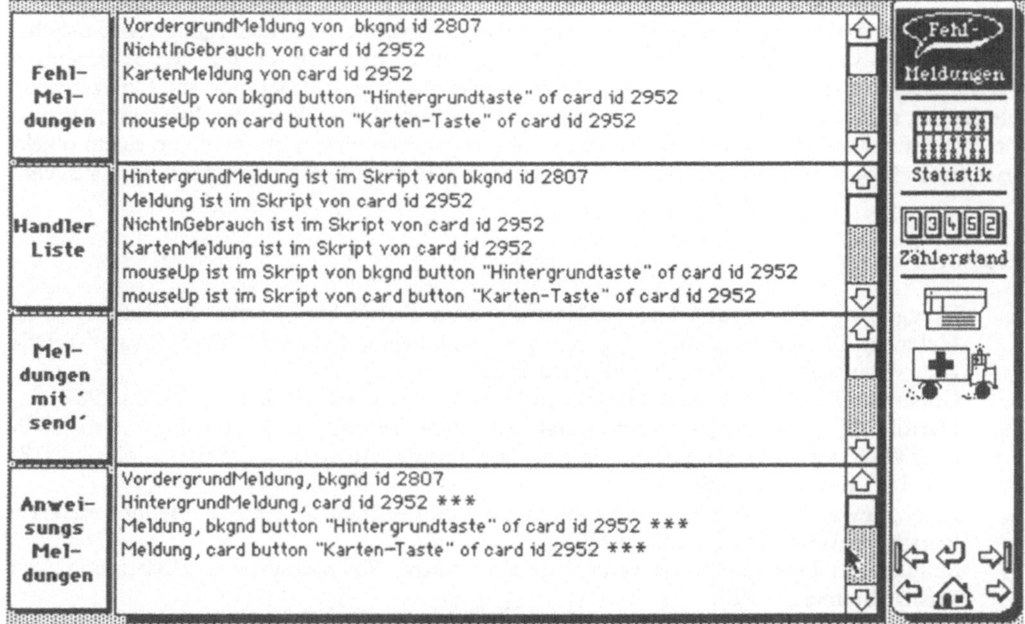

Abb. 6: Ergebnisse der statischen Analyse

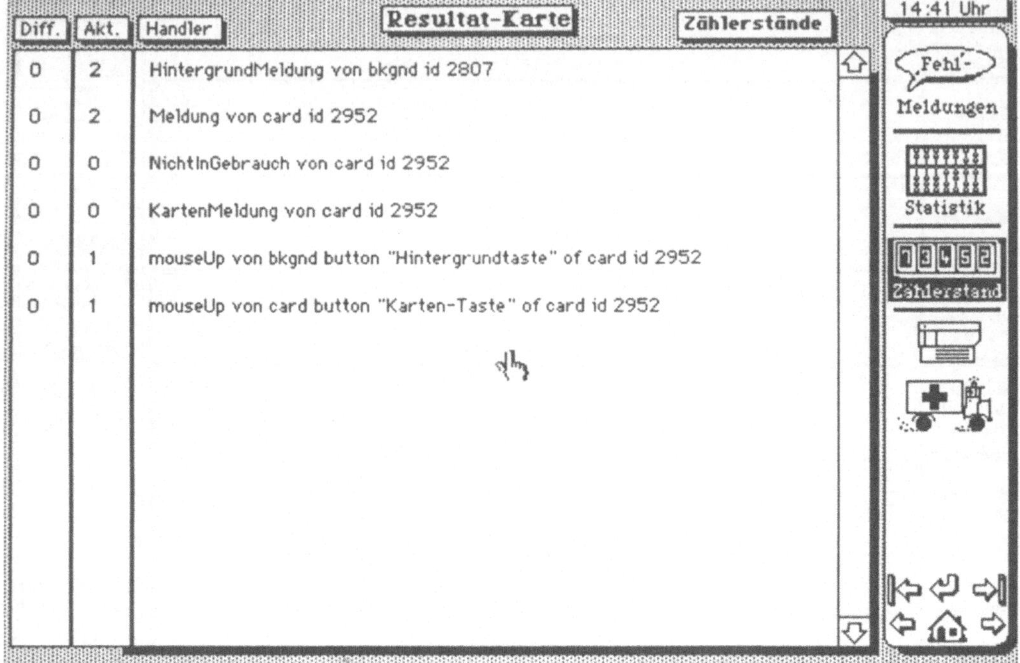

Abb. 7: Ergebnisse des dynamischen Tests

7 Ausblick

Das Ziel dieses Artikels ist die Darstellung eines einfachen Ansatzes zur Übertragung von klassischen Test- und Analyseverfahren auf neue Anwendungsgebiete. Eine Umsetzung der beschriebenen Verfahren auf vollständig objektorientierte Programmiersprachen ist sicher möglich. Ein Werkzeug, wie das hier dargestellte, vereinfacht die Fehlersuche in jedem objektorientierten Programm. Probleme ergeben sich aufgrund der Größe des entstehenden Suchraumes, wenn man von einem objektorientierten Programmiersystem mit einer Vielzahl von Klassen, Objekten und Methoden ausgeht.

Literatur

1. Dregger, A.: Konzeption und Realisierung eines Testwerkzeuges für die Ermittlung der Meldungs-Überdeckung von HyperCard-Anwendungen, Lehrstuhl für Software-Technik, Ruhr-Universität Bochum, Studienarbeit 90/1
2. Goodman, D.: The complete HyperCard Handbook. New York: Bantam Books 1987
3. Harrold, M.: Soffa M., Interprocedural Data Flow Testing, in: Proceedings of the ACM SIGSOFT '89 Third Symposium on Software Testing, Analysis, and Verification (TAV 3), 158-167, Key West 1989
4. Liggesmeyer, P.: Modultest und Modulverifikation – State of the Art. Mannheim, Wien, Zürich: BI-Wissenschaftsverlag 1990
5. Spillner, A.: Dynamischer Integrationstest modularer Softwaresysteme. Dissertation, Universität Bremen, (1990)